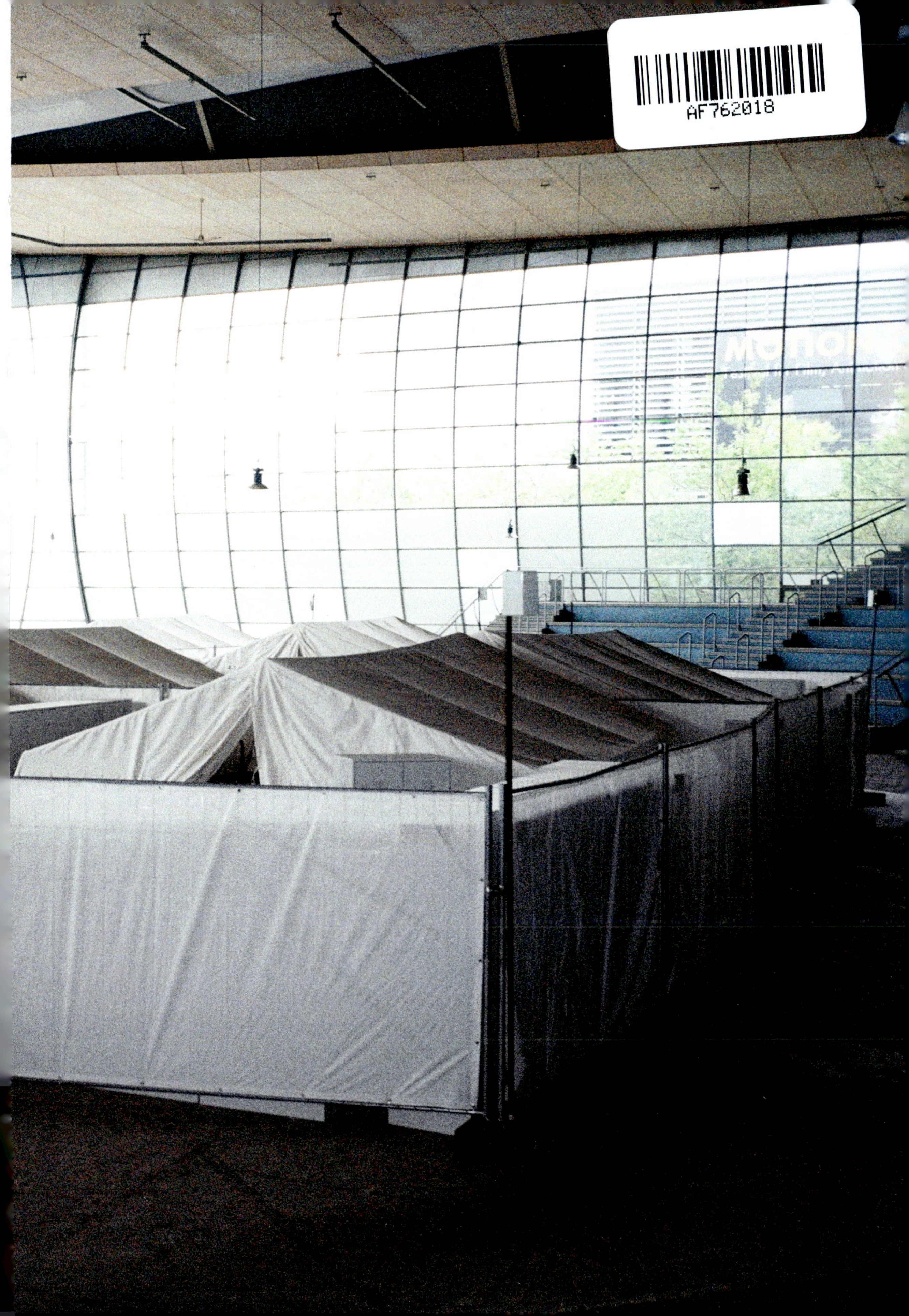

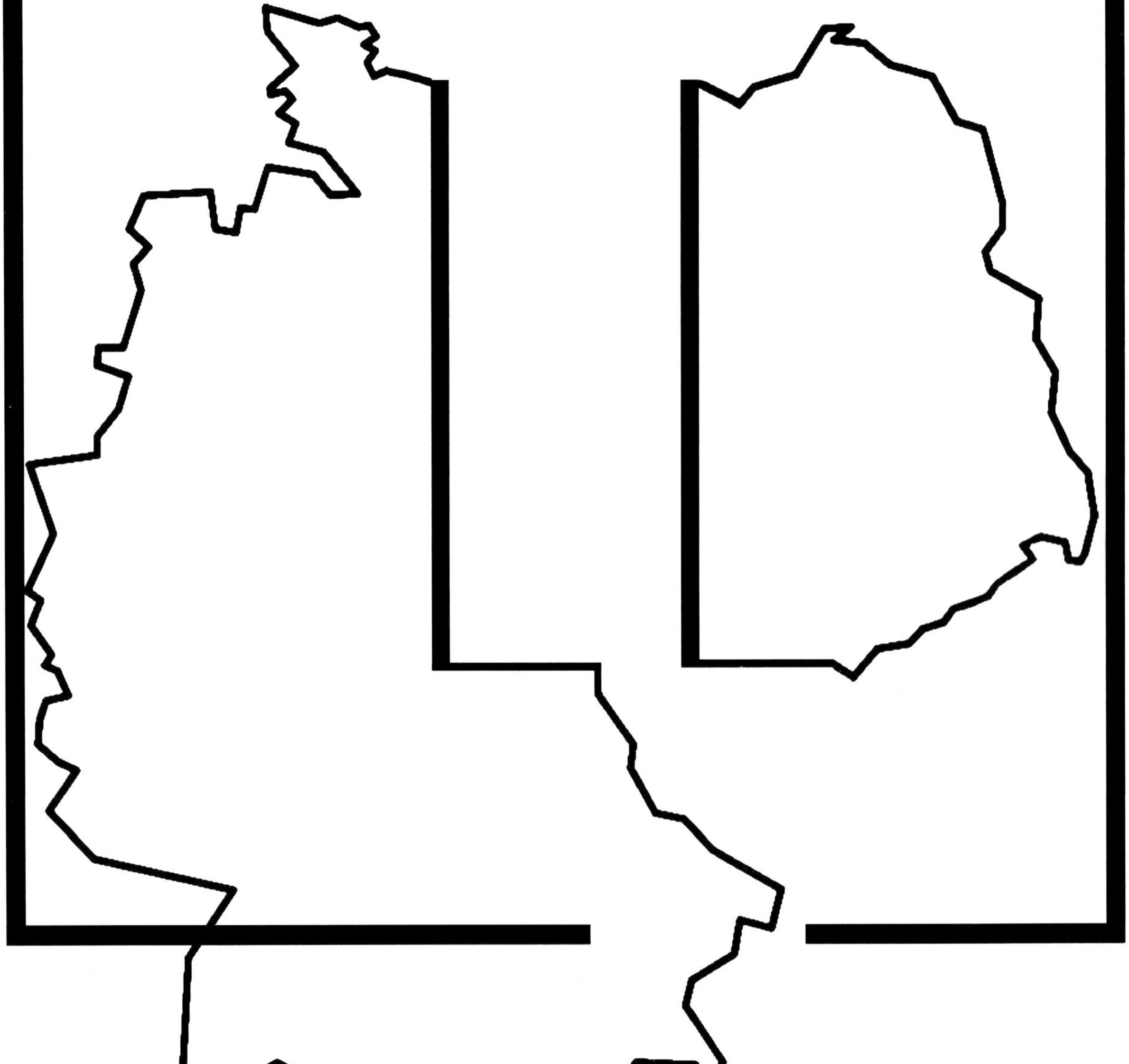

INHALT
CONTENT

Seite / page

Über den LVZ-Kunstpreis / On the LVZ Art Prize
Ein Gespräch zwischen / A Conversation between
Björn Steigert, Alfred Weidinger
& Jürgen Kleindienst 4

Im toten Winkel der Geschichte / The Blind Spot of History
Kito Nedo 8

Den Osten gibt's nicht / There Is No Such Thing as the East
Susanne Titz 24

Ausschlusskriterien / Rejection Criteria
Kerstin Stakemeier 38

Volle Kraft Verwicklung / Embroiled to the Max
Markues 52

Der Schrecken der Schrankwände / The Horror of the Wall Units
Jörg Heiser 80

Präsidentin, Managerin, Sekretärin.
Geschlechterbeziehungen und -bilder bei der Treuhandanstalt /
A Woman at the Helm: President, Manager, Commissioner
Relationships between the Sexes and Gender Images at the Treuhandanstalt
Marcus Böick 94

2000 – Menschen. Natur. Twipsy. / 2000 – Human. Nature. Twipsy.
Katheen Rahn, Clemens Villinger 120

Die Bildstrecken zwischen den Texten zeigen Ausstellungsansichten der Installation *2000* aus den Jahren 2018–2019 / The series of images between the texts show exhibition views of the installation *2000* from the years 2018–2019

ÜBER DEN LVZ-KUNSTPREIS

ON THE LVZ ART PRIZE

JÜRGEN KLEINDIENST: Mit Henrike Naumann erhält eine sehr politische Künstlerin den 13. LVZ-Kunstpreis. Wie finden Sie das?

BJÖRN STEIGERT: Kunst sollte einen ja irgendwo berühren, und das, was Henrike Naumann macht, berührt mich sehr. Dieses politische Signal, das von ihr ausgeht, finde ich extrem wichtig und gerade jetzt, 30 Jahre nach der Friedlichen Revolution, empfinde ich es als ganz besonders passend. Es ist gut, dass es mal nicht Malerei aus Leipzig ist, dass man sich mal mit einem anderen Genre und anderen Themen auseinandersetzen muss, dass man sich fragt: Was ist seit der Wende passiert, was ist schiefgelaufen, und wo stehen wir heute? Für eine Zeitung, die diesen Fragen ebenfalls immer wieder nachgeht, kann das nur ein Glücksfall sein.

ALFRED WEIDINGER: Für uns, die wir in

JÜRGEN KLEINDIENST: The thirteenth LVZ Art Prize has gone to Henrike Naumann, a highly political artist. What's your reaction?

BJÖRN STEIGERT: Art should touch us somehow, and I find the art made by Henrike Naumann very touching. The political signal she sends out strikes me as extremely important, and I think it's particularly relevant now, thirty years after the Peaceful Revolution. It's good that it's not painting from Leipzig this time around, that we are forced to confront a different genre and different issues, that we ask ourselves, What's happened since the wall fell, what went wrong, and where do we stand today? For a newspaper that has itself repeatedly pursued such questions, this can only be a godsend.

ALFRED WEIDINGER: We've spent this year working intensively on the topic "Thirty Years

diesem Jahr das Thema 30 Jahre Friedliche Revolution intensiv bearbeiten, könnte das Jahr nicht besser enden als mit dieser Ausstellung. In der Schau *Point of No Return* war Henrike Naumann eine von 106 künstlerischen Positionen, eine sehr wichtige. Du gehst in diese Installation – und du spürst etwas. Es ist fantastisch, so etwas zu erleben.

JK: Was ist für Sie das Besondere an ihrer Kunst?

AW: Es sind mehrere Faktoren: Zum einen geht es um ihre eigene Geschichte, die Recherche zu ihrer eigenen Familie. Ich glaube, daran arbeitet sie immer noch, das ist ein wichtiger Nährboden. Und zum anderen spielt ihre Ausbildung eine wichtige Rolle: Sie hat klassisch Bühnenbild und Szenografie studiert, und das spürt man auch. Sie hat sich bei uns keinen Raum genommen, sondern eine Halle – die Zündkerzenhalle. Sie fand wichtig, dass man dort ihre Arbeit von oben einsehen kann. So etwas hört man nicht von einem Maler.

JK: Henrike Naumann war im November 2011 zu Besuch bei ihrer Großmutter in Zwickau, als Beate Zschäpe einen Kilometer entfernt ihre Wohnung zerstörte, um Beweise zu vernichten. Ihre Arbeit befasst sich mit der Geschichte rechter Gewalt in Deutschland und der breiten Akzeptanz rassistischer Ideen. Es geht um die Folgen der deutschen Einheit und neue Teilungen. Man kann sich nicht gemütlich einrichten mit ihrem Mobiliar und den Geistern, die in ihm wohnen. Hier wird unheimlich viel und viel Unheimliches verhandelt. Wie bekommt sie das hin?

AW: Was mich so fasziniert, ist, dass ihre Arbeiten mit so wenig auskommen. Ich habe den Eindruck, sie hat die ideale Metapher gefunden. Wenn wir solch ein Phänomen erklären wollen, dann reden wir stundenlang und haben es vermutlich immer noch nicht getroffen. Und sie stellt einfach ein paar Möbel hin, lehnt einen Baseballschläger an oder hängt ein Bild

of Peaceful Revolution," so for us the year could not have ended better than with this exhibition. In the show *Point of No Return*, Naumann was one of 106 artistic positions, a very important one. You go into this installation—and you feel something. Experiencing something like that is fantastic.

JK: What is it about her art that you find so special?

AW: There are several factors. For one thing, it deals with her own history, her research into her own family. I think she's still working on this, it's an important source of inspiration. And then her training plays a key role: she studied classical set design and scenography, and you feel that too. She didn't take a room with us, she wanted a hall—the Zündkerzenhalle. For her, it was important that her work could be seen from above. You tend not to hear that from painters.

JK: In November 2011, Naumann was visiting her grandmother in Zwickau when, just a kilometer away, [right-wing extremist] Beate Zschäpe set her flat on fire to destroy evidence. Her work is concerned with the history of right-wing violence in Germany and the widespread acceptance of racist ideas. It deals with the consequences of German unification and with new divisions. You can't feel comfortable around her furniture and the ghosts that haunt it.

A great deal of material is covered here, including a lot of stuff that gives you the creeps. How does she do it?

AW: What I find fascinating is that her works do so much with so little. I get the impression she has found the ideal metaphor. If we set out to explain a phenomenon like that, we could talk for hours and probably still not have nailed it. And she simply sets up a couple of pieces of furniture,

auf – und es funktioniert. Das geht rein, hat eine klare heftige Botschaft, man spürt alle Ebenen.

BS: Was ich wahnsinnig clever finde, ist, dass sie den Wohnraum nimmt, den Ort, an dem wir unsere meiste Zeit verbringen. Man erinnert sich sofort, wenn man diese Möbel mal gesehen oder in ihnen gewohnt hat, man spürt die Veränderungen und das, was nicht zusammenzupassen scheint.

JK: An Henrike Naumann, scheint es, kommt 30 Jahre nach dem Mauerfall kaum jemand vorbei – genau wie an Via Lewandowsky, dem ersten LVZ-Kunstpreisträger von 1995. Beide werden in vielen Ausstellungen gezeigt, in Dresden sogar gemeinsam.

AW: Auch das zeigt für mich, dass die Entscheidung für sie total richtig war, wenn nicht nur wir merken, wie relevant ihre Arbeit ist. Man kann nur hoffen, dass es so weitergeht wie bei Via Lewandowsky, dessen Werk immer noch so kraftvoll wie vor zehn Jahren ist. Henrike Naumann setzt sich sehr ernsthaft mit der Geschichte auseinander. Es wird sehr spannend sein, zu sehen, wo sie in zehn Jahren ist.

JK: Die LVZ hat sich entschieden, zwei Plüschkränze mit Trauerflor von Henrike Naumanns Installation *Traueraltar Deutsche Einheit* im Rahmen des Kunstpreises anzukaufen, um sie im Verlagsgebäude zu zeigen. Das klingt jetzt nicht unbedingt nach Party …

BS: Ich denke, die meisten werden wie ich die Wende als etwas sehr Positives bezeichnen, für sich persönlich, politisch und gesellschaftlich. Aber diese Trauerkränze fragen provokant: Ist denn wirklich alles gut? Und die Frage muss erlaubt sein.

leans a baseball bat against them or hangs a picture—and it works. It has an impact, there's a clear, intense message. You feel it at every level.

BS: What I find incredibly clever is that she takes the living room, the place where we spend most of our time. You instantly remember having seen these furnishings at some point or living in amongst them, you feel the changes and notice what doesn't appear to belong.

JK: It seems that today, thirty years after the fall of the wall, Henrike Naumann cannot be ignored—much like Via Lewandowsky, the inaugural recipient of the LVZ Art Prize in 1995. Both are the subject of frequent exhibitions, and in Dresden they even had a show together.

AW: For me, this also suggests that the decision to award her the prize was absolutely the right one—we are not the only ones to notice just how relevant her work is. One can only hope that she will take after Lewandowsky, whose work is as powerful today as it was ten years ago. Naumann confronts history with the utmost seriousness. It will be exciting to see where the next ten years take her.

JK: In the context of the prize, the LVZ has decided to purchase two plush wreaths with black crepe from Naumann's installation *German Unity Mourning Altar*, with a view to displaying them in the publisher's building. That doesn't exactly sound cheerful …

BS: Like me, I think most people see the the fall of the wall as something very positive—personally, politically, and socially. But these mourning wreaths ask the provocative question, has everything really turned out for the best? And this is a question we need to allow.

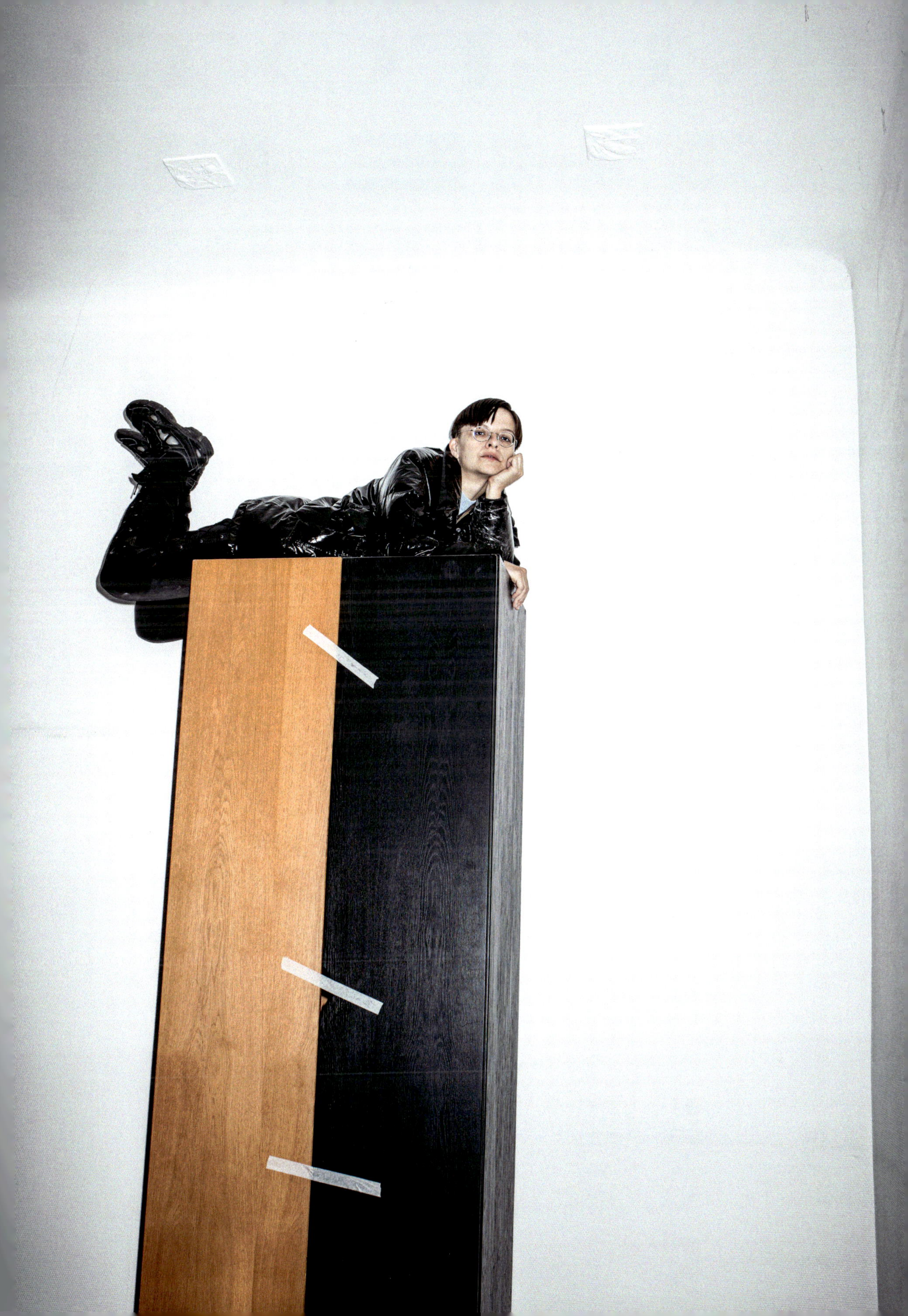

IM TOTE
THE BL
WINKEL
OF
GESCHIC

N
ND SPOT
DER
HISTORY
HTE

Text: Kito Nedo

Translation: Steven Lindberg

Es braucht nicht viel Fantasie, sich vorzustellen wie zum Bauhaus-Jubiläum 2019 in Festreden, Ausstellungen und Katalogen erneut die utopische Kraft jener Avantgarde-Bewegung beschworen wird, die zum Synonym für die Moderne an sich geworden ist. Inmitten einer politischen und wirtschaftlichen Krise waren die Bauhäusler angetreten, um bei null anzufangen und das Leben neu zu ordnen. Am Beginn stand der radikale Bruch mit der Gegenwart und die Gewissheit eines „Neuen Menschen". Vielleicht erscheint auch deshalb vieles von dem, was das Bauhaus ausmachte, bis heute seltsam makel- und zeitlos, wie ein funktionalistisches Raumschiff, das lautlos über dem Boden der Geschichte schwebt.

Anders als das Bauhaus wird die Designrevolution, die 70 Jahre nach Gropius und Weimar

It does not require any great power of imagination to picture how in the Bauhaus anniversary year of 2019 the utopian power of that avant-garde movement, which has become synonymous with modernism per se, is being evoked again in speeches, exhibitions, and catalogues. In the midst of a political and economic crisis, the students and teachers involved in the Bauhaus had set out to start from scratch and reorganize life. It began with the radical break with the present and the positive vision of a "New Human Being." Perhaps for that reason too, much of what made the Bauhaus what it was still seems immaculate and timeless today, like a functionalist spaceship silently hovering above the ground of history.

auf dem Gebiet der DDR inmitten einer politischen und wirtschaftlichen Krisensituation ihren Anfang nahm, mit Sicherheit nicht gefeiert werden. Diese Geschichte ist zu dystopisch, verworren und widersprüchlich und sie hält in gewisser Weise auch noch an. Auch wenn etwa die frühe Techno-Bewegung dieser Wende- und Postwende-Zeit durchaus kulturelle Stoßwirkung und Avantgarde-Qualitäten besaß: Bei den Feiernden, die in den Kellern und Industrieruinen die Nächte durchtanzten, konnte man das Begehren spüren, bei null anzufangen und das Leben neu zu ordnen. Sie waren – auf ihre Art und Weise – Gestalter neuer Räume: akustisch, flüchtig und drogeninduziert-halluzinogen. Wer war damals besser mit der Zukunft verkabelt als sie? Gleichzeitig warfen die Eltern eben jener Techno-Kids die alten Schränke, Anrichten, Betten und Sofas aus den vorangegangenen Jahrzehnten aus ihren Wohnungen und deckten sich mit neuen Billigmöbeln und Sprenkelmuster-Teppichen beim Discounter ein. Auf den Straßen im Prenzlauer Berg und anderswo türmte sich der Sperrmüll der Geschichte. Anfang der 1990er setzte ein neues, geradezu blindwütiges Wohnen ein.

Wenn so etwas wie ein kollektives Wohngedächtnis existiert – was ist dann in den frühen 1990ern in den „Neuen Bundesländern" geschehen? Eine Art gesellschaftlicher Filmriss? Der Drang, der Geschichte zu entrinnen, produzierte Wohnungen ohne Vergangenheit. Schnell hochgezogene Möbelhäuser gehörten zu den ersten großen räumlichen Manifestationen der neuen Zeit. Sie halfen kurzfristig, lang aufgestaute Konsumbedürfnisse zu befriedigen. „Möbel repräsentierten gesellschaftliche Strukturen", sagt die Künstlerin Henrike Naumann, die in ihrer Kunst oft auf Alltagsgegenstände zurückgreift. Und deshalb könne man auch über Thematisierung von Designfragen gesellschaftliche Strukturen zur Diskussion stellen. Gerade auch dort, wo man mit Diskussionen nicht weiterkomme, kann womöglich Naumanns Möbel-Kunst dazu führen, das Gespräch wieder aufzunehmen. Im letzten

In contrast to the Bauhaus, the design revolution that began in the territory of the GDR seventy years after Gropius and Weimar in the midst of another political and economic crisis situation will certainly not be celebrated. That history is too dystopian, confused, and contradictory, and in a certain sense it is also still continuing. Even if the early techno movement, say, belonging to that era of peaceful revolution and the period that followed, certainly had a cultural impact and avant-garde qualities and one could sense among those partying—dancing through the night in basements and industrial ruins—the desire to start from ground zero and reorganize life. They were, in their way, designers of new spaces: acoustic, fleeting, hallucinogen-induced. Who was better hooked into the future than they were back then? At the same time, the parents of those same techno kids were ridding their apartments of the old wardrobes, sideboards, beds, and sofas of previous decades and buying up new cheap furniture and speckled carpets at the discount store. On the streets of Prenzlauer Berg and elsewhere, the bulky trash of history was piled high. In the early 1990s, a new, almost uncontrolled way of living began.

If something like a collective memory of living and dwelling exists, what happened in the "new eastern German states" in the early 1990s? A kind of mental blackout in society? The urge to escape history produced apartments without a past. Quickly built furniture stores were among the first large spatial phenomena of the new era. They helped in the short term to satisfy long-pent-up needs to consume. "Furniture represented social structures," says the artist Henrike Naumann, who often makes use of everyday objects in her art. And for that reason, it has also been possible to discuss social structures by focusing on design issues. And just when discussions reach a dead end, Naumann's furniture art can perhaps bring the conversation back to life

Herbst etwa stellte die Künstlerin in dem historisch signifikanten Saal des Berliner Kronprinzenpalais, in dem 1990 der Einigungsvertrag unterzeichnet wurde, Schrankwandteile in Stonehenge-Formation auf und nannte ihre Installation *Das Reich*. Die Vertragsunterzeichnung ist ein zentraler Punkt in der Ideologie der militanten wie esoterischen „Reichsbürger"-Szene, welche die Existenz der Bundesrepublik infrage stellt.

Kehrt man die Verbesserungsmythen der Moderne in ihr Gegenteil, dann müsste man fragen: Macht schlechtes Design Menschen böse oder radikal? Was macht das mit einem, wenn man von einer aggressiven Formensprache umgeben ist? Warum kleben sich Leute plötzlich Wandtattoos mit völkischen Sprüchen in Fraktur über ihr Sofa? Die Trash-Ästhetik der Wendezeit und der folgenden Jahre ist ein Feld, das Naumann, geboren 1984 im sächsischen Zwickau als Tochter einer Tischlerin und Holzgestalterin, fast im Alleingang beackert. Seit Herlinde Koelbl hat wohl niemand mehr so genau in deutsche Wohnzimmer geschaut. Als Kind erlebte die Künstlerin die Wiedervereinigungsphase als ästhetischen Schock. Erst später als Studentin begriff sie die Zusammenhänge zwischen trapezförmigen Beistelltischen oder der postsozialistischen Pyramiden- und Keksrollenarchitektur sowie der Wucht, mit der sich im Ostteil Deutschlands die wirtschaftlichen, politischen und gesellschaftlichen Entwicklungen ab 1989 überschlugen. Der radikale Bruch der Ästhetik im privaten wie öffentlichen Raum und die Tatsache, dass die Dinge plötzlich so sehr anders aussahen als zuvor, bezeichnet Naumann als „das große Rätsel meines Aufwachsens". Die theoretische Beschäftigung mit der Postmoderne während des Studiums brachte ihre eine Art Offenbarung. Deshalb ist die „Ästhetik der Wiedervereinigung", mit welcher sich die Künstlerin in ihren Installationen, Film- und Soundarbeiten unter anderem beschäftigt, ein paradoxes, gleichzeitig-ungleichzeitiges und schillerndes Zwitterwesen. Je nachdem, wie man darauf schaut,

again. Last fall, for example, the artist placed wall-unit elements in a Stonehenge formation in the historically significant hall of the Kronprinzenpalais in Berlin, where the German Reunification Treaty was signed in 1990. She called her installation *Das Reich*. The signing of that treaty is a central point in the ideology of the militant and esoteric *Reichsbürger* (Citizens of the Reich) scene, which calls into question the very existence of the German Republic.

If the modernist myths of improvement are turned into their opposite, the question arises, Does bad design make people evil or radical? What happens to someone who is surrounded by an aggressive formal language? Why do people suddenly stick wall decals with populist slogans in Fraktur above the sofa? The trash aesthetic of the era when the wall came down and the years that followed is a furrow that Naumann (born in 1984 in Zwickau, Saxony) whose mother is a cabinetmaker and wood designer, has plowed almost entirely alone. No one since Herlinde Koelbl has looked as closely at German living rooms as she has. As a child, the artist experienced the reunification phase as an aesthetic shock. Only later, at college, did she understand the connections between the trapezoidal side tables or the post-socialist architecture of pyramids and jelly-roll towers and the violent force with which the economic, political, and social developments suddenly transformed the eastern part of Germany from 1989 onward. Naumann calls the radical aesthetic rift in both private and public space and the fact that things suddenly looked so very different than they had before "the great mystery of my growing up." Studying postmodernist theory at university led to a kind of revelation. For that reason, the "aesthetics of reunification" that preoccupies the artist in her installations, films, and sound art, among other forms, is a paradoxical, simultaneous/non-simultaneous, ambiguous hybrid. Depending on where one looks, it is about

handelt es sich um die Postmoderne der 1990er im Osten oder die Postmoderne der 1980er im Westen – in einer höchst eigentümlichen deutsch-deutschen Verschraubung. Wie Memphis auf Crack.

In ihrer Kunst widmet sich Naumann höchst spekulativen Fragen. Bedingen Design und Politik einander? Wie hängen Hedonismus und Pegida-Heimatschutz-Paranoia zusammen? Und natürlich geht es auch darum, wie es gelingt, in einer Umgebung ein Heimatgefühl zu entwickeln, die sich nicht erinnern lässt. Naumann nennt die von ihr bearbeiteten Phänomene auch „Post-Wende-Ästhetik" oder „Ästhetik der Deutschen Einheit". Sie ist so verbreitet und schwer greifbar wie der IKEA-Katalog von 1990.

Naumann fasziniert die Tatsache, dass alle Gegenwart irgendwann historisch ist, genauso wie der Wunsch, an einen Punkt in der neuesten Geschichte zurückgehen zu können, um sich mit einem Ereignis noch einmal retrospektiv und intensiv auseinanderzusetzen. Sie interessiert sich für die Motive hinter den Handlungen der Menschen und für Pop- und Alltagsphänomene ebenso wie für die Prozesse, die im Nachhinein ein Ereignis „historisch" machen. Sie begibt sich auf die Suche nach der Techno-Gabber-Kultur in den Niederlanden oder rekonstruiert den Weg eines Kreuzberger Rappers zu den IS-Dschihadisten in Syrien. Man könnte das vielleicht wegen des Zoom-Faktors einen „mikrohistorischen Ansatz" nennen. Aber auch wenn Naumann im Stil einer Kultursoziologin oder Geschichtsforscherin Texte, Bilder, Sounds und Objekte sammelt, Bibliotheken und Archive besucht, bleibt ihr assoziativer Zugriff auf das Material doch ein sehr künstlerischer. Ihre Zeitmaschine ist die Kunst. Und anders als die Wissenschaftler kann sie die großen Fragen auch unbeantwortet lassen.

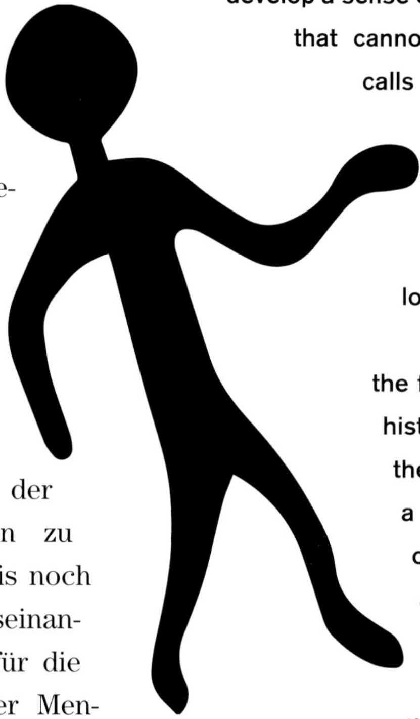

the postmodernism of the 1990s in the East or the postmodernism of the 1980s in the West—bolted together in a highly idiosyncratic East-West German way. Like Memphis on crack.

Naumann dedicates her art to highly speculative questions. Do design and politics condition each other? How are hedonism and Pegida "homeland protection" paranoia connected? And it is, of course, also about how it is possible to develop a sense of homeland in an environment that cannot be remembered. Naumann calls the phenomena she treats "post-Wall aesthetics" or the "aesthetics of German unity." It is as widespread and difficult to grasp as the IKEA catalogue from 1990.

Naumann is fascinated by the fact that the present is always historical at some point and by the desire to be able to return to a point in very recent history in order to confront an event again and subject it to intense retrospective examination. She is interested in the motives behind people's actions and in pop and everyday phenomena as well as in the processes that make an event "historic" in retrospect. She sets out in search of techno gabber culture in the Netherlands or reconstructs the route taken by a Kreuzberg rapper to join the ISIS jihadists in Syria. Because of the way she zooms in on her subjects, this might best be called a "microhistorical approach." But even when Naumann works in the manner of a cultural sociologist or scholar of history, collecting texts, images, sounds, and objects and visiting libraries and archives, her associative approach to the material remains a very artistic one. Her time machine is art. And unlike the scholars, she can leave the

2016, auf dem Höhepunkt der sogenannten Flüchtlingskrise, produzierte Naumann ein Puzzle, indem sie eine historische Schwarz-Weiß-Aufnahme vom Oktober 1989 aus dem provisorischen Auffanglager für DDR-Flüchtlinge aus Prag im bayerischen Hof verwendete. Das Puzzle mit 1000 Teilen legte sie in einer ihrer Ausstellungen auf einem Couchtisch aus. Wegen der vielen Grauflächen ließen sich die Teile jedoch nicht mehr zu einem großen Ganzen zusammenfügen.

Schon das Graben in der jüngst vergangenen Gegenwart erweist sich als ergiebig. Naumann begrüßt es, dass ein großer Teil ihres Publikums die Zeit, um die sich ihre Kunst dreht, selbst miterlebt hat und mit den Formen, die sie in ihren Installationen zitiert, vermutlich mehr oder weniger auch vertraut ist. „Vergangenheit, die man gerade so schön verdrängt hat, ist ein interessantes Feld", erklärt sie. „Mich beschäftigen beispielsweise solche Sachen wie die Expo 2000 in Hannover, die irgendwo schlummern, für die sich aber noch niemand so richtig interessiert hat." Natürlich hat man es immer geahnt, aber Naumann bringt es endlich auf den Punkt: Nicht die ehemalige Mauerstadt Berlin liefert den Stoff für die Analyse deutscher Gegenwartsmentalität, sondern die Schröder- und Maschmeyer-Stadt Hannover.

An der Expo und dem dortigen deutschen Pavillon, die eine zentrale Rolle in ihrer Ausstellung in Mönchengladbach, fasziniert sie vieles: Da ist etwa die Figur der Generalkommissarin Birgit Breuel, die marktradikale ehemalige Präsidentin der im Osten als „Plattmacher" verhassten Treuhandanstalt. Oder das seltsame, 400.000 Mark teure Jingle, das Kraftwerk für Hannover komponierte. „Zehn Jahre nach der ‚Wiedervereinigung' wurde ein gewisser Aufwand betrieben, um ein bestimmtes Bild von Deutschland zu zeichnen", sagt Naumann (die das Wort „Wiedervereinigung" nur in Anführungsstrichen verwendet wissen möchte, da es ihr ein wenig zu „reichsideologisch" klingt). Im Sinne einer „Rave-Diplomatie" wurde während der Expo Techno-

big questions unanswered. In 2016, at the height of the so-called refugee crisis, Naumann produced a jigsaw puzzle from a historical black-and-white photograph from October 1989 taken in Hof, Bavaria, in the reception center for refugees from the GDR arriving via Prague. In one of her exhibitions, she placed this thousand-piece jigsaw puzzle on a coffee table. Because of the many gray pieces, however, the parts could no longer be assembled into a whole.

Even digging in the very recent past turns out to be productive. Naumann welcomes the fact that a large part of her audience itself experienced the period around which her art revolves and is presumably also more or less familiar with the forms she cites in her installations. "The past that has just been so neatly repressed is an interesting field," she explains. "I am interested, for example, in things like Expo 2000 in Hanover that are lying dormant somewhere, but no one has really shown an interest in them." People have always suspected it, of course, but Naumann finally hits the nail on the head: it is not Berlin, the city that once had a wall, that provides the material with which to analyze Germany's current mentality but rather Hanover, the city of Gerhard Schröder and entrepreneur Carsten Maschmeyer.

Expo and the German Pavilion there, which played a central role in her exhibition in Mönchengladbach, fascinate her for many reasons. There is, for example, the figure of its commissioner general, Birgit Breuel, a free-market fundamentalist and former president of the Treuhandanstalt, the "trust agency" that was responsible for privatizing state-owned companies and is reviled in eastern Germany as the *Plattmacher* ("Terminator"). Or the strange jingle costing 400,000 deutschmarks that Kraftwerk composed for Hanover. "Ten years after 'reunification,' a certain effort was made to paint a particular picture of Germany," Naumann says (she insists on using the word "reunification" only in quotation marks,

und Clubkultur als politisches Marketinginstrument vielleicht zum ersten Mal auch politisch in Dienst genommen. Die Idee eines neuen, lässigen Deutschlands, das neben Goethe und Schiller auch noch den DJ Dr. Motte zu bieten hatte, schien damals verlockend, genauso wie das Idealbild des unpolitischen, konsum- und technikaffinen „jungen Ravers mit Kuhfell-Jacke, der Bock auf einen T-Mobile-Vertrag hat". Denn das augenzwinkernd als politisch ausgegebene erste Love-Parade-Motto *Friede-Freude-Eierkuchen* war als Signal auch problematisch. Wie man heute weiß, begannen – während im Expo-Tanzpalast „Fun 2000" an den Wochenendnächten die Techno-Bässe wummerten – anderswo in Deutschland die jugendlichen Terroristen des sogenannten Nationalsozialistischen Untergrunds (NSU) mit ihren grausamen Mordanschlägen. Wie hängen Hedonismus, Eskapismus, Radikalisierung und Rechtsextremismus zusammen? Ein widersprüchliches, verworrenes, bedrückendes Bild.

Naumann studierte zwischen 2006 und 2012 zunächst in Dresden Bühnenbild, später in Potsdam Szenografie. Ihre erste Ausstellungsbeteiligung hatte sie 2012 in den Berlin-Schöneberger Kunstsälen. Dass sie nun in der bildenden Kunst gelandet ist und nicht beim Theater oder Film – darüber ist sie nicht erstaunt. „Rückblickend fühlt sich das ganz logisch an. Ich habe immer das gemacht, was mich am meisten interessiert hat, und dann dafür einen Raum gesucht." Film und Theater vermisse sie nicht, sagt Naumann, denn in der Kunst habe sie die Möglichkeiten, all das zu machen, was sie interessiere. Am Anfang jeder Arbeit steht eine Idee, eine Fragestellung oder auch nur ein ästhetisches Phänomen, das die Künstlerin aufgreift. Aus der anfänglichen Fragestellung ergibt sich das spätere Medium, also Möbelinstallation, Soundarbeit, Performance oder Film.

Für ihre Schau in Mönchengladbach hatte sie einen Schrank gesucht, der aussieht „wie eine Ruine". Aber sie musste ihn nirgendwo ausgraben, sondern wurde über das Netz in einem

since for her it smacks a little too much of "German Reich ideology"). During Expo, techno and club culture was put to work, perhaps for the first time, as a political marketing instrument—a kind of "rave diplomacy." The idea of a new, laid-back Germany that, along with Goethe and Schiller, could also offer the DJ Dr. Motte seemed appealing at the time, just like the idealized image of the unpolitical, consumerist, and tech-savvy "young raver in a cowhide jacket who is keen to get a T-Mobile contract." The motto of the first Love Parade in summer 1989, *Friede, Freude, Eierkuchen* ("Peace, Joy, Pancakes"), billed, somewhat tongue-in-cheek, as political, also sent out a problematic message. As we now know, while the techno bass notes were thumping on weekend nights in Fun 2000, the dance palace at Expo, elsewhere in Germany the young terrorists of the "National Socialist Underground" (NSU) were beginning their gruesome campaign of murder and attacks. How are hedonism, escapism, radicalization, and far-right extremism connected? A contradictory, confused, depressing image.

Naumann was a student from 2006 to 2012, focusing first on set design in Dresden and then scenography in Potsdam. The first exhibition in which she participated was at the Kunstsäle in Berlin-Schöneberg in 2012. She is not surprised that she has now ended up in the fine arts rather than in theater or film. "In retrospect, if feels quite logical. I have always done what interested me most and then looked for a place for it." She doesn't miss film and theater, she says, since in art she has the opportunity to do everything that interests her. Every work begins with an idea, a question, or even just an aesthetic phenomenon that she takes up as an artist. The initial question determines the subsequent medium, be is, a furniture installation, a sound piece, a performance, or a film.

Recently, she was looking for a cabinet for her show in Mönchengladbach that would look

verlassenen Kinderzimmer in Berlin-Charlottenburg fündig. Naumann selbst scheint hauptsächlich über diese Innenwelten zu staunen, denen sie ihre Fundstücke zum Zweck der Kunstproduktion entwindet. Die Befragung von Geschichte, Politik, Ökonomie und Designideologie kann man nicht erledigen, indem man über den Dingen schwebt. Im Gegenteil, man kommt den Leuten ganz handfest und fast unheimlich nahe. Die Vorstellung etwa, dass Menschen täglich im Angesicht eines anthropomorphen Garderobenständers erwachen, erscheint tragisch und komisch zugleich. Die Künstlerin will diese Irritation für ihr Publikum spürbar machen. Naumanns Kunst ist von einer intellektuellen Analyse der Gegenwart getragen. Doch ohne ihr besonderes Gespür für das Unsagbare, das sich zeigen lässt, würde es nicht gelingen. Hat sie ein mulmiges Bauchgefühl oder schreckt sie intuitiv vor dem nächsten Schritt zurück, dann weiß sie, dass die Richtung stimmt.

‚Im toten Winkel der Geschichte' von Kito Nedo erschien in *art–das Kunstmagazin*, Ausgabe 4/2018

"like a ruin." But she didn't have to dig it out from anywhere: she found it online in an abandoned nursery in Berlin-Charlottenburg. Naumann's primary response to these inner worlds from which she takes her found objects for the production of art seems to be one of surprise. Questioning history, politics, economics, and design ideology cannot be done unless you have your feet on the ground. You get close to people in ways that are quite concrete and can be almost eerie. The idea, for example, that people wake up every day to see an anthropomorphic coatrack seems at once tragic and comical at once. The artist wants to make her sense of perplexity palpable for her audience. Naumann's art is sustained by an intellectual analysis of the present. Yet without her intuitive sense for what cannot be spoken but can be shown, it would not succeed. When she has a queasy feeling in her gut or is intuitively frightened by the next step, then she knows she is heading in the right direction.

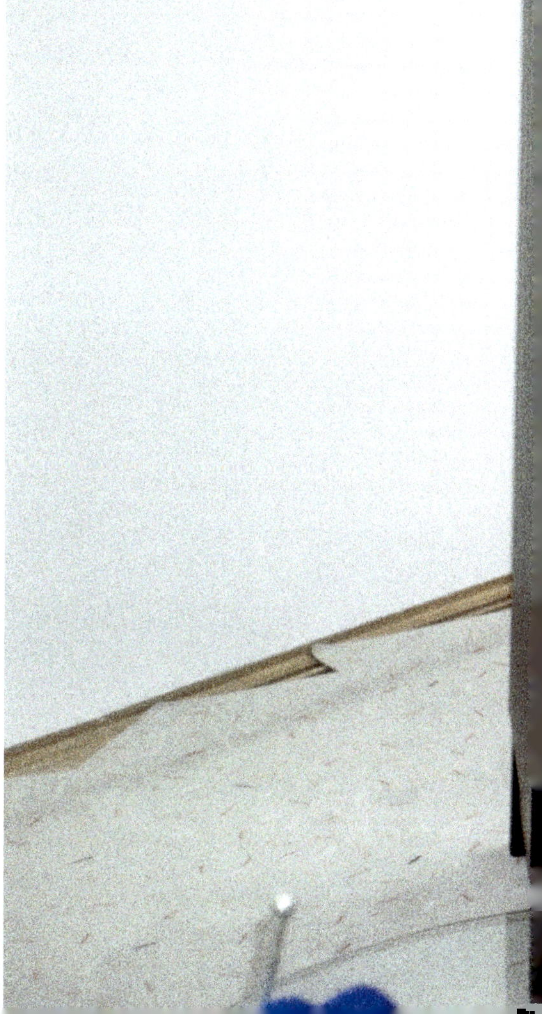

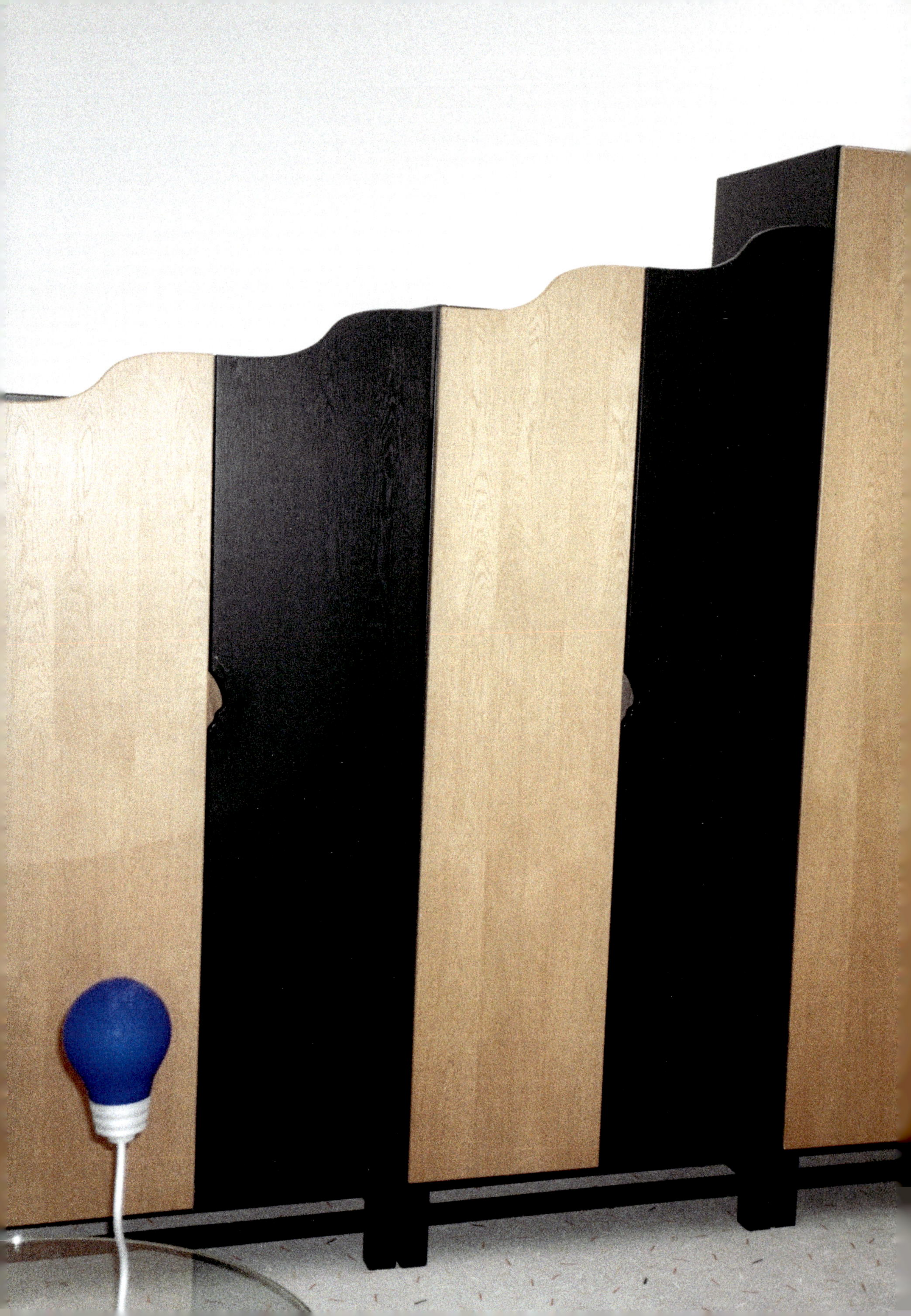

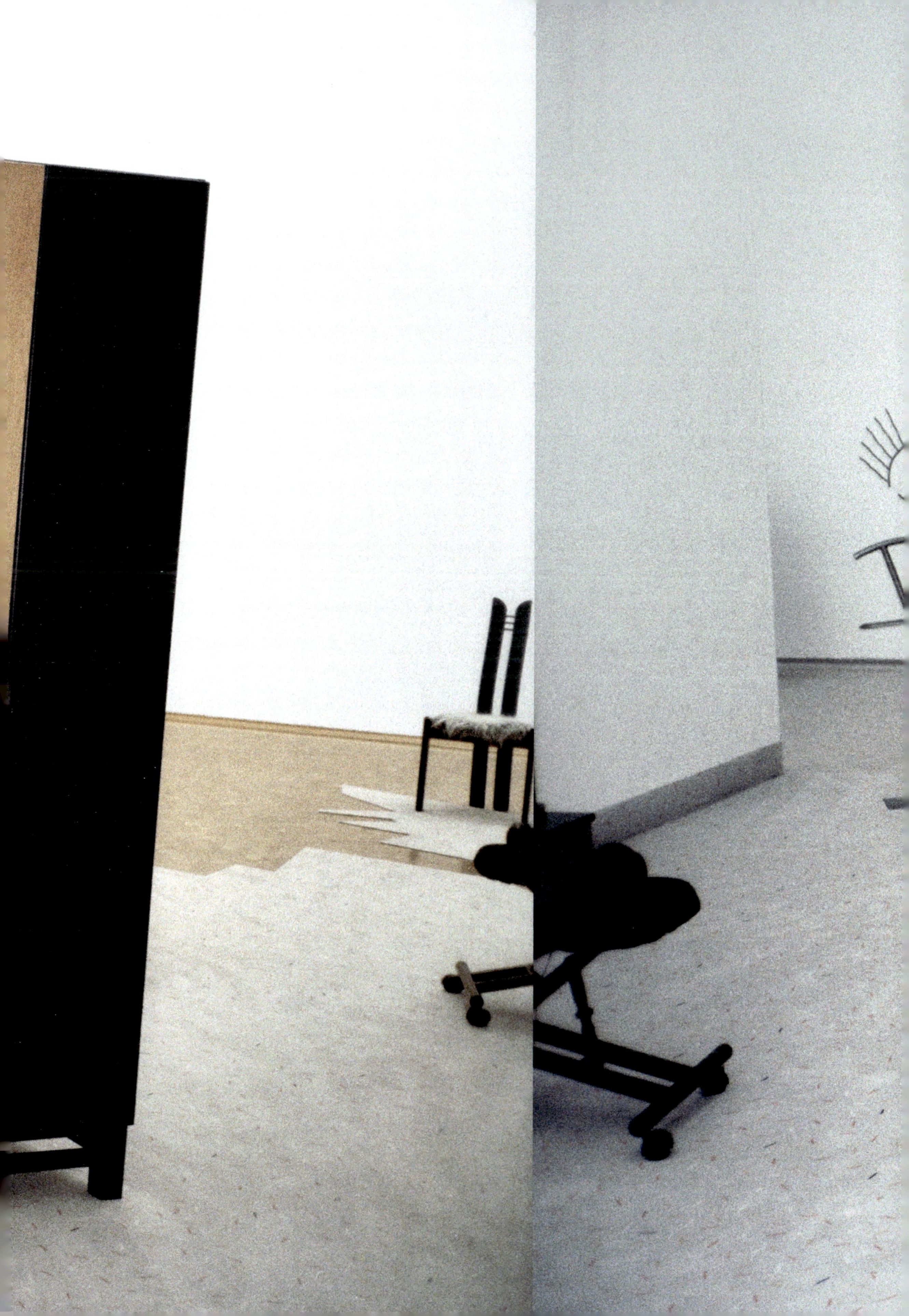

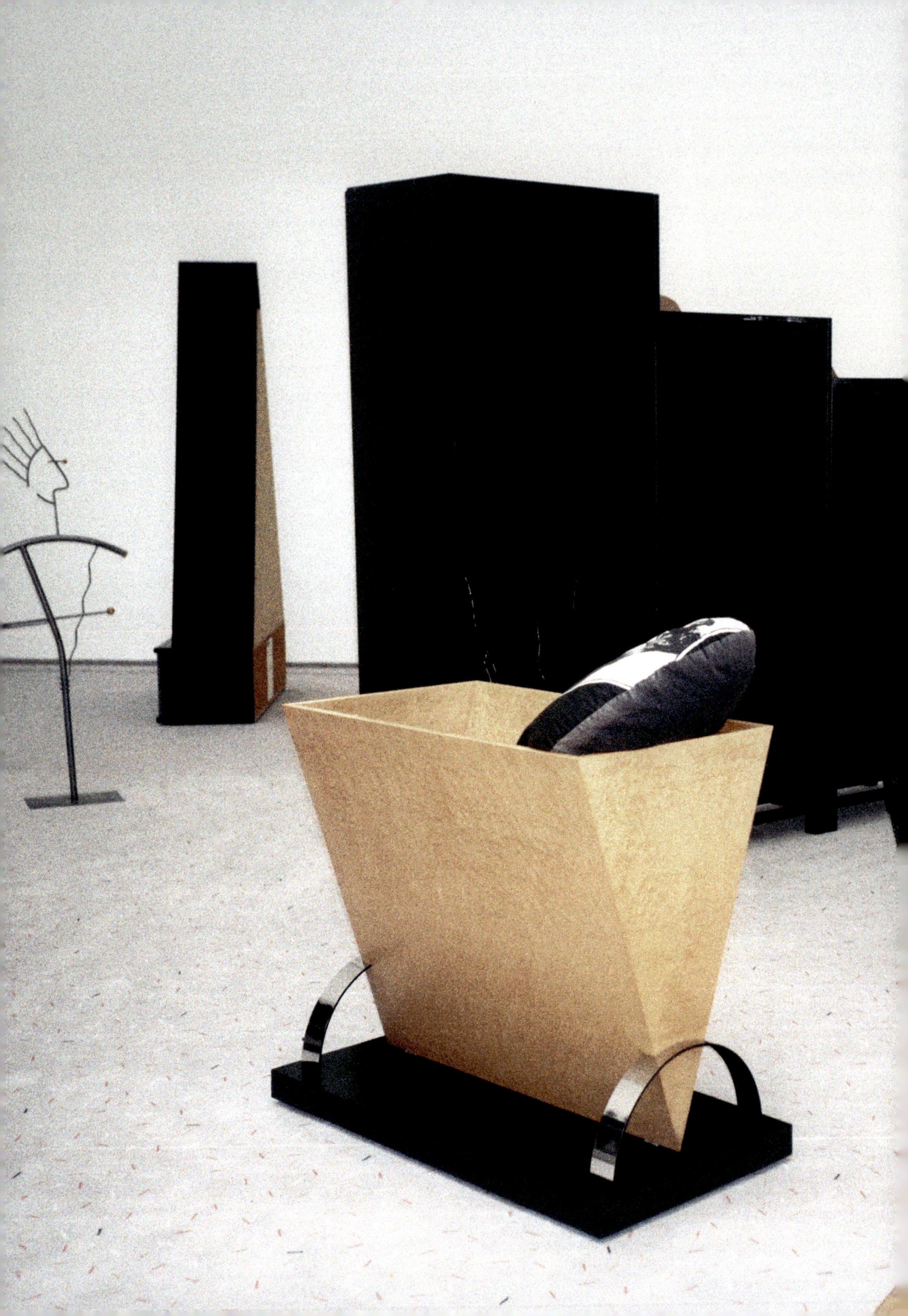

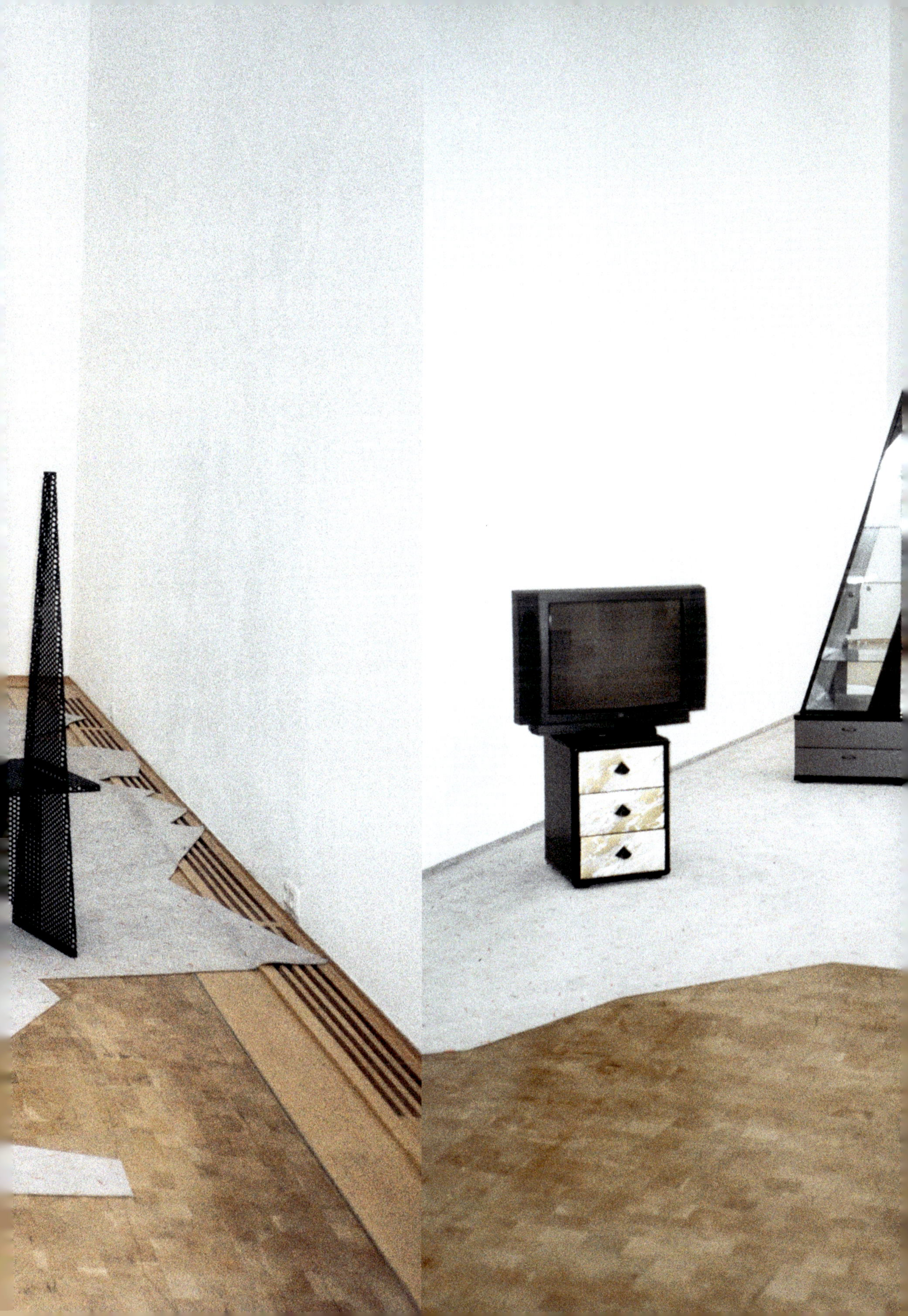

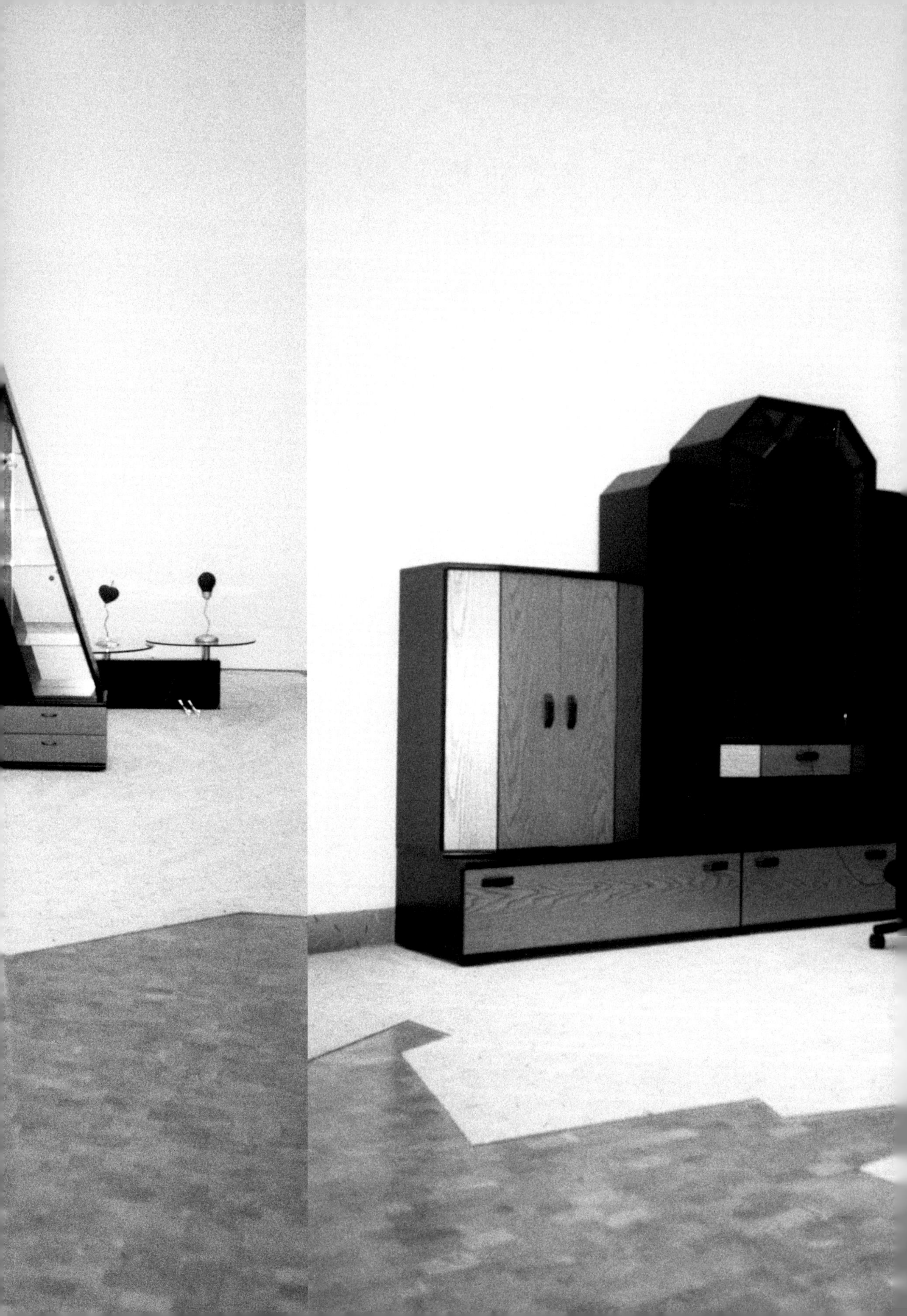

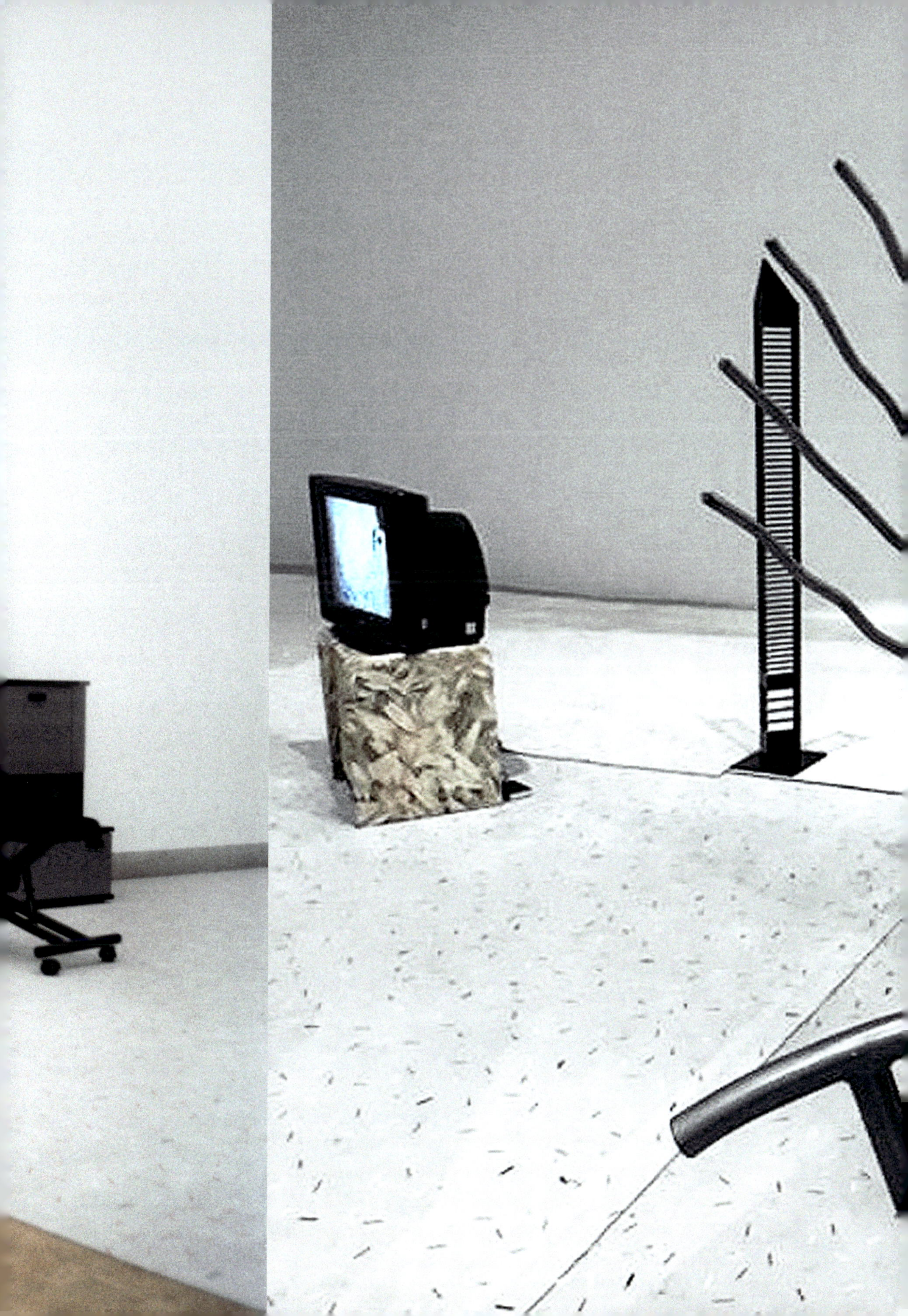

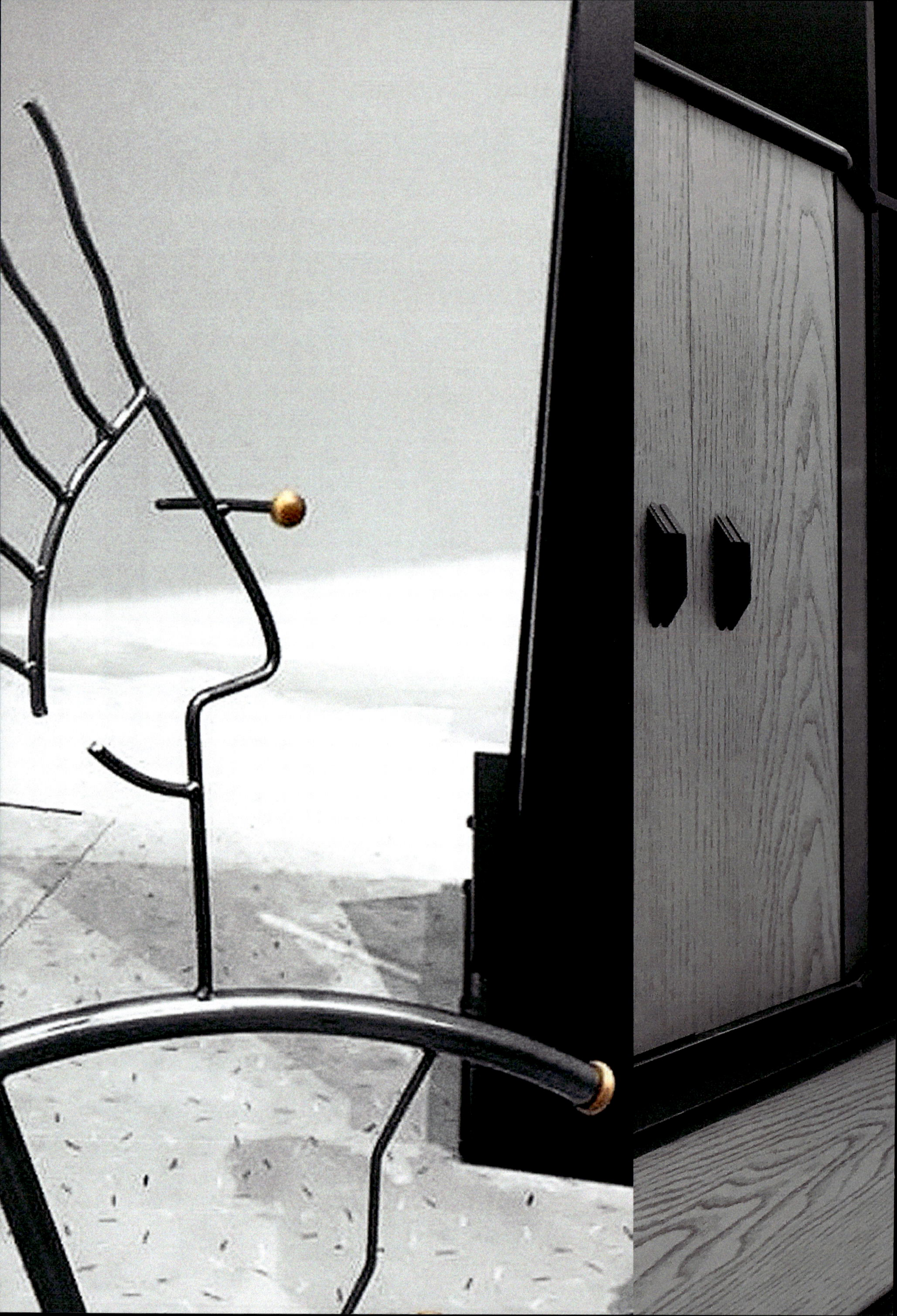

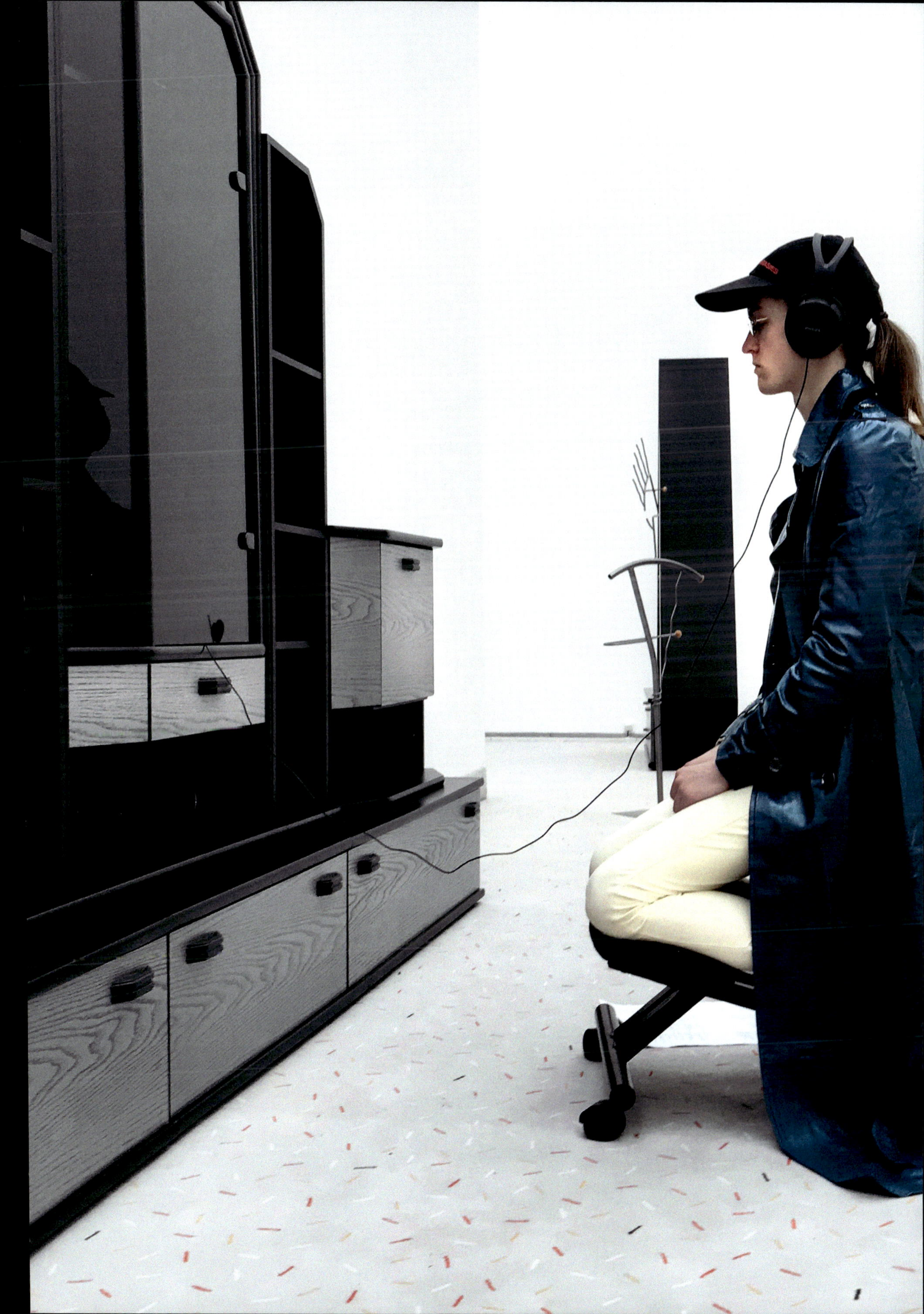

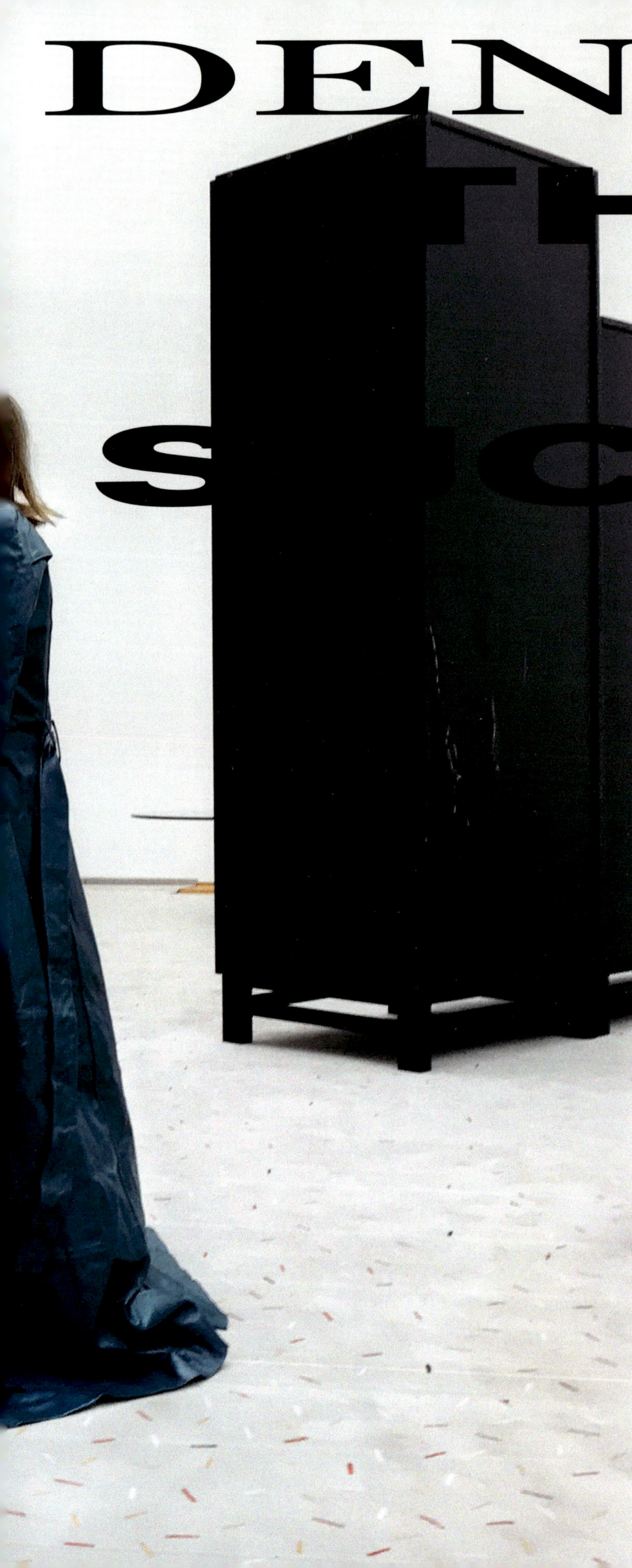

DEN OS

IHER

SUCH T

TH

TEN
E IS NO
GIBT'S
HING AS
NICHT
E EAST

Text: Susanne Titz

Translation: Steven Lindberg

Die traurigste Ausstellung der vergangenen Jahre hieß *Aufbau West*. Sie fand in einem Lokal in einer Ladenpassage unter dem Kölner Ebertplatz statt.[1] Der Ausstellungsraum war unsichtbar, weil er wie ein amateurhaft aufgezogener Trödel- oder Second-Hand-Laden erschien: So als hätte jemand eine Geschäftsidee gehabt, für die er nun an diesem Ort Miete zahlt, um mittels der Dinge, die er zum Verkauf anbietet, eine für ihn interessante Summe Geld zu verdienen. Eine Kioskfahne der Zigarettenmarke West stellte sich an der Fassade aus, drinnen fehlten die Zigaretten. Somit war wohl auch die Fahne ein Ding zum Verkauf, genauso wie eine Wackeldose, ein paar Seifen, Aschenbecher und Minivasen in Glasregalen. Zwei kleine Fernseher fielen darin kaum weiter auf, sie zeigten in hundsmiserabler

The saddest exhibition of recent years was called *Aufbau West*. It was put on in a store in a shopping arcade underneath Ebertplatz in Cologne.[1] The exhibition space was invisible, since it resembled an amateurishly outfitted junk shop or second-hand goods store: as if someone had come up with the idea of paying rent on this space to earn a modest living through the objects offered for sale. A banner advertising the cigarette brand West was displayed out the front, though there were no cigarettes inside. The banner was probably itself on sale, along with a dancing can, a couple of bars of soap, ashtrays, and mini vases on glass shelves. Two small television sets barely made an impression; scenes featuring youths flickered across their low-quality screens. The video recorders below the

Qualität ein paar Szenen mit Jugendlichen. Die Videorekorder unter den Fernsehern identifizierten die Quellen als VHS-Bänder, mutmaßlich zu erwerben wie alte Audiokassetten. Das wirksam Traurige an dieser Ausstellung war deren Darlegung der Realität, die hier einen Übergriff in den Kunstraum vollbrachte, das Umfeld dieses Raums ernst nahm und es mitsamt seiner möglichen Erklärungszusammenhänge in ihm auftreten ließ.

Aufbau West bei gold+beton in Köln im Jahr 2017 war eine der ersten Ausstellungen von Henrike Naumann und sie widerlegt die These, wonach Naumann den Osten Deutschlands thematisiert. Ihre Arbeit handelt nicht von Ostdeutschland und nicht von den Ostdeutschen. Sie handelt auch von Westdeutschland und den Westdeutschen. Und nicht nur von denen, sondern genauer betrachtet auch von Menschen, die in Wien, Łódź, Los Angeles, Blackpool und Busan (Südkorea) leben. Sie handelt nicht von einem geografischen Ort, sondern von einer Zeit, einer Spanne von rund 30 Jahren. Interessanterweise veränderte sich die Situation von Gegenständen in dieser Zeit. Denn die Gegenstände in früheren Zeiten, das Mobiliar und die Tischdecken von Eheleuten, die in den 1930er bis frühen 1960er Jahren heirateten, haben meist das gesamte Leben gehalten. Die „Aussteuer“ der Bräute und die gemeinsame Anfangsinvestition in den Haushalt hielten sich bis zur Erbteilung der Enkel. Sofa, Sessel und Couchtisch, Schlafzimmer, Küchenmöbel und -geschirr waren so lange konstant – sind es bis heute geblieben, wo der betreffende Haushalt noch existiert. Die Generationen ab Ende der 1960er Jahre haben keine derartige Basis mehr. [2] Die meisten haben ihre Möbel bereits mehrfach gewechselt, leben in Wohnrealitäten, die von Einrichtungsmoden infiziert wurden. Die erste Mode bildeten vermutlich Antik und Trödel um 1970, gleich danach bzw. parallel traten IKEA,[3] Möbel Höffner[4] und die Zeitschrift *Schöner Wohnen*[5] auf. Grundsätzlich kamen billigere Möbel auf, die man sich auch mal zwischendurch leisten kann, dazu

sets identified the sources as VHS cassettes, presumably available for purchase like old audio tapes. The saddest thing about this exhibition was the way it presented reality, which here encroached into the art space, took the space's surrounds seriously, and allowed them to figure within it along with their possible explanatory contexts.

Aufbau West at gold+beton in Cologne (2017) was one of Henrike Naumann's first exhibitions. It refutes the idea that Naumann thematizes eastern Germany. Her work is not preoccupied with East Germany and East Germans. It deals with West Germany and West Germans as well, but also—on closer inspection—with people living in Vienna, Łódź, Los Angeles, Blackpool, and Busan (South Korea). Rather than being confined to any geographical area, it covers a period, a time span of around thirty years. Interestingly, the relationship with objects went through a transformation over the same period. Those from earlier times—the furniture and tablecloths of couples who married between the 1930s and the early 1960s—generally lasted a lifetime. The bridal “dowry” and initial joint investment in the household were maintained until the estate was distributed among the grandchildren. Couch, chairs and coffee table, bedroom furnishings, and the kitchenware and cabinets were constants for the duration—and have been preserved to this day where such households still exist. The generations since the late 1960s no longer have such a basis.[2] Most have already gone through several changes of furniture and live in realities shaped by interior design trends. The first vogue was probably for antiques and bric-a-brac in around 1970, followed directly (or in parallel) by IKEA,[3] Möbel Höffner,[4] and the journal *Schöner Wohnen*.[5] Cheaper furniture became the norm, and people could now afford to buy it more often. This was coupled with a desire for novelty, chic, and self-expression that had previously tended to be associated with clothing.

ein Begehren nach Neuem, nach Schick und einem Selbstausdruck, der zuvor eher für die Kleidermode galt.

Es ist die Ära der Postmoderne, deren Ende mehrfach ausgerufen wurde, tatsächlich jedoch zumindest im Bereich von Design, Architektur und Mode noch nicht erkennbar ist. Wenn man es denn etwas verkürzt und jenen Wechsel ästhetischer Ideale, der sich im Spätkapitalismus so stark beschleunigte und popularisierte, als ein Leitmotiv und -medium der Gegenwart versteht. Es ist eine Ära, in der die Beobachtungen von Tom Wolfe und deren kulturelle Fallhöhe *From Bauhaus to Our House* (1981)[6] von einer weiteren, vielleicht noch brutaleren Evolution überholt wurden, die Naumann 2017 mit dem Namen eines Protagonisten der architektonischen Postmoderne benannte: „Von Hans Hollein zu Möbel Höffner".[7] Vom Avantgarde-Design zur Massenware, von High zu Low, zur Verbreitung Hollein'scher Säulen- und Ruinen-Metaphorik auf den Schränken von Wohn- und Schlafzimmern.

Vor diesem Hintergrund wird Naumanns erste Museumsausstellung 2018 im Museum Abteiberg zu einer ortsspezifischen Produktion, da ihre Auseinandersetzung (nach dem extrem präzisen Auftritt 2017 unter dem Ebertplatz) an einem jener Orte stattfindet, der ikonisch für die ästhetische Postmoderne ist: ein Gebäude voller Heterogenität und dialektischer Bezüge, mit echtem und gefaketem Marmor, Industrie- und Tempelfassade, der Helligkeit und den labyrinthischen Fluchten eines Airport-Hubs, sinnlich-spielerischer Architektur voller Metaphern. Das erste Gebäude des Wiener Architekten Hans Hollein, fertiggestellt 1982, ein Jahr nach der Veröffentlichung von Tom Wolfes Abrechnung mit dem Bauhaus. Ein Manifest der Modernismuskritik, das unzählige Architekten und Designer inspirierte, Hollein selbst auch zum Möbel- und Produktdesigner machte.[8]

Zwischen dem glamourösen Museum von 1982 und den traurigen Regalen im Laden unter dem

This was the era of postmodernism, an era that—despite its numerous obituaries—has not yet come to an end, at least not in the fields of design, architecture, and fashion. "Postmodernism" is understood here as shorthand for a shift in aesthetic ideals that was precipitated and popularized in late capitalism and remains a powerful force to this day. It is an era in which Tom Wolfe's diagnosis of a decline *From Bauhaus to Our House* (1981)[6] was overtaken by a further, perhaps even more brutal evolution that Naumann named after a protagonist of architectural postmodernism: "From Hans Hollein to Möbel Höffner."[7] From avant-garde design to mass-produced commodities, from high to low, from Hollein originals to a glut of Hollein-inspired columns and metaphorical ruins lining the shelves of living rooms and bedrooms.

Against this background, Naumann's first museum exhibition in 2018 at the Museum Abteiberg can be seen as a site-specific production, since her critique (following the extremely precise staging beneath Cologne's Ebertplatz in 2017) took place at one of the iconic sites of aesthetic postmodernism: a building full of heterogeneity and dialectical relations, with real and fake marble, industrial and temple facades, the brightness and labyrinthine corridors of an airport hub—a sensuous and playful architecture bursting with metaphors. The first building by Viennese architect Hans Hollein, completed in 1982, a year after the publication of Tom Wolfe's reckoning with the Bauhaus. A manifesto against modernism that inspired countless architects and designers and helped launch Hollein's own career as a furniture and product designer.[8]

Poised between the glamorous museum of 1982 and the sad shelves in the shop under Ebertplatz are the years 1990 and 2000: Germany's unification and its grand appearance at the World Expo in Hanover. The furniture Naumann selects for her works comes from the years since

Ebertplatz liegen die Jahre 1990 und 2000: Deutschlands Vereinigung und dessen großer Auftritt auf der EXPO in Hannover. Die Möbel, die Naumann für ihre Arbeiten aussucht, stammen aus der Zeit dazwischen. Es sind gewöhnliche Möbel der vergangenen 30 Jahre. In den heutigen Ausstellungsraum gestellt erfahren sie ihre Duchamp'sche Transformation zum analytischen Objekt und werden fremd. „Out of space", sagt Naumann in mehrfacher Bedeutung. Erstens sind sie aus dem Raum herausgezogen, in dem sie normal waren. Zweitens zeigen sie vergangene Schönheitsideale. Dan Graham schrieb einst, die schlimmste ästhetische Erfahrung sei das „just-past", die Ästhetik, das Design, die Moden, die gerade vorbei sind.[9] Drittens zeigen sie erst jetzt ihre vergangenen Ideale, die Fiktion, Sehnsucht und Erfüllungsfunktion, die mit dem Kauf dieser Möbel und der Vorstellung vom Leben mit ihnen verbunden war.

Bereits die Nachtschränkchen der allerersten Arbeit *Triangular Stories* aus dem Jahr 2012, Naumanns Diplomarbeit, zeigen das fiktional aufgeladene Design der Postmoderne. Naumann spricht von einem *Miami-Vice*-Effekt, der aus der gleichnamigen Fernsehserie nicht nur auf die Männermode (T-Shirt unter Sakko), sondern auch auf Wohngestaltung ausstrahlte: *Miami Vice* produzierte pastellfarbene Sehnsuchts-Interieurs. Das Filmset wurde ins Schlafzimmer geholt: Menschen, die diese Bettschränkchen kauften, wollten nicht mehr in einer sicheren Beständigkeit leben, sondern in einer Szene, in einem Look.

Die Farbigkeit dieser Möbel, die plötzliche Schrillheit von Einrichtungen überhaupt hat einen Nebenaspekt, der für Ost wie für West gilt – und für Ost vielleicht noch intensiver wirkte: der Wechsel von Schwarz-Weiß- auf Farbfernsehen. Farbfernsehen bedeutet Intensität, Immersion in damaligen Begriffen: ein „Drinsein", das Schwarz-Weiß nicht

then. They are all ordinary pieces from the last three decades. Placed in a contemporary exhibition space, they undergo a Duchamp-like transformation into analytical objects and are rendered strange and unfamiliar. "Out of space," Naumann says, a phrase with multiple meanings. First, they have been removed from their customary setting. Second, they put past ideals of beauty on display. Dan Graham once wrote that the worst aesthetic experience is the "just-past," the most recent aesthetic, design, and fashions.[9] Third, only now do they reveal their past ideals, the fictions, longings, and expectations bound up with the purchase of this furniture and the idea of a life lived in its midst.

The bedside cabinets of *Triangular Stories*, Naumann's first work and her 2012 graduation piece, already reveal the fiction-charged design of

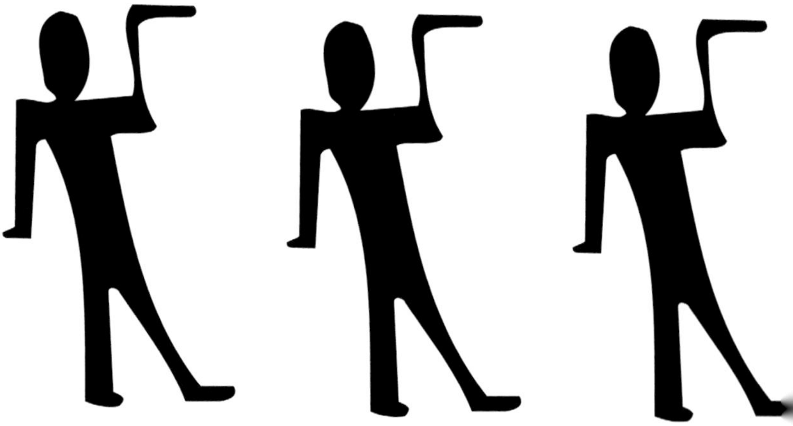

postmodernism. Naumann refers to the *Miami Vice* effect, from the television series of the same name, which had an influence not only on male fashion (T-shirts under jackets) but also on home design: *Miami Vice* spawned pastel interiors suffused with yearning. The film set was transplanted into the bedroom: those who bought these bedside cabinets no longer aspired to live in a secure and stable environment but in a scene, a look.

The vividness of these furnishings, the sudden shrillness of domestic fixtures in general has another dimension that applies to both East and

lieferte. Fernsehen lief im Osten länger als im Westen schwarz-weiß,[10] man brauchte eine spezielle Ausrüstung oder eine Bastellösung, um im Osten Westprogramme in Farbe zu sehen. Mit dem Austausch von SECAM durch PAL vereinte sich auch das deutsche Fernsehen – mit der Folge, dass man u.a. *Miami Vice* nun wirklich überall in Farbe sah. Die mediale Unmittelbarkeit der Dinge und die Möglichkeit, diese fernen Dinge real für sich zu erwerben, entwickelte sich nolens volens – in Ost wie West – zu einer großen Konsumkampagne des öffentlich-rechtlichen Fernsehens, maßgeblich unterstützt und bedrängt von RTL und den anderen neuen Privatsendern, die ebenfalls Mitte der 1980er Jahre auftraten und beispielsweise *Miami Vice* übernahmen.[11]

Naumanns zweite große Arbeit *Desolation* zeigt 2014 die unmittelbare Ausweitung ihrer Perspektive nach den *Triangular Stories*. Nachdem sie in *Triangular Stories* die weitgehend unterbelichtete Parallelität der historischen Entwicklungen von Rechtsradikalismus und Hedonismus ins Bild gebracht hat (der NSU-Film heißt *Terror*, der andere Film *Ibiza*), folgen in *Desolation* Deutsch-Rap und Salafismus, eine biografische Querbewegung vom Hedonismus zum religiösen Extremismus, die nicht lediglich in der Figur des Berliner Rappers Deso Dogg, sondern z.B. in der rheinischen Szene und deren führenden Konvertiten Pierre Vogel (Frechen/Bergheim) und Sven Lau (Mönchengladbach) zu finden ist. Naumann zeigte *Desolation* 2014 umgehend nach der ersten Präsentation in Berlin (Goldrausch 2014) beim Unlimited Kurzfilmfestival in Köln. *Desolation* gewann dort eine lokale Referenz, die für die vielen westdeutschen Betrachter von *Triangular Stories* nicht existierte. Denn Naumanns *Triangular Stories* meinte im westdeutschen Publikum: NSU, Zwickau, Osten, schlechte Klamotten. Und wohl kaum jemand dachte darüber nach, dass man im Westen zu dieser Zeit sehr ähnlich aussah – just-past. *Desolation*

West—and perhaps had a more intensive impact in the East: the switch from black-and-white to color television. Color television signifies intensity, an immersive quality that black-and-white can never match. Black-and-white television lasted longer in the East than in the West,[10] and up until 1990 some expensive equipment or a DIY solution was needed if you wanted to watch Western TV programs in color in the East. When SECAM was replaced by PAL, German unification reached TV as well, with the result that *Miami Vice* and other shows could now finally be seen everywhere in color. For better or worse, the televisual immediacy of things and the possibility of acquiring these faraway things in real life developed willy-nilly and mutated—in the East as well as in the West—into a consumer campaign on the part of public television, decisively aided and abetted by RTL and other new private broadcasters, which also sprung up in the mid 1980s and screened *Miami Vice*, for example.[11]

Having captured largely neglected parallels in the historical development of far-right radicalism and hedonism in her *Triangular Stories*—the National Socialist Underground (NSU) film in this work is called *Terror* and the other film, *Ibiza*—Naumann's second major work, *Desolation* (2014), shows a broadening of her perspective immediately thereafter, as she turns her attention to German rap and Salafism. The work traces a biographical trajectory from hedonism to religious extremism, to be found not just in the figure of Berlin rapper Deso Dogg but also, for example, in the Rhenish scene and its leading converts Pierre Vogel (Frechen/Bergheim) and Sven Lau (Mönchengladbach). Shortly after its premiere in Berlin (Goldrausch 2014), Naumann showed *Desolation* at the Unlimited Short Film Festival in Cologne. There, *Desolation* acquired a local relevance that was missing for many West Germans who had seen *Triangular Stories*. For the West German public, Naumann's *Triangular Stories*

hingegen rührte an einer Formation, die regional und medial ungeheuer nah war: Pierre Vogel, Sven Lau und deren Follower, rheinische Salafisten, zumeist Konvertiten, von denen einige nach Syrien gingen, auf rheinischen Plätzen auftraten und plötzlich in Bergheimer Familien lebten.[12]

Es war 2014 für Naumann billiger, in Köln einen neuen Schrank zu suchen als den Schrank aus Berlin dorthin zu transportieren.[13] Somit ist finanzieller Mangel mitverantwortlich für das Zustandekommen des regionalen „Indexes",[14] jener physischen Spur, die aus der Ausstellung heraus in rheinische Wohnhäuser führte und sich mit deren Lebensverhältnissen verknüpft. Die Geschichte des Kölner Schranks von *Desolation* erscheint in dieser Hinsicht wie ein zeithistorischer Roman: Naumann fand ihn 2014 auf eBay, holte ihn ab in Bergheim und bemerkte, wie nahe sie an Pierre Vogels verstecktem Wohnort war. Nach der Ausstellung ließ sie den Schrank bei einem Aufbauassistenten aus dem Bundesfreiwilligendienst, der in einem Vorort von Köln seine erste Wohnung einrichtete. 2018 suchte sie nach dem Schrank, um ihn im Museum Abteiberg zu nutzen. Es kam die Nachricht, dass der Aufsichtsassistent ihn bei Freunden im Bergischen Land verteilt hatte. Die eigene Wohnung war gescheitert, es folgte notgezwungen die Rückkehr zu den Eltern. Naumann holte den Schrank wieder zusammen, das Museum kaufte ihn, und mit dem Erlös machte der Assistent nun 2018 den zweiten Versuch, eine eigene Wohnung zu finanzieren.

Der schwarz-graue Schrank von *Desolation* mit der von Naumann geschwärzten Frontglasscheibe, von ihr aufgestellt als düsteres Altarretabel und ergänzt um einen Kniestuhl, der zum Bethocker wird, dazu ein Soundstück, das alternativ wechselnd den 2010er Gangster Rap von Deso Dogg und den Kampfruf von Denis Cuspert für den Salafismus, wider Musik, Frauenrechte und Aufklärung in den Kopfhörer bringt: Es entsteht eine Szene der Selbstisolation, die in dem Moment, da man den Kopfhörer aufsetzt,

meant NSU, Zwickau, the East, bad clothing. And it probably did not occur to anyone that people in the West looked very similar back then, in the "just-past." *Desolation*, however, touched on a constellation that was uncannily close to home, both geographically and in the media: Pierre Vogel, Sven Lau, and their followers—Rhenish Salafists, mostly converts, several of whom went to Syria—made appearances in Rhenish town squares and suddenly lived in Bergheim families.[12]

In 2014, it was cheaper for Naumann to buy a new wall unit in Cologne than to transport one there from Berlin.[13] Straitened finances were thus partly responsible for the creation of the regional "index,"[14] a physical trace that led from the exhibition into Rhenish homes and connected with their living conditions. In this respect, the tale of the Cologne wall unit featured in *Desolation* reads like a contemporary novel: Naumann found it on eBay in 2014, picked it up in Bergheim, and noticed how close she was to Pierre Vogel's hidden residence. Following the exhibition, she left the unit with a construction assistant from the federal volunteer service who was setting up his first home in a Cologne suburb. In 2018, she looked for the unit with a view to using it in the Museum Abteiberg. The message came back that the assistant had divided it up among various friends in the Bergisches Land. His attempt to live independently had failed, and he had been forced to move back in with his parents. Naumann reassembled the wall unit, sold it to the museum, and used the proceeds to give the assistant a second chance at financing his own home.

The black-and-gray wall unit from *Desolation* with the front glass panel blackened by Naumann, exhibited as a somber altar table and supplemented by a kneeling chair that becomes a prayer stool, accompanied by a sound installation that alternately plays into the headphones the 2010s gangster rap of Deso Dogg (aka Denis Cuspert) and Cuspert's battle cry for Salafism and against music, women's rights, and enlightenment:

den gegenwärtigen Clash der Kulturen in ein beklemmendes Bild bringt. Wieder eine triste Vorstellung, die da vom Möbel produziert wird, so traurig wie unter dem Ebertplatz.

Naumanns Studium – Bühnenbild in Dresden, Szenenbild in Babelsberg – und die Erfahrung von Bert Neumanns drastischem Kulissenrealismus an der Berliner Volksbühne haben ihre Sensibilität für den anthropologischen Dokumentsinn der Möbel und Alltagsornamente geprägt. Aus dem Theater stammt die krasse Ausgestelltheit des Menschlichen in einer Szene, die vielleicht zunächst nur durch ein paar Möbel angeteasert wird. Es gibt eine Linie von Edward und Nancy Kienholz, Guillaume Bijl, den tieftraurigen Räumen von Gregor Schneider zu diesem aktuellen Werk.[15] Die intensive Auseinandersetzung mit Ton und Film verstärkt Naumanns szenische Arbeit, die Nutzung dokumentarischer Wirkung gilt auch auf der Ebene von Sound und Bild. Sehr oft arbeitet sie mit dem Komponisten und Musiker Bastian Hagedorn zusammen, der atmosphärisch und rhythmisch treibende Sounds produziert (Acid-Rhythmen gesampelt mit Fundstücken, die den Tropen aus Dokumentarfilmen entstammen). Die beiden Filme in *Triangular Stories* sind zwei schlechte VHS-Kassetten, mit brüchigen Bildern, kurz davor, sich im „Generation Loss" ihrer zu vielen Abspielungen aufzulösen. Es sind mediale Kulissen aus Beweisen, die in der Geschichte verschwinden könnten. Dies wird im gefaketen Mitschnitt der NSU-Protagonisten ebenso virulent wie im Tonstück von *Desolation*, wo ein akustischer Übertritt von Deso Dogg zu Denis Cuspert, vom lüsternen Rap in die Hasspredigt geschieht: In dem Moment, als die Musik abbricht und der Ton blechern wird, wandelt er sich zu einer „Empfängnis", einer Botschaft aus einem nicht-öffentlichen Kanal. Aus den Möbeln sprechen Stimmen. Es ist ein „ghost house", das Naumann aus den Interieurs hervorkommen lässt. Ein Geisterhaus, in dem wir leben.[16]

all this gives rise to a scene of self-isolation that channels the current clash of cultures into an oppressive image at the moment the visitor puts on the headphones. Another picture of melancholy generated by the furniture, as sad as the one beneath Ebertplatz.

Naumann's studies—stage design in Dresden, production design in Babelsberg—and the experience of Bert Neumann's drastically realistic scenery at the Volksbühne in Berlin molded her sensibility for the anthropological, documentary character of furniture and everyday ornaments. The crass way in which the human is exhibited, initially hinted at only through a couple of pieces of furniture, reflects her theatrical background. A direct line can be traced from Edward and Nancy Kienholz via Guillaume Bijl and the profoundly melancholy spaces of Gregor Schneider to this contemporary work.[15] An intensive engagement with sound and film reinforces Naumann's scenic work, with documentary effects being employed on the audiovisual level. She frequently collaborates with composer and musician Bastian Hagedorn, who produces atmospheric and rhythmically pulsating sounds (acid rhythms sampled with found pieces drawn from documentary film tropes). Both films in *Triangular Stories* are low-quality VHS cassettes affected by "generation loss," their grainy images in danger of dissolving into static after too many playthroughs. These are media backgrounds made up of evidence that could vanish from history. This is just as virulent in the faked recording of the NSU protagonist as in the audio of *Desolation*, where an acoustic crossover takes place from Deso Dogg to Denis Cuspert, from lewd rap to hate-filled sermon: at the moment when the music breaks off and the audio becomes tinny, it transforms into a "conception," a message from a non-public channel. Voices speak from the furniture. What Naumann coaxes from her interiors is a "ghost house." A ghost house in which we make ourselves at home.[16]

1 In dieser unterirdischen Passage gab es 2017 mehr geschlossene als offene Läden, die aktuelle Ökonomie bestimmten der Drogenhandel, ein Internetshop und eine letzte Kneipe. Nagelbrunnen, Platzfläche und Ladenpassage, Chrom, Wasser, viel Waschbeton und etwas Grün erzeugten 1977 eine aufregend neuartige städtische Landschaft – eine lebenswürdige Etage unter dem Verkehrskreisel am Ebertplatz, der fast unsicht- und hörbar wurde. 2017 war der Brunnen stillgelegt, die Passage roch streng. Mitten darin liegt der Ausstellungsraum gold+beton von Meryem Erkus, vgl. www.goldundbeton.de und Interview mit Meryem Erkus unter https://kaput-mag.com/stories-de/qu-vadis-ebertplatz_/

2 Dennoch ist der Wohnungsbau in Deutschland stärker von Modetrends beeinflusst und es wird mehr Geld in Inneneinrichtungen investiert als in vielen anderen Ländern, nicht zuletzt aufgrund dort niedriger Einkommen der Mittelklasse.

3 IKEA begann 1943 mit dem Verkauf von billigen Möbeln, das erste deutschen Geschäft eröffnete 1974. In den 1970er Jahren wurden IKEA-Produkte ausdrücklich als Modeartikel und Konsumgüter beworben. Durch die gesamte Geschichte gleichermaßen brillant als Spar- und Modeideologie, wohl eines der besten Vorbilder des Spätkapitalismus, vgl. https://de.wikipedia.org/wiki/IKEA, Zugriff 12.9.2019

4 1969 erster Boom, 1989 zweiter Boom, vgl. https://de.wikipedia.org/wiki/hoeffner_(Moebelhaus), Zugriff 12.9.2019.

5 Gegründet 1960 als Spin-off der hocherfolgreichen Modezeitschrift *Constanze* im Constanze Verlag, die 1969 in eine Krise geriet und dann mit der jünger wirkenden Zeitschrift *Brigitte* vereint wurde. Vgl. https://www.schoener-wohnen.de/einrichten/34340-bstr-schoener-wohnen-hefttitel-1960-bis-heute/116255-img-das-erste-heft-schoener-wohnen-heft-1-januar-1960, Zugriff 12.9.2019.

6 Tom Wolfe, *From Bauhaus to Our House*, Erstausgabe 1981, dt. *Mit dem Bauhaus leben. Die Diktatur des Rechtecks*, Königstein 1982.

7 Henrike Naumann im Gespräch mit der Autorin zur Zeit ihrer Ausstellung bei gold+beton, eine frühe Einordnung der Beziehung ihrer Arbeit zum Gebäude des Museums Abteiberg, Skype Frühsommer 2017.

8 Interessant ist auch, dass die Risalite der Toilettentüren in frühen Interieurs des ICE ebenso wie die Blautöne und das Orange des Regio-Designs ihre Vorbilder vermutlich im Unterrichtsraum des Museums Abteiberg haben.

9 Dan Graham, Art in Relation to Architecture / Architecture in Relation to Art, in: *Artforum*, February 1979, wiederveröffentlicht in: Brian Wallis (Hg.), *Dan Graham. Rock My Religion. Writings and Art Projects 1965–1990*, Cambridge 1993, S. 224–241, hier S. 240: „Strategically, the devalued architecture and ideas of the most recent past events and historical meaning, as they are the most strongly repressed missing links in the present ideological constructions." Graham teilt Thesen von Robert Venturi und Denise Scott Brown sowie Rem Koolhaas; seine Theorie der anthropologischen Formationen von Design und Architektur findet sich in weiteren Schriften. Zu Grahams „History Lessons" findet sich eine gute Einführung von Brian Wallis in seiner o.a. Edition von Grahams Texten, S. viii–xvi.

10 Die Fernsehnorm im Westen war PAL, im Osten SECAM. Die Programme des jeweils anderen Gebiets reduzierten sich in der Übertragung bis 1989 auf Schwarz-Weiß, wenn man kein spezielles Zusatzgerät besaß (Nachrüstsatz oder „Bastellösung", vgl. https://de.wikipedia.org/wiki/Farbfernsehen, Unterpunkt DDR).

11 Vgl. zur Entwicklung der Veränderung des Fernsehens ab 1989: Dominik Graf und Martin Farkas, *Es werde Stadt. 50 Jahre Grimme-Preis in Marl*, TV-Film 2013/14.

12 In den Jahren 2010 bis 2014 waren die Salafisten medial sehr präsent, die Aufdeckung der Biografien geschah zu dieser Zeit. Quellenreiche Einträge existieren für Vogel und Lau unter https://de.wikipedia.org/wiki/Pierre_Vogel und https://de.wikipedia.org/wiki/Sven_Lau.

13 Beginnend mit *Triangular Stories* gibt es dann bei *Desolation* und einigen später folgenden Arbeiten stets mehrere Fassungen, i.e. Möbelversionen.

14 Vgl. Rosalind E. Krauss, Notes on the Index, Part 1 & 2, in: dies., *The Originality of the Avantgarde and Other Modernist Myths*, Cambridge 1985, S. 196–219. Krauss bezog den linguistischen Begriff des Index auf physische Spuren (u.a. Fußabdrücke), auf den unmittelbaren Dokumentsinn von Fotografie und von Architektur in der Kunst der 1960er und 1970er Jahre (u.a. auf die Arbeit von Gordon Matta-Clark).

15 Die frühen Biografien sind ähnlich interessant wie bei Naumann: Kienholz stand außerhalb der Kunstakademien, Bijl ebenfalls, er studierte Theater, nachdem er bei einer Bank gearbeitet hatte. Schneider produzierte seine erste große Arbeit, das *Haus u r* 1985 bis 2001 zu Hause im ehemaligen Wohnhaus seiner Großeltern.

16 Vgl. zum Begriff des „ghost house" in der Postmoderne Dan Grahams Text Not Post-Modernism: History as Against Historicism. European Vernacular in Relation to American Commercial Vernacular, and the City as Opposed to the Individual

1 In 2017, more stores were closed than open in this underground passageway; drug deals, an internet shop, and the last remaining bar were the only signs of economic activity. Back in 1977, the so-called Nagelbrunnen (a fountain designed by Wolfgang Göddertz), the open square and the shopping arcade, chrome, water, a great deal of washed concrete, and a dash of greenery had made for an excitingly innovative urban landscape—a livable world beneath the Ebertplatz traffic circle, which was more or less invisible and inaudible. The fountain was disconnected in 2017; the passageway stank. This was the setting for Meryem Erkus's exhibition space gold + beton: see www.goldundbeton.de and Tomas Venker's interview (2 November 2017) with Meryem Erkus at https://kaput-mag.com/stories-de/qu-vadis-ebertplatz_/.

2 Nevertheless, in Germany housing is more influenced by fashion trends and more money is invested in interior design than in many other countries, not least due to lower middle-class incomes.

3 IKEA started selling inexpensive furniture in 1948, the first German store opened in 1974. In the 1970s, the company's products were explicitly purchased as fashion items and consumer goods. IKEA has always worked equally brilliantly as an ideology of fashion and of thrift; it is probably one of the best models of late capitalism, see "IKEA," Wikipedia: The Free Encyclopedia, last modified November 12, 2019, 22:03, https://en.wikipedia.org/wiki/IKEA.

4 A major furniture retailer in Germany. First boom from 1969, second boom from 1989: see "Höffner (Möbelhaus)," Wikipedia: The Free Encyclopedia, last modified November 11, 2019, 03:12, https://de.wikipedia.org/wiki/Höffner_(Möbelhaus).

5 Established in 1960 as a spin-off from the highly successful fashion magazine *Constanze* in the Constanze Verlag. In 1969, it was beset by crisis and was subsequently amalgamated with *Brigitte* magazine, which was pitched at younger women. See "Schöner Wohnen," accessed September 12, 2019, https://www.schoener-wohnen.de/einrichten/34340-bstr-schoener-wohnen-hefttitel-1960-bis-heute/116255-img-das-erste-heft-schoener-wohnen-heft-1-januar-1960.

6 Tom Wolfe, *From Bauhaus to Our House* (New York: Farrar, Straus and Giroux, 1981).

7 Henrike Naumann in a Skype conversation with the author at the time of her exhibition at gold+beton, an early discussion of her work's relationship to the Museum Abteiberg building, early summer 2017.

8 Hollein's interior design for the Museum Abteiberg went on to become fashionable: it is worth noting that the risalit of the toilet doors in the interiors of the early ICE trains and the blue and orange tones featured in the design of the regional trains are probably modeled on the museum's classroom.

9 Dan Graham, "Art in Relation to Architecture / Architecture in Relation to Art," *Artforum* 17, no. 6 (February 1979), republished in Dan Graham, *Rock My Religion: Writings and Art Projects 1965–1990*, ed. Brian Wallis (Cambridge, MA: MIT Press, 1993), 224–41, here: 240: "Strategically, the devalued architecture and ideas of the most recent past events and historical meaning, as they are the most strongly repressed missing links in the present ideological constructions." Graham shares arguments put forward by Robert Venturi and Denise Scott Brown and by Rem Koolhaas; his theory of the anthropological formations of design and architecture can be found in other writings. A good introduction to Graham's "history lessons" is offered by Brian Wallis in the above-cited edition of Graham's texts, viii–xvi.

10 The format for television in the West was PAL, in the East, SECAM. Until 1989, programs from the other side were reduced to black-and-white when transmitted, unless the viewer happened to own some special additional equipment—see "Farbfernsehen" ("Einführung in Deutschland," subheading "DDR"), Wikipedia: The Free Encyclopedia, last modified October 12, 2019, 21:45, https://de.wikipedia.org/wiki/Farbfernsehen.

11 On changes in television since 1989, see Dominik Graf and Martin Farkas, *Es werde Stadt! 50 Jahre Grimme-Preis in Marl*, TV documentary, 2013/14.

Building, in: *Artforum*, Dezember 1981, S. 50–58. Wiederveröffentlicht in der Edition von Brian Wallis unter dem Titel The City as Museum, S. 244–263. Besonders interessant die Beschreibung des öffentlichen Soundeffekts in einer Gebäudesimulation von Venturi und Rauch, Franklin Court in Philadelphia 1972: Anstelle von Naumanns Kopfhörern installierten Venturi und Rauch Telefone (vgl. S. 253f.).

12 The Salafists featured heavily in the media in the years between 2010 and 2014; their life stories became public knowledge in this period. See the Wikipedia entries for Vogel and Lau (with numerous links) at https://de.wikipedia.org/wiki/Pierre_Vogel (last modified November 11, 2019, 14:42) and https://de.wikipedia.org/wiki/Sven_Lau (last modified July 26, 2019, 06:56).

13 Beginning with *Triangular Stories*, and then in *Desolation* and a number of subsequent works, there are always several versions available with different furniture in each case.

14 See Rosalind E. Krauss, "Notes on the Index: Part 1 & Part 2," in *The Originality of the Avantgarde and Other Modernist Myths* (Cambridge, MA: MIT Press, 1985), 196–219. Krauss related the linguistic concept of the index to physical traces (including footprints) and to the directly documentary character of photography and architecture in 1960s and 1970s art (e.g., in the work of Gordon Matta-Clark).

15 Their early biographies are no less interesting than Naumann's: Kienholz maintained a distance from art academies, as did Bijl, who studied theater after working at a bank. Schneider produced his first major work, the *Haus u r*, from home—his grandparents' former residence—between 1985 and 2001.

16 On the concept of the "ghost house" in postmodernism, see Dan Graham's text "Not Post-modernism: History as against Historicism, European Archetypal Vernacular in Relation to American Commercial Vernacular and the City as Opposed to the Individual Building," *Artforum* 20, no. 4 (December 1981): 50–58. Republished in Graham, *Rock My Religion* (see n. 9) under the title "The City as Museum," 244–63. The description of the public sound effect in a building simulation by Venturi and Rauch (Franklin Court in Philadelphia, 1972) is particularly interesting: instead of Naumann's headphones, Venturi and Rauch installed telephones (see 253–54).

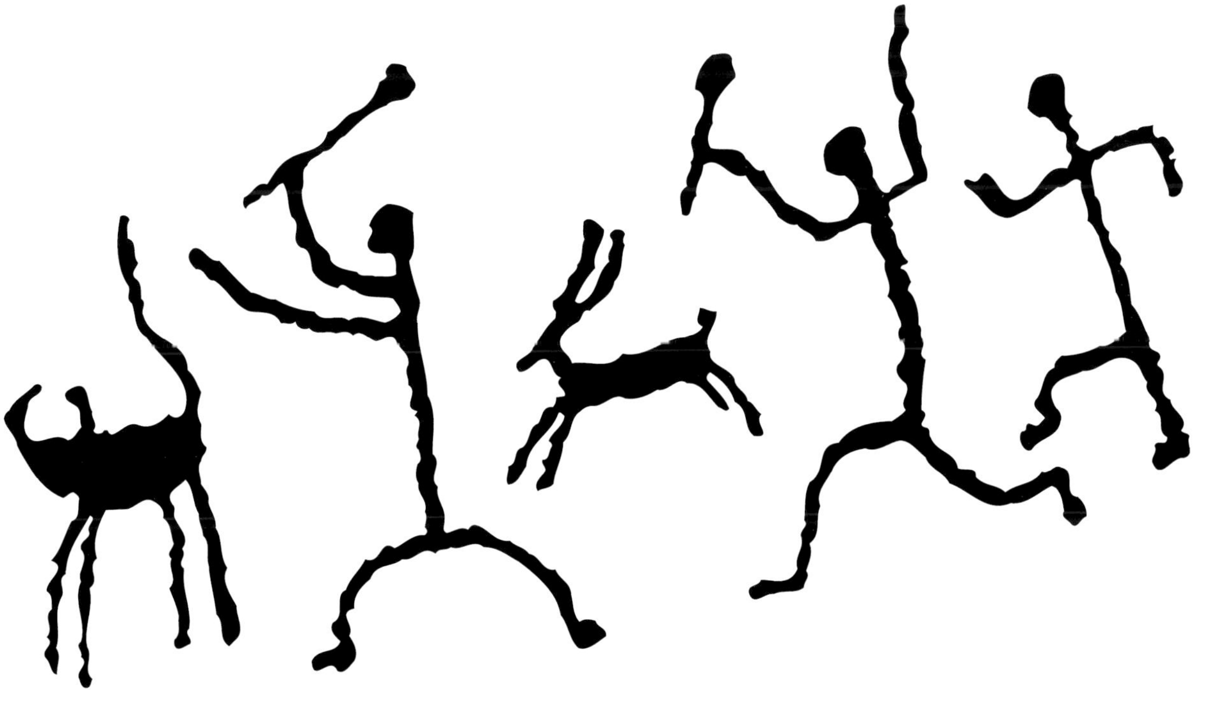

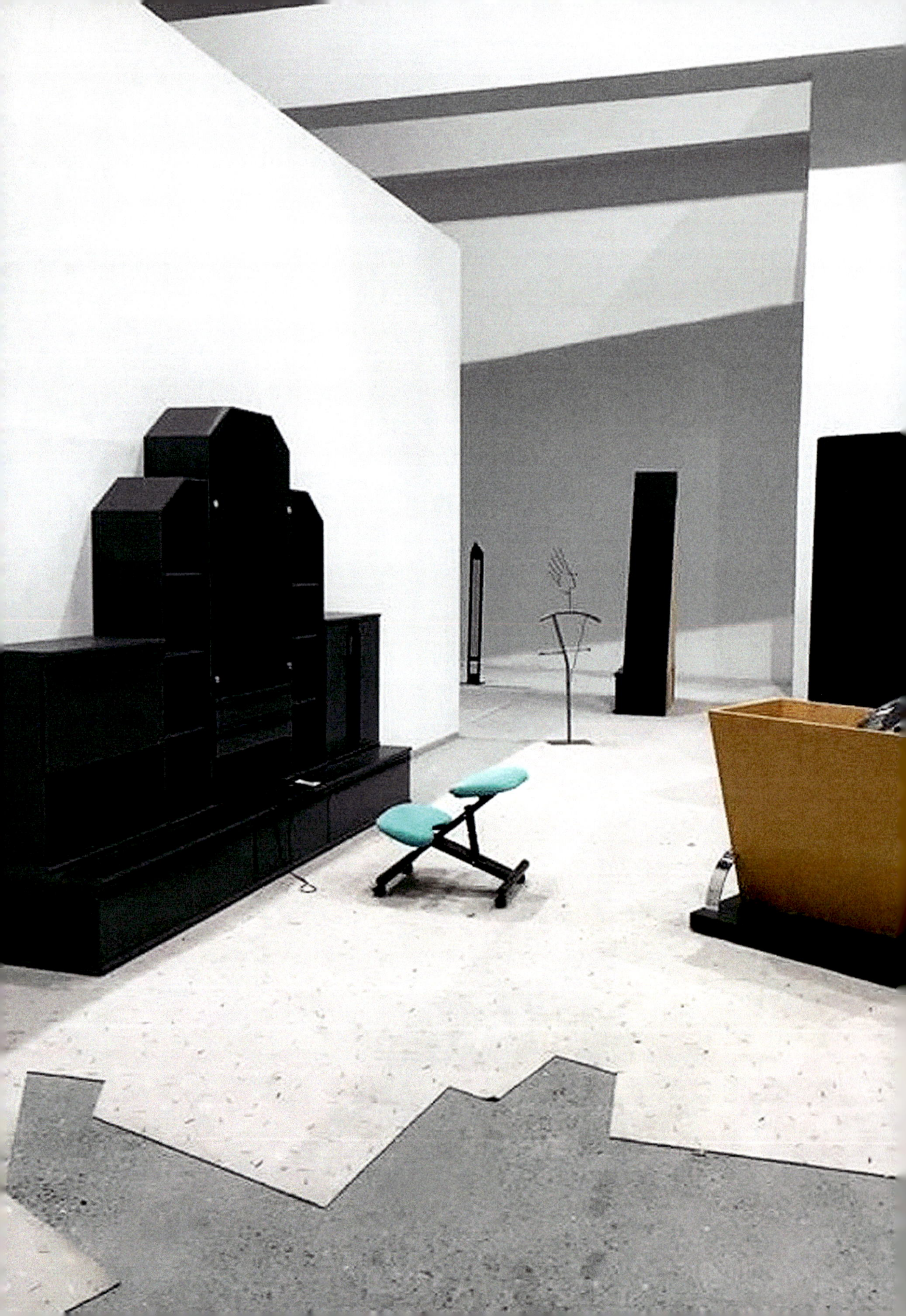

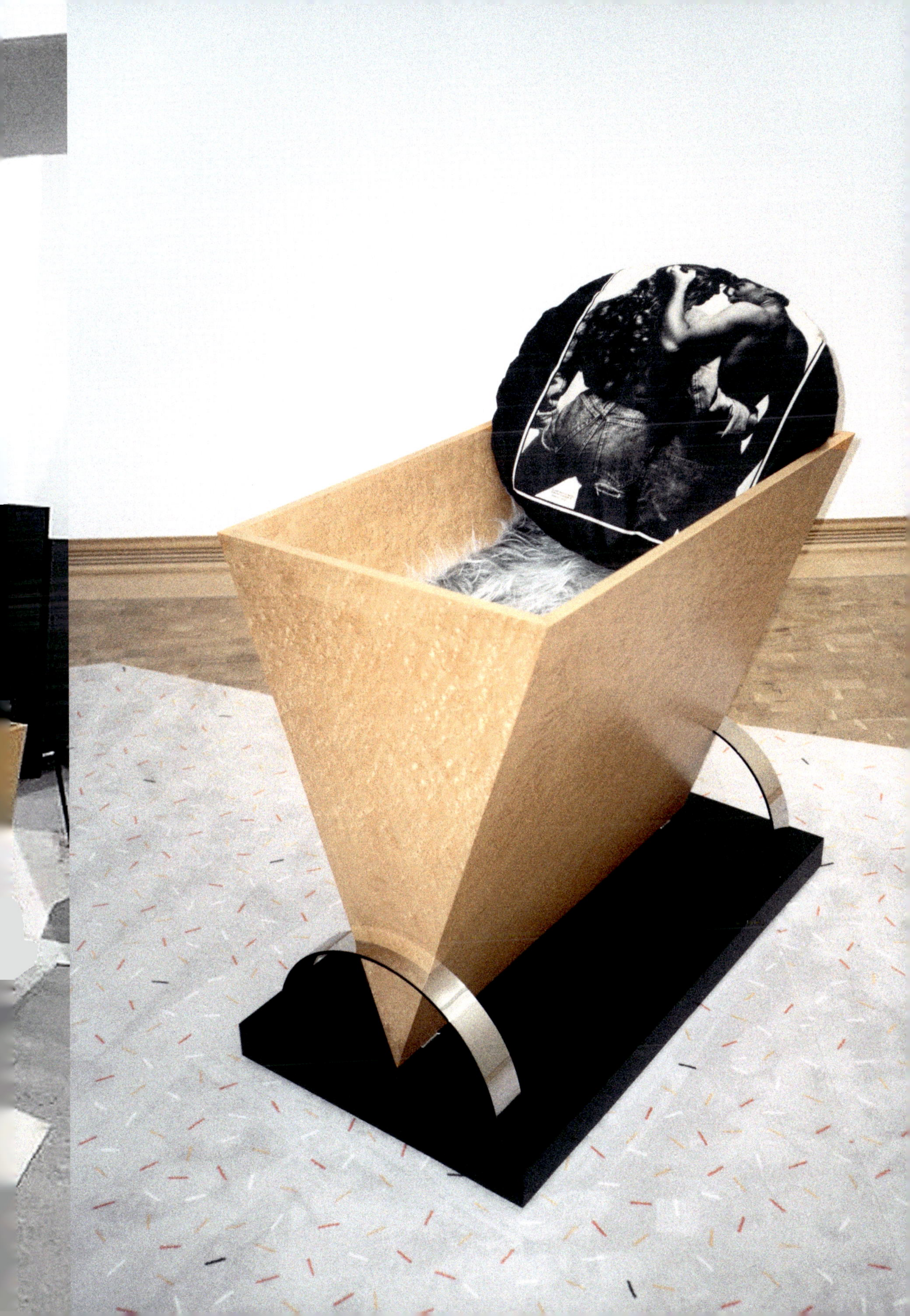

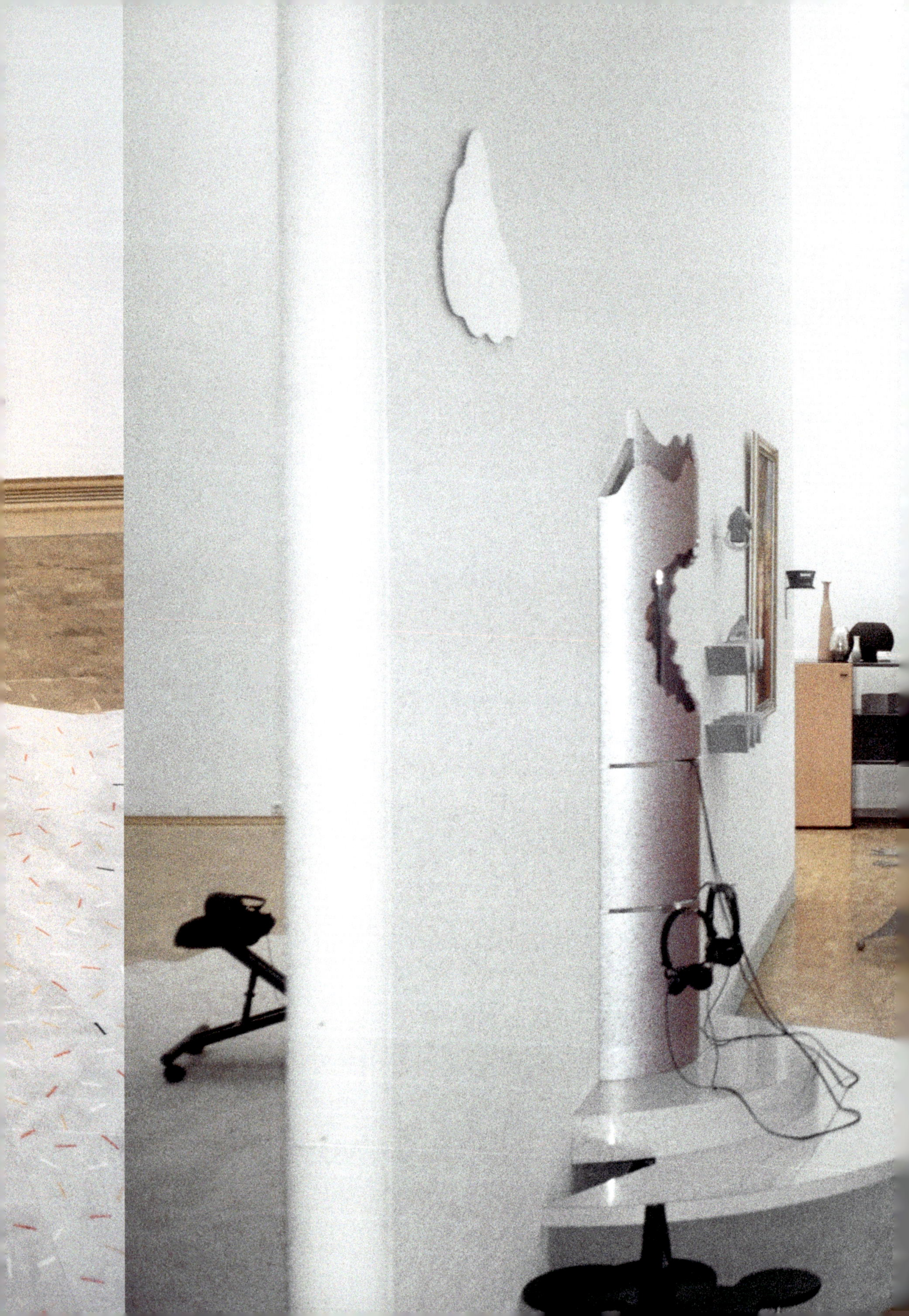

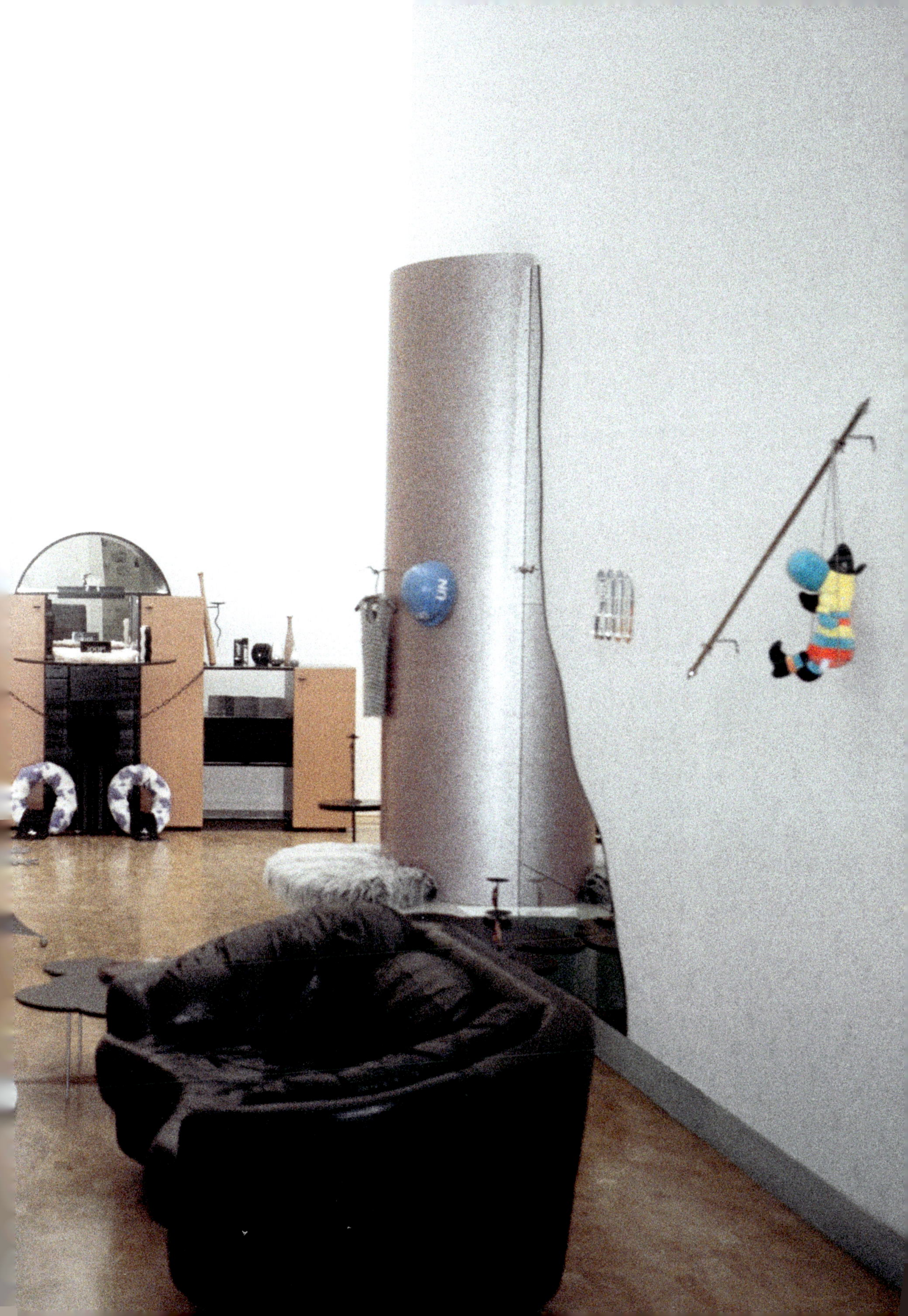
UN

AUSSCH
RE
KRITER
C

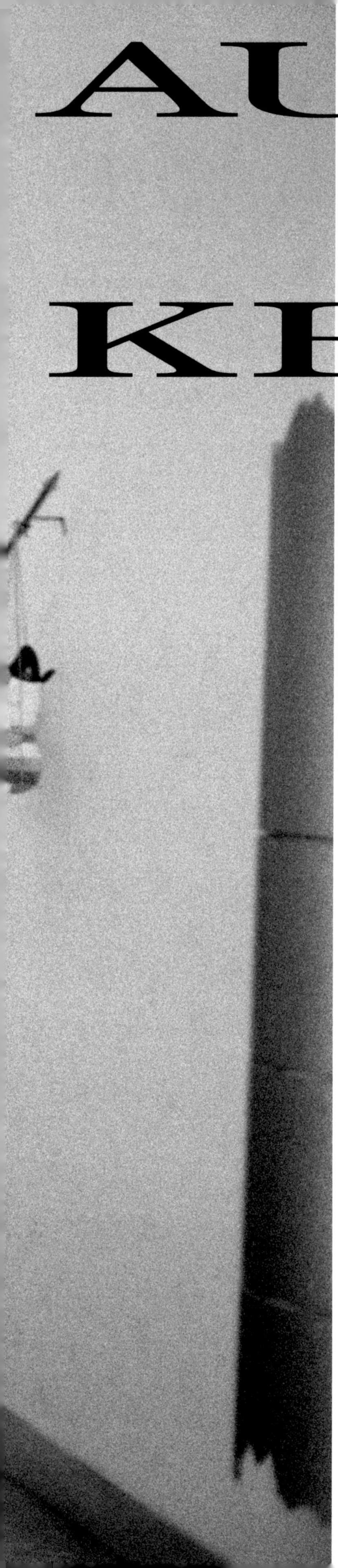

USS-
ECTION
EN
RITERIA

,Ausschusskriterien' von Kerstin Stakemeier erschien in *Texte zur Kunst*, Heft #111 Amerika, 9/2018

Text: Kerstin Stakemeier

Finanzialisierungen durchziehen das Kapital seit seinen Anfängen. Schon Marx schrieb in Band 3 des gleichnamigen Buches Mitte des 19. Jahrhunderts über die zentrale ökonomische Rolle von „Krediten“ und „fiktivem Kapital“. In den 1990er Jahren rückten diese Formen als Derivate digitalisiert ins Zentrum der globalisierten Ökonomien. Als Medien einer informatisch entspezifizierten Vergleichbarkeit wurden sie zum Wertmaßstab der kapitalisierten Gesellschaften. Diese digitale Neutaktung des Lebens treibt eine sich potenzierende Ungleichzeitigkeit vor sich her, in der fehlende Vergleichbarkeit des eigenen Werts gleichbedeutend mit dessen gesellschaftlichem Absinken in die Zeit- und Wertlosigkeit wird.

Viele von Henrike Naumanns Arbeiten der letzten Jahre, die im Frühjahr 2018 in einer Ausstellung

Translation: Steven Lindberg

Financializations have permeated capital since its very beginnings. In volume 3 of *Das Kapital*, Karl Marx described the central economic role played by “loan capital” and “fictitious capital.” In the 1990s, these forms advanced to the center of the globalized economies as digitized derivatives. As media of comparability despecified by IT, they became the measure of value for capitalized societies. This digital recalibration of life gives rise to a self-potentiating non-simultaneity, in which a lack of comparability in one’s own value equates to a social decline into timelessness and worthlessness.

Many of Henrike Naumann’s works from recent years, brought together in early 2018 at the Museum Abteiberg in an exhibition entitled *2000*, present regional variations on this financialized

im Museum Abteiberg unter dem Titel *2000* zusammengeführt wurden, richten sich in den regionalen Ausprägungen dieses finanzialisiert Wertlosen ein. In Mönchengladbach verstellte Naumann ihren Ausstellungsraum in Hans Holleins 1982 eröffnetem Prunkstück postmoderner Architektur mit den abgelebten 90er-Jahre-Möbelhausversionen eben dieser Postmoderne. Naumanns künstlerische Arbeit ist, wie ihre Ausbildung in Dresden und Potsdam, szenografisch. Was sie zusammensetzt, sind daher weniger autonome Installationen, die uns eine individuierende ästhetische Erfahrung eröffnen, als vielmehr voneinander abhängige Lebensräume, die uns eine gemeinschaftliche Beschränkung suggerieren. Das materialisiert sich auf mehreren Ebenen: im konsequenten Aufbau aus den standardisierten Einrichtungselementen einer historisch gestrandeten Individualisierung, in der Themenwahl der in diesen ruinösen Wohnlandschaften auf Röhrenfernsehern flimmernden Videos, aber auch in der an Filmbearbeitungsprogramme wie After Effects erinnernden visuellen Gestaltung. Naumanns filmische Arbeiten fingieren Jugendvideos der lange in ihrer Heimatstadt Zwickau aktiven Mitglieder des NSU, zeigen Staatserklärungen der selbsternannten Reichsbürger, verwandeln den Videokanal eines dem sogenannten IS beigetretenen Berliner Gangster-Rappers in ein Audiofile, schneiden Impressionen der Expo 2000 zusammen und rahmen die Dokumentation einer Wohnblocksprengung in Magdeburg. Naumann zeigt ein Leben in Abbrüchen und zwischen Ruinen. Aber was ihre Filme und unsere Einbettung in deren Szenografien – bei *Triangular Stories* (2012), dem fingierten NSU-Heimvideo, deckt sich teils die Einrichtung im Video mit derjenigen davor – letztlich so inversiv macht, ist, dass Naumann keinen pathologisierenden, sondern einen normalisierenden Blick auf diese Leben richtet. Und genau hier wird ihre Arbeit politisch folgenreich: Als stigmatisierte gesellschaftliche Randgruppe erscheinen die Reichsbürger als erschreckender

worthlessness. In Mönchengladbach, Naumann fitted out her exhibition space in Hans Hollein's showpiece of postmodern architecture, opened in 1982, with the moribund 1990s furniture store versions of this same postmodernism. Naumann's artistic work, like her training in Dresden and Potsdam, is scenographic. What she assembles are thus not so much autonomous installations offering us an individualized aesthetic experience as mutually dependent living spaces suggesting a communal confinement. This is materialized on several levels: in the stringent construction from standardized furniture elements of a historically stranded individualization; in the thematic choice of the videos seen flickering on tube televisions in these ruinous residential landscapes; and in the visual design, which calls to mind film manipulation software like After Effects. Naumann's films simulate youth videos of NSU (National Socialist Underground) members long active in her home town, Zwickau; show declarations of statehood by self-proclaimed *Reichsbürger* (Citizens of the Reich); transform the video channel of a Berlin gangster rapper who joined the so-called Islamic State into an audio file; splice together impressions of Expo 2000; and recycle footage of the demolition of an apartment tower in Magdeburg. Naumann shows a life lived discontinuously and among ruins. But what ultimately makes her films and our immersion in their scenographies so intensive—in *Triangular Stories* (2012), the fictitious NSU home video, the furnishings in the video partly coincide with those in front of the screen—is that the gaze Naumann directs at these lives normalizes rather than pathologizes them. And this is precisely the point where her work becomes so politically consequential. As a stigmatized and socially marginal group, the *Reichsbürger* would appear to constitute a terrifying exception. But while watching Naumann's video *Das Reich* (2017), we might ask, how many *Reichsbürger* would it take to nor-malize their conspiracy theory–fueled brand of

Ausnahmefall. Aber während man Naumanns Video *Das Reich* (2017) sieht, kann man sich fragen: Wie viele Reichsbürger braucht es, um ihren verschwörungstheoretischen Nationalismus als Normalität zu etablieren? Unsere politische Gegenwart ist voll von Nationalismen, Misogynie, Rassismen und Antisemitismen, die als Normalitäten durchgesetzt und als politische Maßstäbe anerkannt wurden. Bei Naumann wird diese Normalisierung nicht vorweggenommen, sondern vielmehr zur Disposition gestellt, indem ihre Außengrenzen fragwürdig werden.

Als künstlerische Form sind Naumanns Einrichtungen vor allem deshalb so eigen, weil in ihnen trotz aller Dokumentarismen keine ästhetische Wiederholung ent-werteter Leben durchgespielt wird. Vielmehr gibt sie einem Erfahrungsmaterial Form, das der gesellschaftlich privilegierten Autonomie des Kunstsettings andere, weniger privilegierte Formen gesellschaftlicher Abspaltung gegenübertreten lässt: die Isolation nationalistischer Radikalisierung. Dokumentarismen einer radikal ungleichzeitigen Gesellschaftlichkeit inmitten der Gegenwart.

Die westdeutsche Einrichtungshaus-Massenware, mit der auch die ehemalige DDR nach ihrer Angliederung an die BRD plötzlich überschwemmt wurde, verdichtet sich in Naumanns Installationen mehr und mehr zu einer Landkarte gescheiterter Aktualisierungen. Eine Landkarte Deutschlands, die den Westen vom Osten her denkt. Verstellt von Möbeln von humoristischer Unverwendbarkeit, voller pseudodynamischer Wellenformen, billiger Materialmixe und halbherziger Stilpastiches. Stilistische Finanzialisierungsverlierer, deren Dysfunktionalität sich spiegelbildartig in die nun von westlichen Kapitalen durchkämmten Ruinen der DDR fügten. Möbel, die wie ein immer bereits verjährtes Versprechen die Lebensräume verstellen.

Einem unrealisierten Entwurf des deutschen Pavillons für die Expo 2000 in Hannover folgend, befinden sich Naumanns Arbeiten in Mönchengladbach auf nach den Grenzen der beiden deutschen

nationalism? Our political present is full of nationalisms, misogynies, racisms, and anti-Semitisms that have become entrenched as normalities and have come to be recognized as part of the political landscape. Naumann does not so much anticipate this normalization as throw it open to discussion by calling its external boundaries into question.

As an artistic form, Naumann's installations are so distinctive primarily because, for all the documentary elements they contain, they do not simply perform an aesthetic repetition of devalued lives. Instead, they materialize an experiential content that allows the socially privileged autonomy of the artistic setting to be juxtaposed with other, less privileged forms of social dissociation: the isolation of nationalist radicalization. They document a radically non-contemporaneous sociality within our own present.

In Naumann's installations, the mass-produced goods from West German furniture stores which suddenly flooded the former GDR after its incorporation into the FRG are increasingly condensed into a map of failed updates. A map of Germany which imagines the West from the point of view of the East. Distorted by furniture of comical impracticality, full of pseudo-dynamic wave forms, cheap material mixes and half-hearted pastiches. Stylistic losers of financialization, their dysfunctionality is reflected in the ruins of the GDR now combed through by Western capital. Furnishings which disfigure living spaces as embodiments of a promise that has invariably already expired.

Based on an unrealized concept for the German pavilion at Expo 2000 in Hanover, Naumann's works in Mönchengladbach are placed on carpets mapping the borders of the two German states; a light-gray by-the-yard design with black-red-gold and white confetti strips. Living quarters have been installed in both "countries": gimmicks such as lamps made to look like

Staaten geformten Teppichflächen; eine hellgraue Meterware mit schwarz-rot-gelben und weißen Konfettistreifen. Auf beiden ‚Ländern' sind Wohnbereiche eingerichtet: Zwischen den runden Ledersofas, pyramidenförmigen Vitrinen, tempelartigen Schrankwänden, den Sesseln in Handform, einem Stahlkleiderständer als Comicfigur, lebensgroßen CD-Ständern und einem Bett, überzogen mit Milkagemustertem Kunstfell, stehen und hängen immer wieder Gimmicks wie Lampen, die übergroßen Glühbirnen nachempfunden sind, Vasen, die sich von den neben ihnen lehnenden Baseballschlägern nur unwesentlich unterscheiden, oder Schrankteile, deren Steinimitatfurnier aufgestapelt an Stonehenge erinnert. Das postmoderne Pastiche driftet in Skulpturen wie dem *Traueraltar Deutsche Einheit* (2018) in Brutalismen ab – mit einer Schrankwand der Firma interlübke von 1995, in der sich Elemente der Hollein-Architektur wiederholen. Steht sonst der Name für eine architektonische Bewegung, die bereits seit den 1950ern den International Style der Moderne durch eine radikale Privilegierung seiner Materialität lebensähnlicher zu machen versuchte, wird er bei Naumann unvorteilhaft aktualisiert und in Szene gesetzt. Doch hier sind es die postmodernen Imitate, deren ehemals progressiv intendierte Brechungen moderner Linearitäten zu einem monumentalen Panorama aus Diskontinuitäten, aus brutalistischen Restbeständen anwachsen. Naumanns Altar ist mit Milka-Kuhfell bekranzt, ACTION-Deoflaschen, Lux-Seife und eine JOOP!-Box werden mit wellenförmigen Vasen ebenso symmetrisch angeordnet wie mit zwei Baseballschlägern, und eine schwarze Stahlkette trägt das ebenso schwarze Plüschherz, das die Front des rollbaren Schrankvorbaus schmückt. In Naumanns Altar wird interlübkes hochpreisiges Design zur Drohgebärde, weil die es umgebenden verjährten Massenwaren sich mit ihm zu einer verjährten Lebensform fügen: einem Konsum, der in seinem Scheitern zur Isolationsform verwächst.

oversized light bulbs, vases practically indistinguishable from the baseball bats leaning against them, or stacked cabinet parts with imitation stone veneer recalling Stonehenge can be seen standing or hanging between the round leather sofas, pyramid-shaped vitrines, temple-like wall units, hand-shaped chairs, a steel clothes stand representing a comic-book character, life-sized CD stands, and a bed covered with Milka-patterned faux fur. In a sculpture like *German Unity Mourning Altar* (2018), postmodern pastiche drifts into brutalism with a 1995 wall unit by the interlübke company that repeats elements of Hollein architecture. Whereas the architect's name elsewhere stands for a movement that, beginning in the 1950s, sought to make the International Style of modernism more lifelike by radically privileging materiality, in Naumann's hands it is updated and placed in an unfavorable light. Here, the postmodern imitations that had once broken up modern linearities with progressive intent now amount to a monumental panorama made up of discontinuities and brutalist leftovers. Naumann's altar is wreathed with Milka cow hide; ACTION deodorant cans, Lux soaps, and a JOOP! box are symmetrically arranged alongside wave-shaped vases and two baseball bats; and a black steel chain props up the black plush heart that adorns the roll-up front part of the cabinet. In Naumann's altar, interlübke's high-priced design becomes a threatening gesture as it combines with the surrounding obsolete mass products to invoke an obsolete life form: a consumption that, in its very failure, turns into a form of isolation.

Lastly, Naumann uses the moveable walls of the exhibition space in Mönchengladbach to repartition the two states that were brought together in the Expo design and to open up a third space between them: that of Expo 2000. The first world's fair to be held in Germany, awarded in 1990 only thanks to the vote of the GDR, which was then still in existence. Despite unification,

Die verschiebbaren Wandelemente des Ausstellungsraumes in Mönchengladbach verwendet Naumann schließlich, um beide Staaten, die im Expo-Entwurf ineinandergeschoben waren, wieder zu teilen und zwischen ihnen einen dritten Raum zu öffnen: den der Expo 2000. Die erste deutsche Weltausstellung, die ihren Zuschlag 1990 nur dank der Stimme der damals noch existierenden DDR bekam. Ihre Planung wurde in den 1990ern – ab 1995 ausgerechnet unter der Leitung der vormaligen Treuhand-Chefin Birgit Breuel – trotz der zwischenzeitlichen Vereinigung nicht mit um die neuen Bundesländer erweitert. Sie scheiterte vor Ort in Hannover unter dem Motto „Mensch, Natur und Technik – eine neue Welt entsteht“ an der mangelnden digitalen Aktualisierung des Ausstellungsformats. Auch in diesem Raum setzt sich Naumanns aus Sozialkaufhäusern und eBay-Auktionen der Umgebung zusammengekaufte, vom EXPOSEEUM e.V. und Mönchengladbachern geliehene und um ihre eigene Sammlung ergänzte Szenografie konsumistischer Isolation fort. Hier als gescheiterte Strukturmaßnahme eines bereits in der Planung veraltenden Modells.

In *2000* richtet Naumann uns ein in Milieus, deren Zugehörigkeit wir nie ganz abstreifen können, da Teile ihrer Szenerien unweigerlich zu unserem eigenen Leben gehörten. Taten sie das nicht, stellt sich die Frage der eigenen Isolation. Mit der Finanzialisierung der kapitalisierten Welt wurde aus der Arbeiterklasse der Moderne eine ins Private abgeschobene und gerade im Osten Deutschlands in großen Teilen arbeitslose Klasse. Naumann lässt hieraus keinen einfachen Psychologismus folgen, der die Betrachter*in gegenüber dem Gesehenen ins Recht setzt, sondern inszeniert ganz im Gegenteil aus Dokumentarismen unsere Gegenwart als eine zutiefst abgelaufene Zeit, die sich im Konsum der eigenen Restbestände in aggressiven Isolationen verdichtet: eine Landschaft aus wertlosen Leben, deren gesellschaftliche Teilhabe aus der Produktion in die Konsumption verdrängt wurde.

planning for the exposition in the 1990s—from 1995 under the direction of Birgit Breuel, former head of the Treuhand, the federal agency charged with privatizing East German enterprises—was not expanded to take in the new federal states. Held in Hanover under the banner “Humankind, Nature, Technology: The Creation of a New World,” it was a flop because of its failure to update the exposition format for a digital age. In this space, Naumann also continues her scenography of consumerist isolation with materials purchased from charity shops and eBay auctions in the surrounding area, borrowed from EXPOSEEUM e.V. and Mönchengladbach locals, and supplies from her own collection. Here, this appears as a failed structural measure of a model that was already outmoded in its planning.

In *2000*, Naumann installs us in milieus that we cannot entirely disavow, since parts of their scenarios inevitably belong to our own lives. If that were not the case, the question of our own isolation would arise. With the financialization of the capitalized world, the working class of the modern age was pushed into the private sphere and—in Germany’s East—largely deprived of gainful employment. Naumann does not draw from this a simple psychological lesson that would allow the observer to occupy the moral high ground. On the contrary, she deploys documents to stage our present as a deeply anachronistic period that shuts itself off into aggressive isolationisms even as it consumes its own remains: a landscape made up of worthless lives whose participation in society has been displaced from production into consumption.

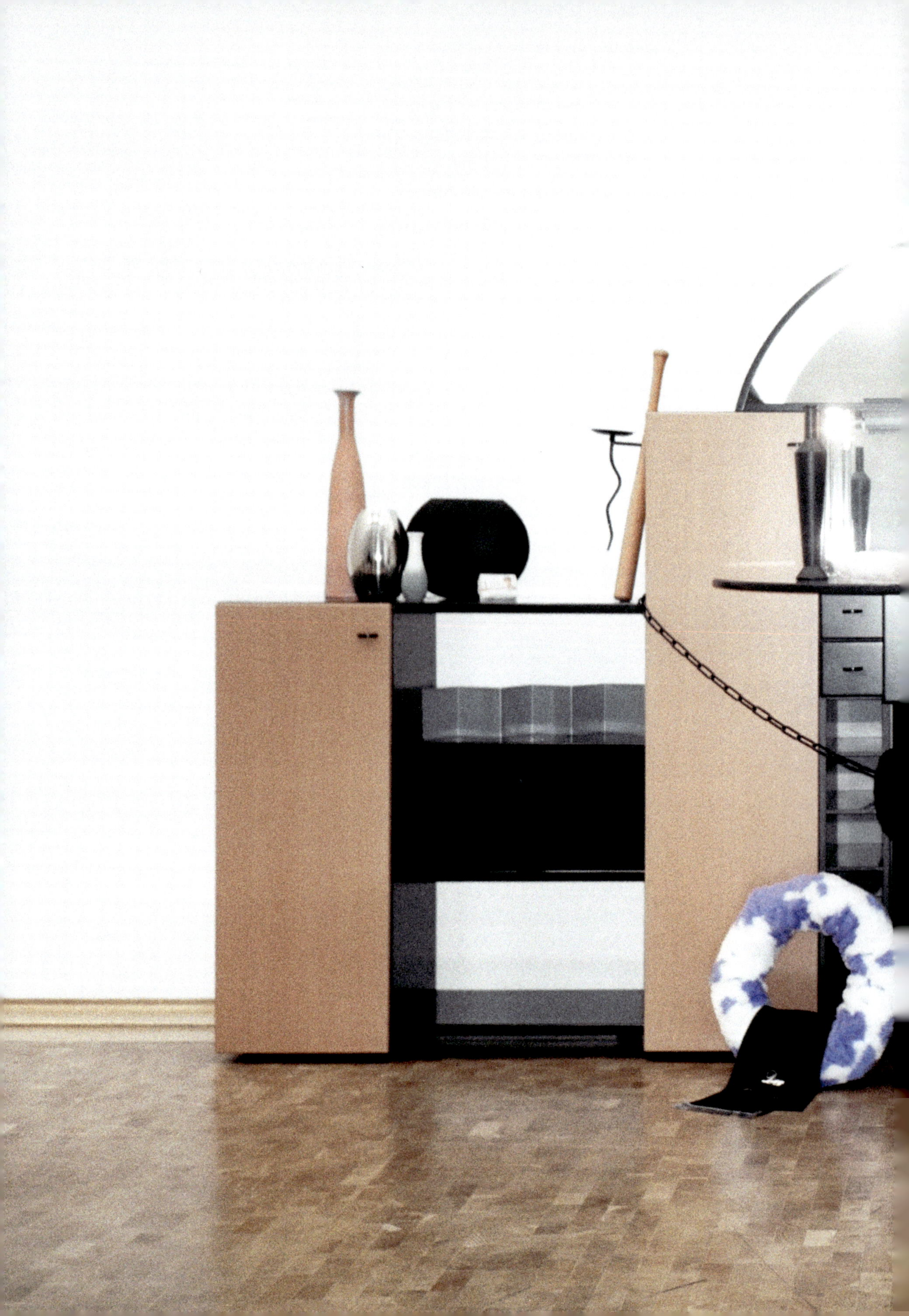

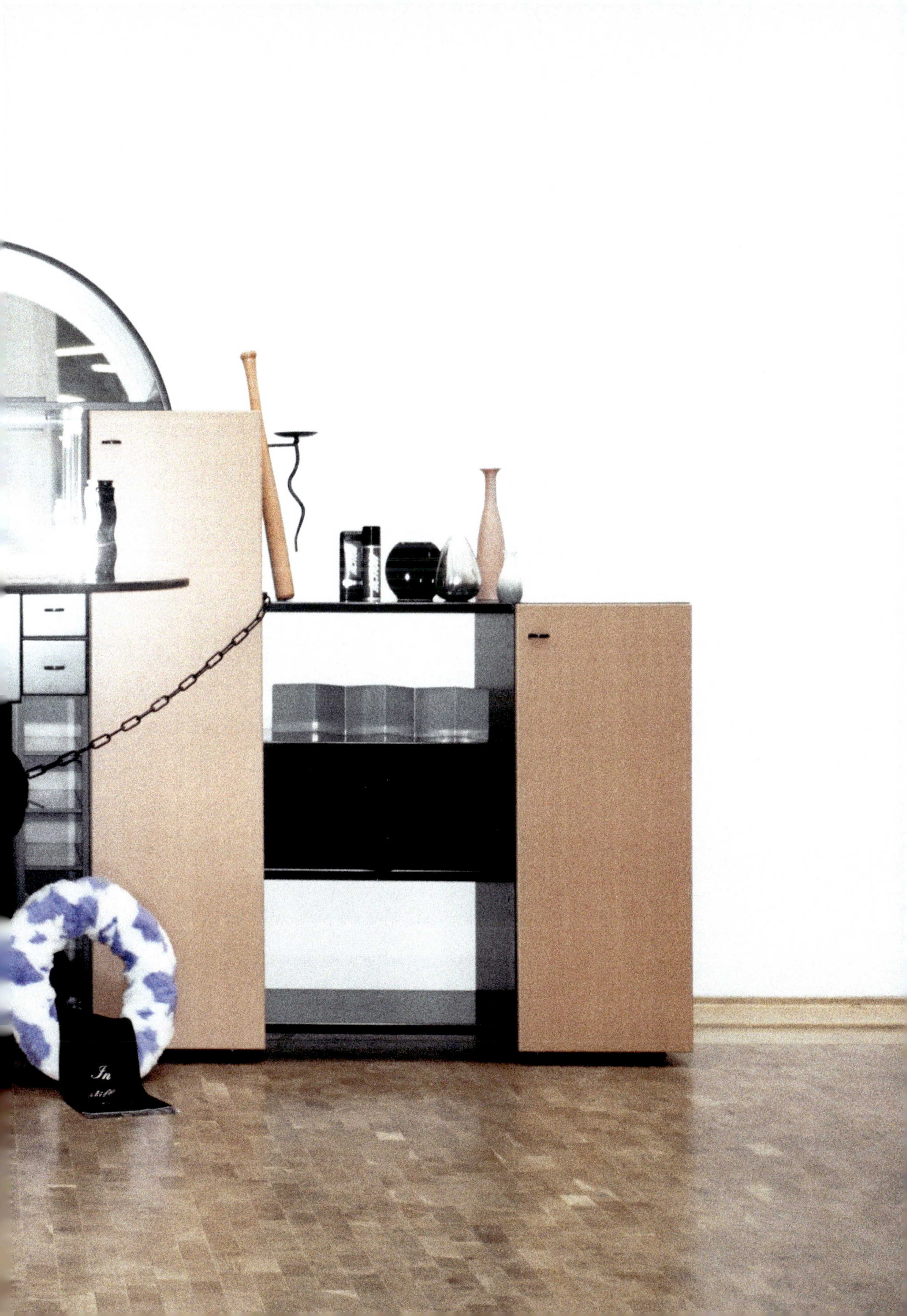

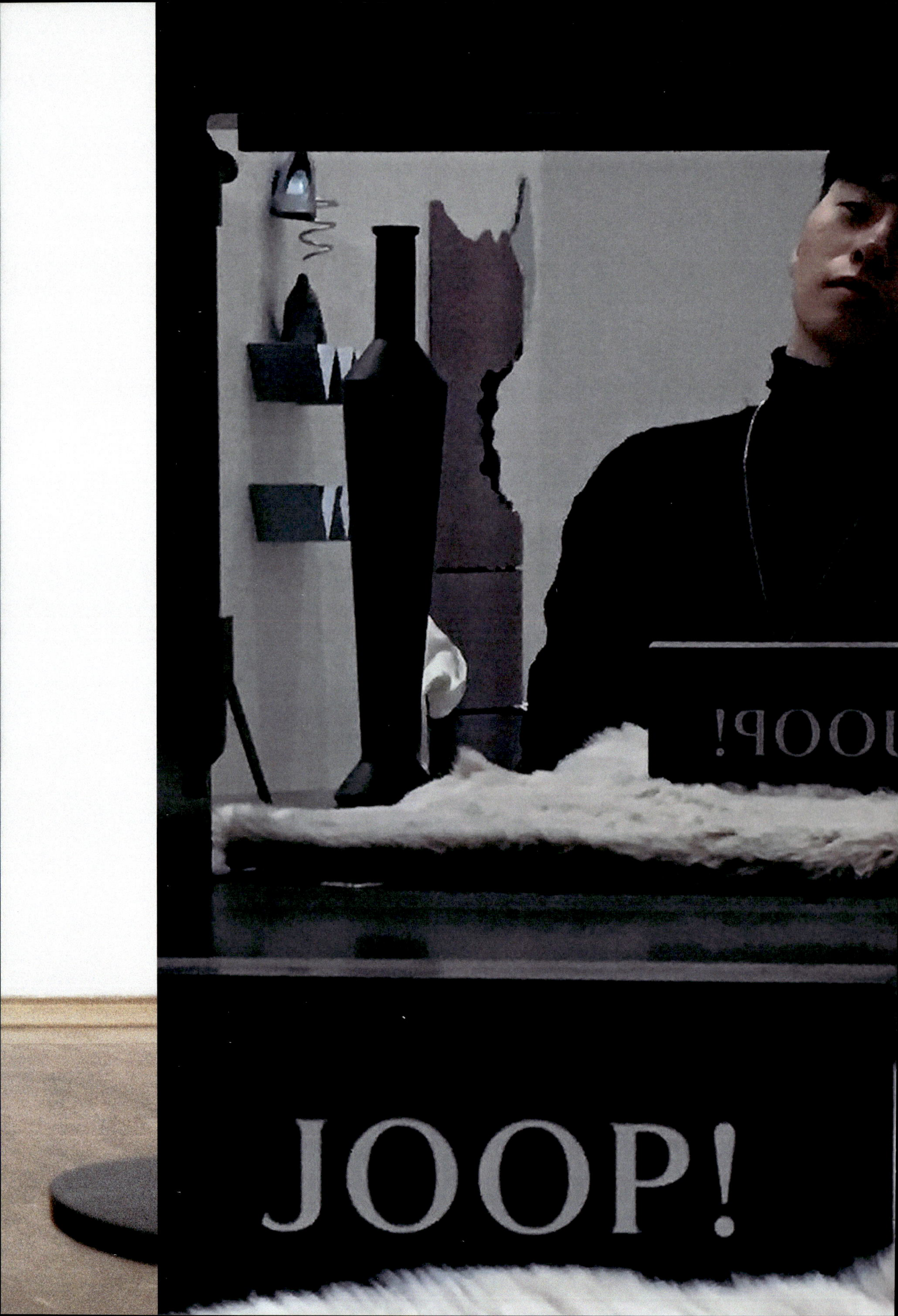
JOOP!

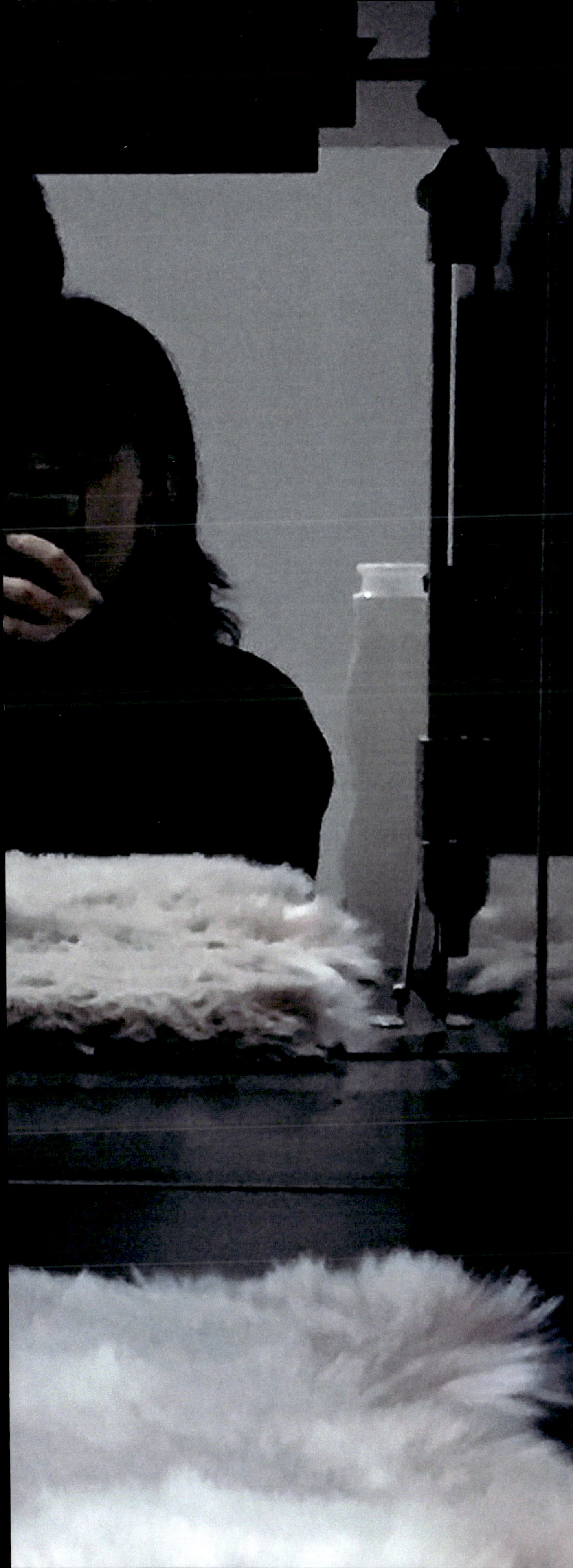

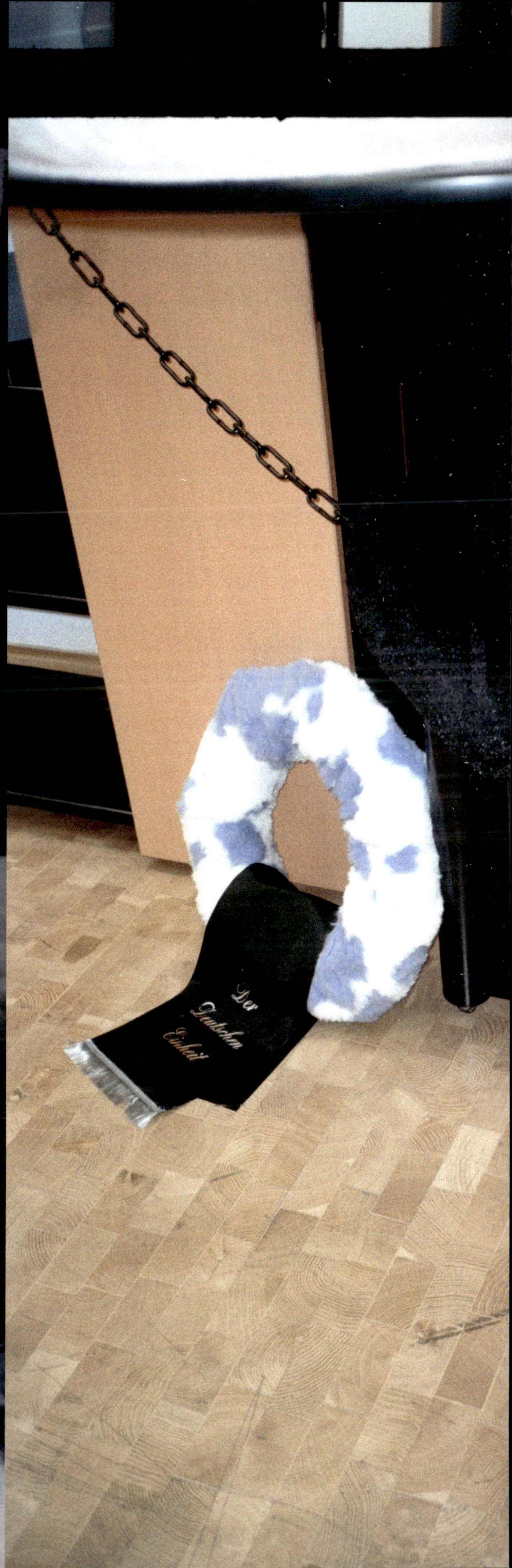
Der
Deutschen
Einheit

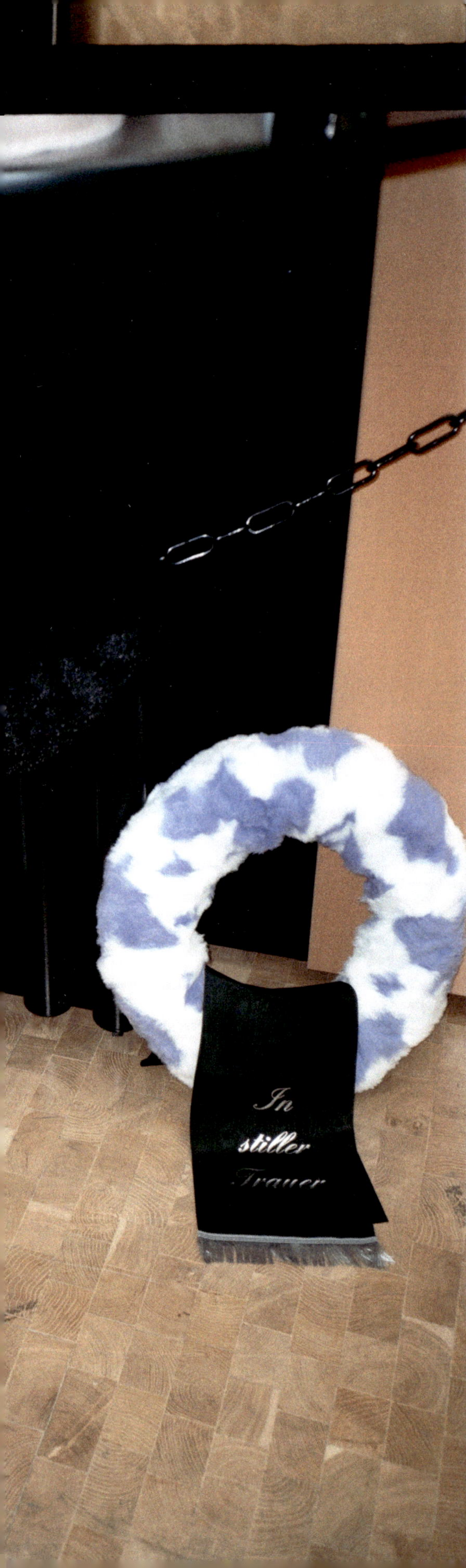
In
stiller
Trauer

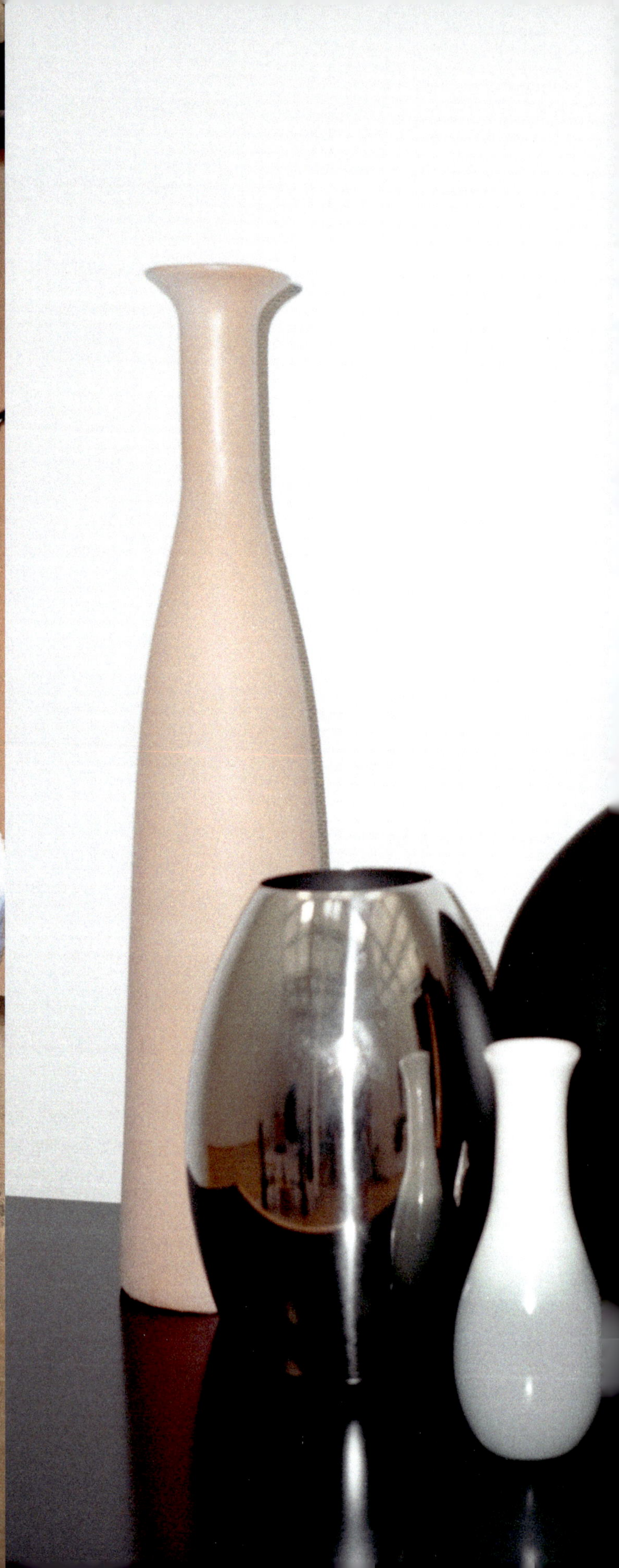

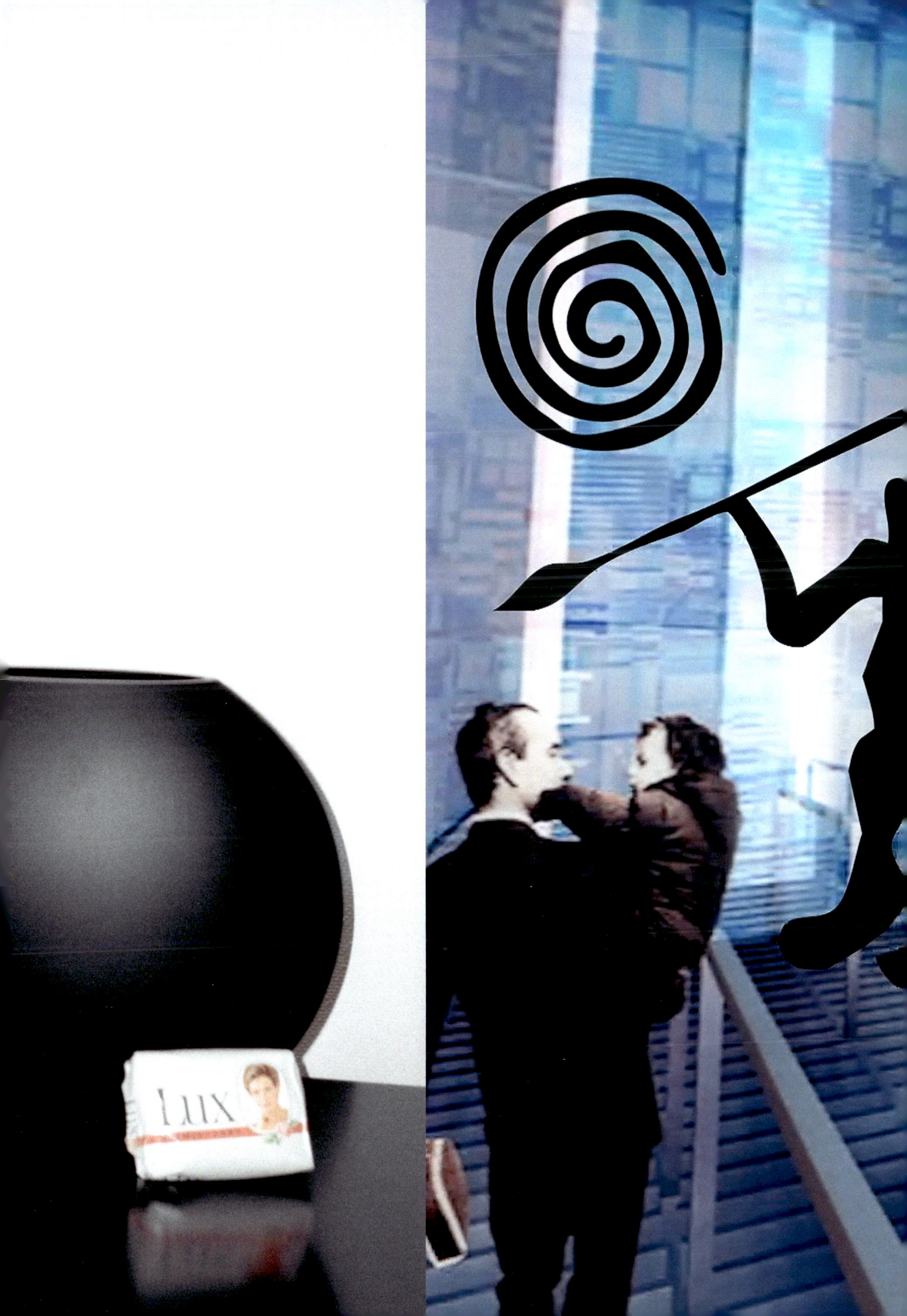
Lux

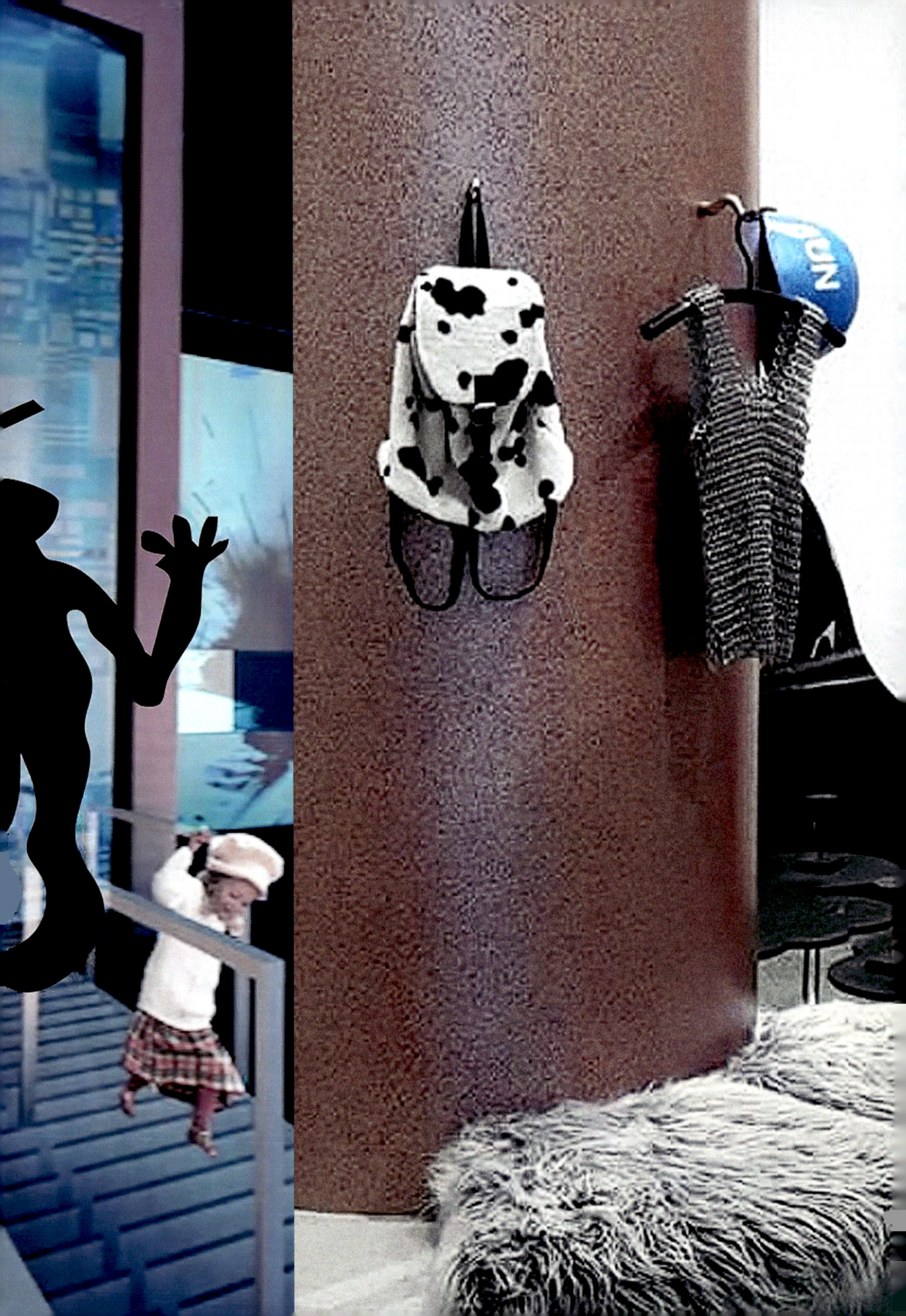

2000

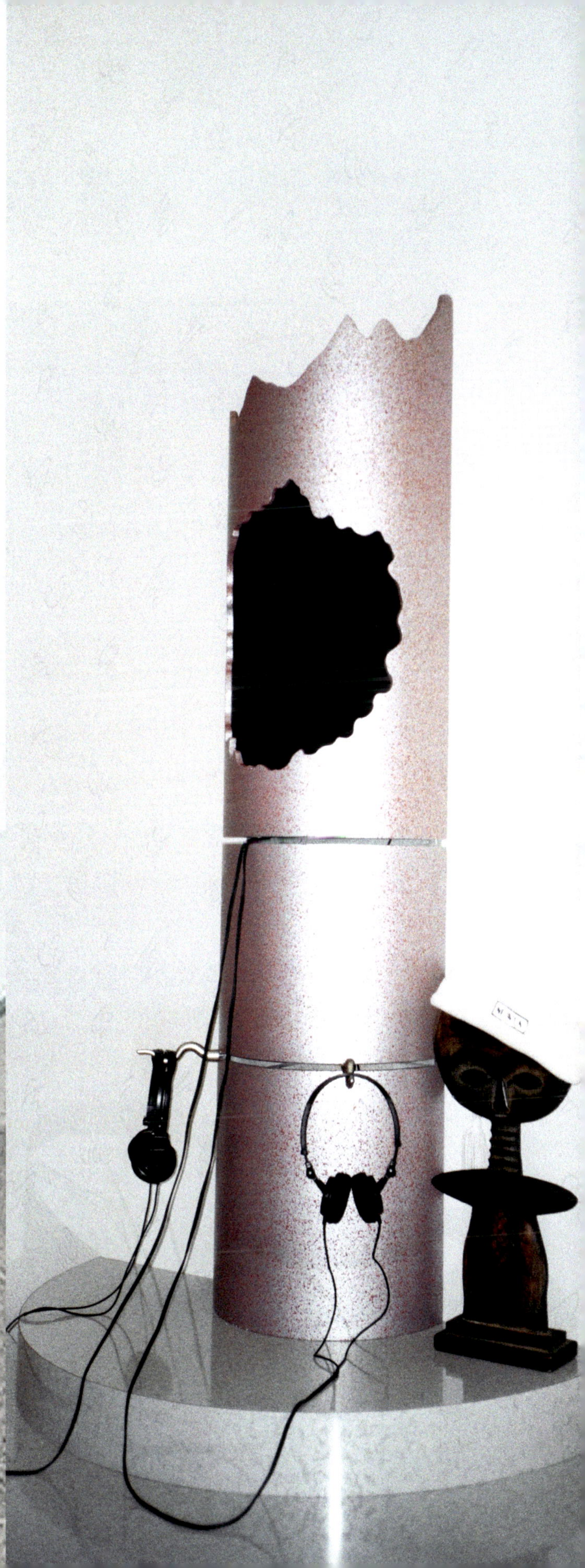

VOLLE
EMBRO
VERWIC
T

The world is closing in
Did you ever think
That we could be so close,
like brothers
The future's in the air
I can feel it everywhere
Blowing with the wind
of change

Scorpions

KRAFT LED TO KLUNG HE MAX

Text: Markues

Translation: Thomas Love

Vermutlich weil ein Werk über ein geteiltes Land etwas mit einem anderen geteilten Land zu tun haben muss, weht der *Wind of Change* die Werkgruppe *2000* von Henrike Naumann aus dem Museum Abteiberg auf die Busan Biennale 2018 in Südkorea. 2019 landet die Ausstellung in der Berliner Galerie KOW, im Kunstverein Hannover und im Museum der bildenden Künste Leipzig. Die von der Künstlerin selbst aufgenommenen Analogfotos und ausgewählte Instagram-Posts von Besucher_innen aller Stationen flattern in diesen Katalog. Das Zeitfenster, für das sich Naumann in ihrer Ausstellung interessiert, liegt zwischen zwei Liedern der Scorpions, deren Titel ungebrochenen deutschen Optimismus und das Unbehagen in der Atmosphäre ihrer Ausstellung beschreiben: *Wind of Change* (1990), die „Hymne der Wende“, und *Moment of Glory* (2000), der mehr oder

As if an artwork about one divided country must have something to do with another divided country, the “wind of change” wafted Henrike Naumann’s exhibition *2000* from the Museum Abteiberg to the 2018 Busan Biennale in South Korea. In 2019, the exhibition touched down in KOW Gallery, the Kunstverein Hannover, and the Museum of Fine Arts Leipzig. Fluttering in on the breeze and settling in this catalog are analog snapshots by the artist herself as well as selected Instagram posts from visitors at each stage of the exhibition’s tour. The period of time Naumann addresses with her installation is bounded by two songs by the Scorpions, whose titles describe not only an unabated German optimism but also the atmosphere of discontent in Naumann’s exhibition: from “Wind

minder offizielle Song der Expo 2000 – jener Weltausstellung, die das deutsche Selbstbild in die Welt posaunen sollte.[1] Der *Wind of Change* streicht auch durch die Steppe im Hintergrund des Porträts von Birgit Breuel, das die Generalkommissarin der Expo 2000 von den Vereinigten Arabischen Emiraten als Gastgeschenk erhielt. Zuvor ließ Breuel als Präsidentin der Treuhand einen Sturm der Privatisierungen über die ehemalige DDR hinwegfegen, der die volkseigenen Betriebe verwüstete. Unübersichtlich-verzweigt gibt Naumann das westdeutsch-neoliberale Erinnerungsnarrativ wilden Appropriationen anheim und verwickelt die Betrachter_innen in ein gemeinsames Verhältnis zum Werk wie auch zueinander. Es ist leicht, bei dem Reichtum an Assoziationen, die Naumanns Zusammenstellungen ausmachen, direkt in eine ‚inhaltliche' Diskussion zu springen und dabei zu übersehen, welche künstlerischen und ästhetischen Strategien das überhaupt erst ermöglichen: eine stumpfe Titelwahl, die ein historisches Bild heraufbeschwört; die Setzung einer Metapher, die den ganzen Ausstellungsraum umspannt und darin das Verschneiden von Privaträumen ineinander. Es entsteht weder eine immersive Installation noch ein bildhauerisches Werk, das distanziert betrachtet werden könnte. Statt subtiler Andeutungen lässt Naumann für *2000* einen grauen Teppich mit schwarzen, roten, gelben und weißen Rechtecken in den Umrissen von BRD und DDR zuschneiden, die sie durch zwei Stellwände erneut trennt. Der entstehende Zwischenraum ist angefüllt mit Reliquien der Expo 2000, an der Stirnseite prangt der *Traueraltar Deutsche Einheit*.

Bildhauerisch setzt Naumann dabei auf den Einsatz von zumeist abgelebten Möbeln und Ladeneinrichtungen, die mit Accessoires wie Kunstfellen in Milka-Kuh- und Wikinger-Optik, Setzkästen, Zinnbechern, Trinkhörnern und Endstücken von Gardinenstangen aufgepeppt werden und so persönliche, politische und fragwürdige Gedankengänge der Besucher_innen auslösen. In diesen inszenierten

of Change" (1990), known as the "Hymn of Reunification," to "Moment of Glory" (2000), the more or less official anthem of EXPO 2000, a world's fair intended to trumpet Germany's self-image across the globe.[1] The wind of change also sweeps across the steppes in the background of the portrait of Birgit Breuel, which she received as a gift from the United Arab Emirates in her capacity as commissioner general of EXPO 2000. Previously, as president of the Treuhand (German Trust Agency), Breuel had unleashed a storm of privatization that blew through the former GDR, devastating its Publicly Owned Enterprises (VEB).

In ways too complex to survey, Naumann makes the neoliberal West German historical narrative available for wild appropriations, embroiling viewers in a collective relationship to the work and to each other. Because of the rich array of associations in Naumann's compositions, it is tempting to jump immediately into a discussion of the work's content, overlooking the artistic and aesthetic strategies that enable that discussion in the first place. With each blunt title, Naumann evokes a historical image, positing a metaphor that spans the entire exhibition space, itself

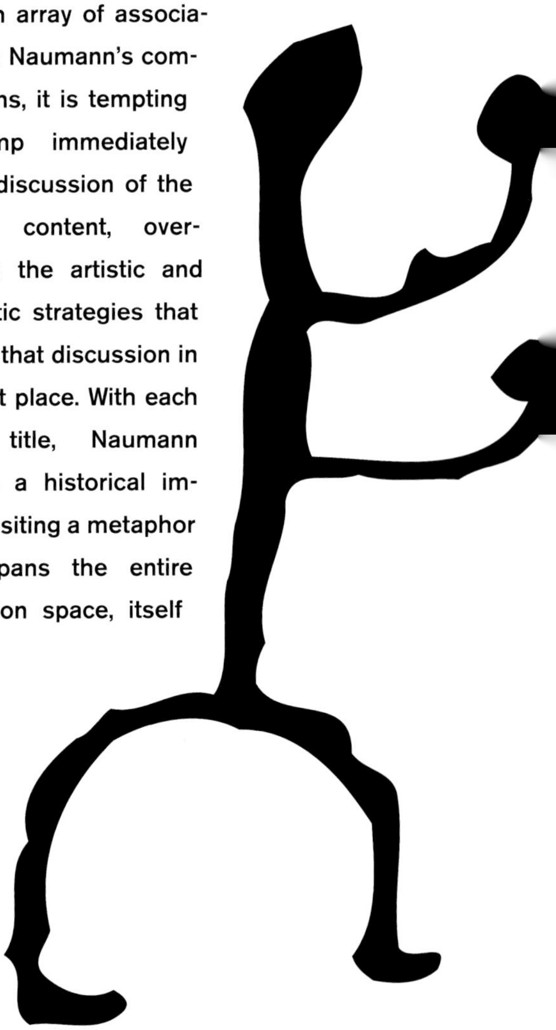

Realitäten laufen Naumanns Videos auf Fernsehern. Die mediale Rezeptionssituation ähnelt der eines Wohnzimmers, allerdings schließt der architektonische Raum sie nicht mit Gemütlichkeit oder Befremden ab. Weitere Betrachter_innen laufen hinter den Zuschauenden von einer übergangslosen Szenerie zur nächsten.

Naumann findet die Möbel über Suchbegriffe wie „besonders“, „Designer-“, „merkwürdig“, „Odin“, und „super schön“ auf Online-Portalen, in Sozialkaufhäusern und durch Zufall. Die Anzeigen werben mit ungelenk ästhetischen Kategorien, die mehr über das ehemals stolze Verhältnis der Vorbesitzer zu den Möbeln verraten als über deren Design. Oft wird in Kritiken darüber gemutmaßt, dass es sich bei den ehemaligen Besitzer_innen um Verlierer, Arme und Rechtsradikale handeln müsse. Aber in *2000* versammelt sich nicht der vermeintliche Schrott aus dem Osten.[2] Avanciertes Bürgertum, Arbeiter und Arbeitslose, Post- und Neo-Migranten bieten zur gleichen Zeit die Postmoderne zum Verschenken an.[3] Die Möbel haben für niemanden das Versprechen einer unförmig bunten Zukunft eingelöst. Alle Menschen, deren Lebensumstände vom Spätkapitalismus

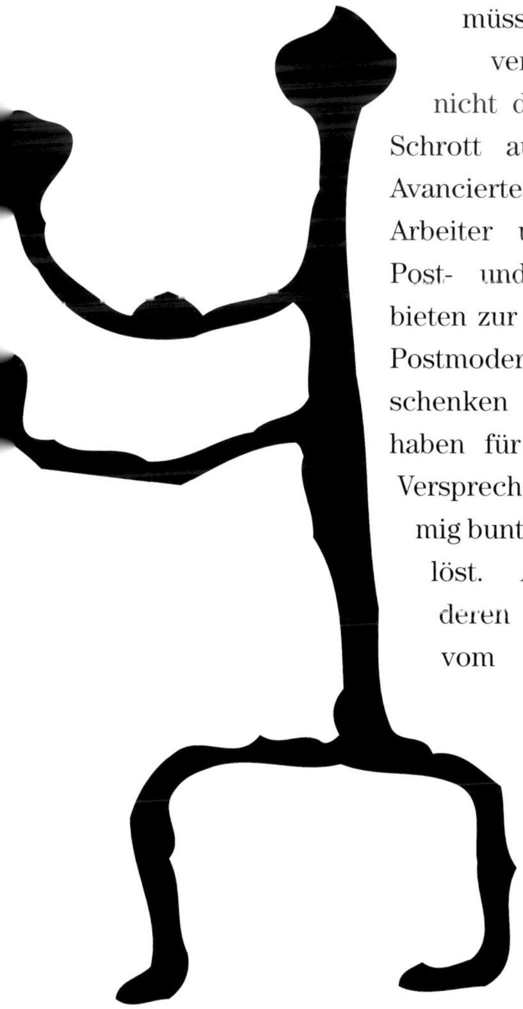

composed of fragmented private spaces. The result is neither an immersive installation nor a sculptural work that can be observed from a distance. In *2000*, rather than subtle insinuations, there is a gray carpet with black, red, yellow, and white rectangles, its outline cut into the shapes of East and West Germany, which are once again divided by two walls. Naumann has filled the gap between these partitions with relics from EXPO 2000, while the *German Unity Mourning Altar* is arrayed at its head.

Sculpturally, Naumann focuses on the deployment of well-worn furniture and retail fixtures, which she spices up with accessories such as fake fur in purple Milka cow print or Viking style, figurine displays, tin cups, drinking horns, and finials from curtain rods. This sets in motion a chain of personal, political, and dubious associations. Televisions screen Naumann's videos within these staged realities. Though the viewing conditions approximate a living room, the architecture is not enclosed and the space resolves neither into a sense of intimacy nor into alienation. Behind the viewer, other observers wander between the abruptly adjoining scenes.

Naumann finds the furniture by entering search terms such as “unusual,” “designer,” “quirky,” “Odin,” or “super lovely” in online portals, in charity shops, or by chance. The advertisements employ incongruous aesthetic terms that say more about the pride the former owners once took in the furniture than its actual form. Reviews of Naumann's work often surmise that the previous owners were dispossessed, poor, or right-wing extremists. But *2000* is not a collection of purported junk from the former East.[2] Bourgeoisie, proletariat, and lumpenproletariat, post- and neo-migrants, are all giving away the postmodern at the same time.[3] The furniture has been a letdown all around, failing to fulfill its promise of an amorphous, colorful future. Everyone whose living conditions are afflicted by late capitalism shares

heimgesucht wurden, können sich zu ihnen in Bezug setzen, weil es eine kollektive, aber keine eindeutige Erfahrung ist. Es ist also mitnichten einfach, die Werke mit einem *Othering* von sich zu weisen.

Die politische Aufladung der Arrangements mit Bedeutung erfolgt durch die Accessoires, die sie an Momente der Zeitgeschichte binden. So wie in der Sprache die Bedeutung zwischen den Wörtern und den Buchstaben liegt, liegt sie in Henrike Naumanns Werken im Raum, zwischen den Ritzen der Möbel, zwischen UN-Helm, Kettenhemd, Breuel-Porträt und den Videos auf den Fernsehern. Dabei geben manche Objekte und Erzählungen ihre Festigkeiten auf. Im *Traueraltar Deutsche Einheit* verwandelt sich die Minibar des interlübke-Möbels in einen Tabernakel, auf einem Kunstfell prangt das Logo des Modedesigners Wolfgang Joop, der die Outfits der Hostessen des deutschen Pavillons der Expo 2000 entworfen hat, deren Pumps sich auf den wie Runen angebrachten CD-Regalen an der Wand wiederfinden. Das liturgische Gerät besteht aus monochromen Vasen, Baseballschlägern, Kerzenhaltern, Kränzen aus Plüsch, ACTION-Deos und ‚Lux'-Seifen, die spiegelbildlich angeordnet sind und beispielhaft die Alltagsästhetiken umspannen, auf die Naumann immer wieder Bezug nimmt: Jugendkultur der 1990er, Technokultur, Unisexmode, Innendekorationen der gewaltbereiten Rechten und Verschwörungstheoretiker. Doch es ist kein anthropologisches oder dokumentarisches, sondern ein ästhetisches Interesse, das Naumann antreibt. Die Stärke ihres Werks liegt darin, dass sie eine Zeitspanne unvermittelt in einer räumlichen

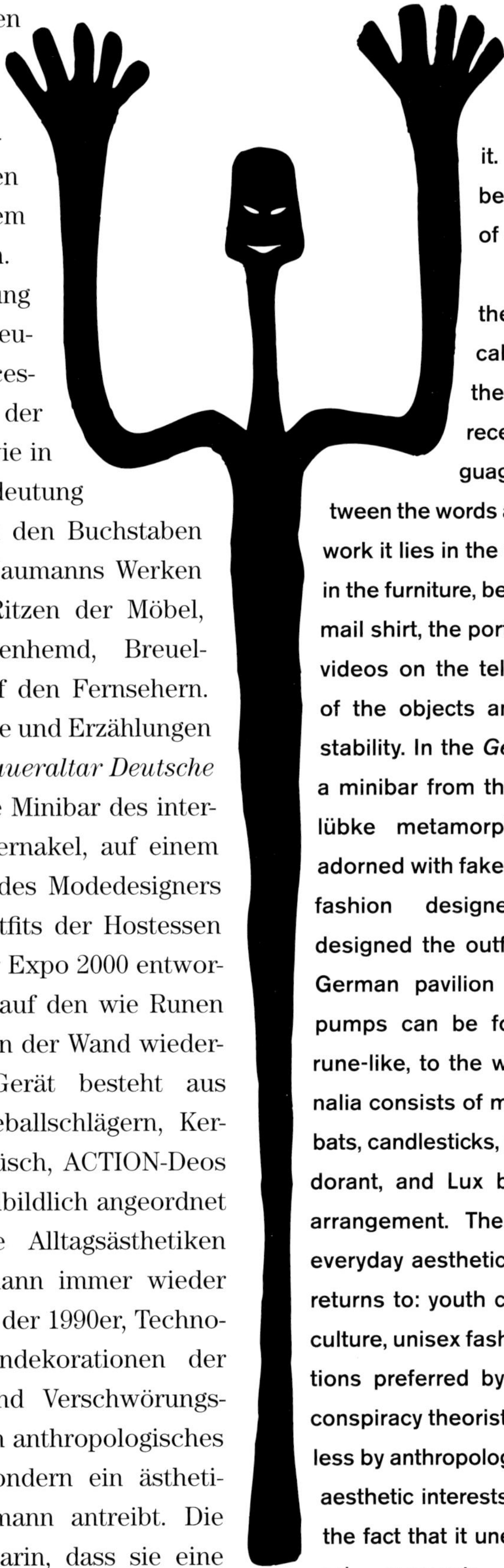

this collective—though by no means unequivocal—experience. Therefore, everyone can relate to it. The works cannot simply be rejected through an act of othering.

The accessories charge the arrangements with political significance by binding them to specific moments in recent history. Just as in language, where meaning lies between the words and the letters, in Naumann's work it lies in the spacing, between the cracks in the furniture, between a UN helmet, a chainmail shirt, the portrait of Birgit Breuel, and the videos on the televisions. In this way, many of the objects and narratives give up their stability. In the *German Unity Mourning Altar*, a minibar from the interior design firm Interlübke metamorphoses into a tabernacle, adorned with fake fur and flaunting the logo of fashion designer Wolfgang Joop—Joop designed the outfits of the hostesses in the German pavilion of EXPO 2000, and their pumps can be found on CD racks affixed, rune-like, to the wall. The liturgical paraphernalia consists of monochrome vases, baseball bats, candlesticks, plush wreaths, ACTION deodorant, and Lux bar soap, in a symmetrical arrangement. These artifacts exemplify the everyday aesthetics that Naumann continually returns to: youth culture of the 1990s, techno culture, unisex fashion, and the interior decorations preferred by militant right-wingers and conspiracy theorists. But Naumann is animated less by anthropological or documentary than by aesthetic interests. Her work's strength lies in the fact that it unexpectedly collapses historical moments into spatial situations. It makes tangible the materiality of ulterior

Situation zusammenfallen lässt. Die physische Beschaffenheit verborgener Vergangenheiten wird zugleich erfahrbar und aus der zeitlichen Distanz in dieselbe überfordernde Gegenwart gestellt.

Die Gegenwart lässt sich nicht aus sich selbst heraus erklären. In den Videos, die im VHS-Look historisches wie aktuelles Material trippig überblenden, knackt Henrike Naumann am deutschen Beispiel nationale Mythen. In *FUN 2000* (2018) werden Renderings der Expo-Pavillons, Steinzeit-Clipart sowie Berichte über die hungerstreikenden Arbeiter_innen von Bischofferode mit der geistlosen Selbstreflexion von Breuel – die Folgen der Privatisierungen durch die Treuhand wären durch „bessere Marktchancen“ für die Ostdeutschen weniger ausbeuterisch gewesen – und einem Statement einer Ein-Personen-Autonomiebehörde zur Wiederaneignung des Volkseigentums montiert und mit einer Industrial-Moll-Version der Nationalhymne von Bastian Hagedorn unterlegt. Bei *Das Reich* (2017) sehen wir Aufnahmen aus dem Kronprinzenpalais,[4] die Naumann digital maskiert und mit selbstveröffentlichten Clips von Reichsbürgern überblendet – Stücke der Berliner Mauer werden an den Pyramiden von Chichén Itzá geopfert, Mister Germany Adrian Ursache degradiert einen Polizisten zum „Träger einer Wortmarke“, weitere Scheinstaatler legen verworrene Gründungspapiere und UN-Beschwerden vor. Der damalige Innenminister Wolfgang Schäuble bemängelt, dass sich Deutschland mit der Oder-Neiße-Grenze „abfinden“ musste. Die Verbindung des Ehemaligen, des Nationalen und des Verschwörungstheoretischen im Jetzt lassen keinen Zweifel daran: Es gibt kein Zurück in eine bessere Vergangenheit.[5]

Henrike Naumann setzt darum bei der Zeitgeschichte an, in der die Begeisterung der einen noch nicht verblasst ist und die Wunden der anderen noch nicht verheilt sind. Die Tagungen *Eine Konferenz im geteilten Deutschland. Treuhand, Expo und der ganze Rest*; *Eastern Girls & Western Boys*; *Mensch.*

histories and places disparate temporalities within the same overstraining present.

The present cannot be explained on its own terms. In the videos, which superimpose historical and contemporary footage in a trippy VHS style, Naumann hacks German national myths. *FUN 2000* (2018) is a montage of digital renderings of the EXPO pavilions, Stone Age clip art, reports of the hunger strike among miners in Bischofferode, the vacuous self-reflections of Breuel (privatization by the Treuhand might have been less exploitative for East Germans had they been offered better market opportunities, she opines), and a statement from a one-man national authority demanding the reappropriation—once again—of former Publicly Owned Enterprises. The video is accompanied by an industrial version of the national anthem in a minor key, produced by Bastian Hagedorn. In *Das Reich* (2017), we see footage from Berlin's Kronprinzenpalais[4] digitally masked and superimposed on amateur reportage by self-professed *Reichsbürger* (Citizens of the Reich); fragments of the Berlin Wall are sacrificed on the pyramids of Chichén Itzá; "Mister Germany," Adrian Ursache, downgrades a police officer to a mere "brand ambassador"; and sham state functionaries present abstruse founding documents and submit their grievances to the UN. Wolfgang Schäuble, then Minister of the Interior, complains that Germany had to "put up with" siting the national border along the Oder-Neisse line. The current entanglement between the nostalgic, the national, and the fanatical leaves no room for doubt: there is no going back to a better past.[5]

Henrike Naumann addresses a history so recent that some still cling to its promises, while others have not yet recovered from its traumas. The artist organizes symposia such as *A Conference in Divided Germany: Treuhand, Expo, and all the Rest*; *Eastern Girls & Western Boys*; and *Man, Nature, Twipsy* that enable a multivalent

Natur. Twipsy ermöglichen ein vielschichtiges Verständnis von Naumans Werk und der Gesellschaft, in der es situiert ist. Die Tagung in Hannover endete mit einem Besuch des deutschen Pavillons, dessen Nutzung die Stadt für Hochzeitsmessen und Partys wegen mangelnden Brandschutzes untersagt hatte. Dennoch wurde das Gebäude als Notunterkunft für 400 Geflüchtete umgenutzt.[6] Für Naumann sind ein Vortrag von Marcus Böick und ein DJ Set von Ace of Diamonds gleichberechtigte Zugänge zu ihrem Werk, weil sie sich mit ihren Interessen an desolaten Atmosphären und den Brachen der jüngsten Vergangenheit überschneiden. Wer ein Wrestling-Match unterschiedlicher Meinungen erwartet, liegt falsch: Die Taktiken und Codes der Reichsbürger, Privatisierungsfanatiker und Nazi-Bräute sind zwar präsent, aber eine lebendige Aufführung von deren Ideologien ist nicht notwendig, um sie als gesamtgesellschaftliches Problem zu verstehen. Um eben diese Herstellung des Problemverständnisses geht es Naumann in ihrer Kunst im weitesten Sinn. Durch Werkformate und ihr Raumverständnis gelingt es ihr, das Desolate, das individuell und kollektiv Beklemmende und das Unbehagliche als gestalterische Kraft produktiv zu machen. Und zwar nicht im Sinne einer historistischen Rettung des Vergangenen, sondern auf der Suche nach einem gemeinsamen Umgang.

Die Dringlichkeit in Henrike Naumanns Arbeit liegt nicht darin, dass sie sich mit „den Rechten beschäftigt", die seit der Bundestagswahl 2017 viel beklagt werden.[7] Zwar verdeutlicht die Künstlerin das deutsche Beispiel, aber die Räume und Videos zeigen die Ausweglosigkeit der Grammatik der Härte, Beschränkung und Abstoßung, die in vielen Ausführungen der international erstarkenden faschistischen Strömungen zutage tritt. Es lässt sich weder gegen ökonomische Alternativlosigkeit[8] und Verschwörungstheorien noch überaffirmativen Nationalismus argumentieren – Rolf, die grinsend-aufmüpfige Hand, die die Einführung der fünfstelligen Postleitzahlen bewarb, hilft schwerlich darüber hinweg.

understanding of her work and the social context in which it is situated. The symposium in Hanover ended with a visit to the German EXPO Pavilion, which the city no longer allows to be used for parties and wedding conventions owing to fire code violations. Nevertheless, it was converted into an emergency shelter for four hundred refugees.[6] For Naumann, a lecture by Marcus Böick and a DJ set by Ace of Diamonds are equally valid entrées into her work, since they overlap with her interest in the desolate atmosphere and wastelands of the recent past. Visitors expecting a wrestling match between differing opinions are bound to be disappointed: the tactics and codes of the *Reichsbürger*, privatization fanatics, and Nazi chicks are indeed present, but flesh-and-blood representatives of these ideologies are not required in order to understand that the ideologies are problems affecting society as a whole. Indeed, identifying these problems as such is the aim of Naumann's work in the most general sense. Through formal arrangement and spatial sensibility, she takes the desolate, the individually and collectively oppressive, and the discomforting, and makes them productive as artistic forces. This is not a historicist endeavor to rescue the past but the search for a collective way of dealing with it.

The urgency in Naumann's work does not result from her engagement with the "New Right" so bemoaned since the 2017 German federal elections.7 Naumann certainly addresses this phenomenon within the German context, but the videos and installations demonstrate the inescapability of the grammar of hardship, restriction, and rejection evident in many of the statements coming out of fascist movements, which are on the rise around the world today. One cannot argue against economic fatalism,[8] conspiracy theories, or overweening nationalism. Though a comforting diversion, Rolf—the grinning, obstreperous hand who advertised the transition to a five-digit postal code—is no help here. Naumann relies on the

Henrike Naumann setzt auf komplexe Verwicklungen der Betrachter_innen. Vom grüßenden Blick eines seltsamen Maskottchens, der unheimlichen Vertrautheit der Möbel, bis hin zu den Tagungen und Gesprächen, die sie in ihren Einzelausstellungen organisiert. Sie macht sich Geschichte zu eigen, indem sie die materiellen Überbleibsel von Erzählungen entleert und in einen sprudelnden Prozess gemeinschaftlicher Umdeutungen überführt. An welcher Stelle man einsteigt, sei es ein Selfie, eine Anekdote in einem Gespräch oder ein Text – jede Pose, jedes Kuscheln und jedes Wort trägt zu einer vielstimmigen Neuaneignung jenseits begrenzter Heimatfantasien bei.

Wenn es gelingt, sich um die Auflösung nationalistischer Erzählung zu versammeln, ist viel geschafft. Die Anordnung und die Wege, auf denen Henrike Naumann Menschen zueinander in Bezug setzt, könnten das verschüttete Versprechen einer gemeinsamen besseren Zukunft erneuern. Wohin also aufbrechen? So klar wie von Bini Adamczak wurde es selten formuliert: „Auch die Linke verkörpert das Angebot einer kollektiven Stärke, allerdings einer, die nicht auf der Verachtung von Schwäche basiert, sondern Solidarität in Verletzbarkeit und Verletztheit mit einschließt. Sie fordert eine soziale Sicherheit, die die strukturelle Unsicherheit des Kapitalismus nicht ergänzt, sondern ersetzt. Sie verspricht eine universelle Zugehörigkeit, die nicht durch den Ausschluss der Anderen zustande kommt und deswegen auch nicht von der Angst, selbst herauszufallen und verstoßen zu werden, begleitet werden muss. Dieses Angebot ist – offenkundig – das attraktivere, es darf – offensiv – beworben werden.

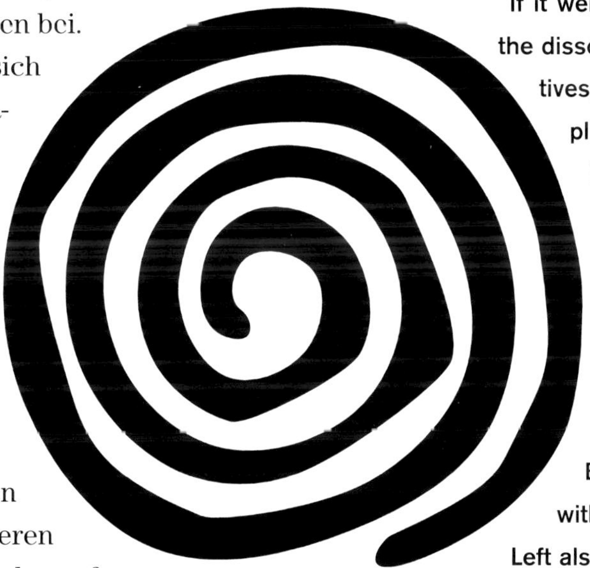

complex embroilment of the viewer, from a staring mascot's strange salutation to the furniture's uncanny familiarity to the talks and symposia she stages within her solo exhibitions. She appropriates history by taking the material remains of old narratives, emptying them out, and consigning them to the viewers' effervescent, communal reinterpretation. No matter how one approaches the work—whether through a selfie, an anecdote in a conversation, or a text—every pose, every snuggle, every word contributes to a new, polyvocal appropriation transgressing *Heimat*'s phantasmatic borders.

If it were possible to rally around the dissolution of nationalist narratives, a lot would be accomplished. The ways Henrike Naumann arranges and configures people in relation to one another could unearth and renew the buried promise of a better future together. So where to go from here? Bini Adamczak expresses it with a singular clarity: "The Left also embodies the possibility of collective strength, a strength based not on contempt for weakness but on solidarity embracing vulnerability and woundedness. The Left demands a social security that does not supplement but rather supplants capitalism's structural insecurity. It promises universal belonging brought about not through the exclusion of others, and therefore not accompanied by the fear of being cast out oneself. This is obviously the more attractive option; it must be aggressively promoted. But the attempt to implement it also requires critical self-reflection. Accordingly, the Left knows no *a priori* barriers to entryit does not support every attempt, but it attempts to support everyone."[9] Including Rolf.

Seine versuchte Umsetzung verlangt aber auch nach kritischer Selbstreflexion. Dem Prinzip nach kennt die Linke keine apriorischen Zugangsbeschränkungen – sie macht nicht alles mit, aber sie macht es mit allen.“[9] Auch mit Rolf.

Der Text „Volle Kraft Verwicklung“ von Markues ist für den Katalog des Karl Schmidt-Rottluff Stipendiums und die damit verbundene Ausstellung in der Düsseldorfer Kunsthalle im Jahr 2019 entstanden und liegt hier in einer überarbeiteten Version vor.

1 „Die EXPO ist eine Chance für Deutschland, seine Vielfalt, Leistungsfähigkeit und Lösungskompetenz unter Beweis zu stellen. Entsprechend groß müssen unsere Anstrengungen sein. Zehn Jahre nach der Wiedervereinigung und ein gutes halbes Jahrhundert nach dem demokratischen Neuanfang kann Deutschland sich der Welt als gefestigtes demokratisches Gemeinwesen darstellen, das den Menschenrechten verpflichtet ist, weltoffen und tolerant, bereit und in der Lage, die Herausforderungen der Zukunft anzunehmen.“ Aus: Drucksache 13/7964, beschlossen in der 241. Sitzung der 13. Wahlperiode des Bundestags.

2 In der Installation finden sich Möbel von Junges Wohnen, Jochem Reichenberg, Young Styling, interlübke, David Lewis, Rolf Benz, sowie Teile der Ladeneinrichtung eines Orthopädiefachgeschäfts, meist aus dem Umfeld von Mönchengladbach, wo sich das Museum Abteiberg befindet.

3 Und die Stile, die sie ersetzen könnten, klingen wie austeritäre oder neovölkische Drohungen: Minimalismus und Landhaus.

4 An diesem Ort wurde der Einigungsvertrag zwischen BRD und DDR unterzeichnet und auch die Arbeit von Naumann zuerst gezeigt. Für Verschwörungstheoretiker ist der Vertragsabschluss eine Bruchstelle, ab der sie die Staatsgewalt Deutschlands nicht mehr anerkennen.

5 Eine prägnante Herleitung der Gegenwart in der postnationalsozialistischen Gesellschaft macht Max Czollek im Kapitel „Die frühen Jahre“ seines Buches *Desintegriert euch!*, München: Hanser Verlag, 2018.

6 Siehe dazu die Artikel „Deutscher Pavillon in Schwierigkeiten“ vom 13. November 2013 und „Der Deutsche Pavillon hat jetzt Zelte“ vom 29. Oktober 2015 in der *Hannoverschen Allgemeinen Zeitung*, abrufbar unter: haz.de

7 Im Übrigen gehen Werke wie Desolation, Museum of Trance, Eurotique, Intercouture, Comme des Kinois weit über die deutsch-deutsche Geschichte hinaus.

8 Laut Elske Rosenfeld wurden die basisdemokratischen Strömungen der Bürgerrechtsbewegung der DDR im Prozess der ‚Wiedervereinigung‘ nicht etwa aufgegriffen sondern eingehegt: „Der Wunsch nach Eigenständigkeit der neuen DDR-Regierung, ihr ‚idealistischer Grundton‘ – wie es in einer Notiz des Bundeskanzleramts heißt –, ihr Streben nach einer ‚gerechten internationalen Wirtschaftsordnung‘ stießen bei der Bundesregierung weder auf Gegenliebe noch auf nennenswerten Verhandlungsspielraum.“ Elske Rosenfeld, „1989/90 ist noch nicht vorüber“, abrufbar unter: dissidencies.net/1989-90-ist-noch-nicht-voruber/.

9 Bini Adamczak, „Ich halte das anti-utopische Bilderverbot für erledigt“, in: Alexander Neupert-Doppler (Hg,), *Konkrete Utopien*, Stuttgart: Schmetterling Verlag 2018, S. 31.

1 “The EXPO is a chance for Germany to prove its diversity, capability, and capacity for finding solutions. Our exertions must be appropriately great. Ten years after reunification and a good half century after the democratic new beginning, Germany can show itself to the world as an established democratic commonwealth, devoted to human rights, cosmopolitan and tolerant, ready to accept the challenges of the future.” Document 13/7964, resolved in the 241st session of the 13th legislative term of the Bundestag.

2 The installation includes furniture from Junges Wohnen, Jochem Reichenberg, Young Styling, interlübke, David Lewis, and Rolf Benz, as well as elements from the retail fixtures of an orthopedic store. Most pieces came from Mönchengladbach—where the Museum Abteiberg is located—and neighboring cities.

3 And the styles that could replaced the postmodern evoke the threat of austerity and ethnonationalism: minimalism and farmhouse style.

4 This is the site where the German Reunification Treaty between the FRG and the GDR was signed, and it is also where Naumann first exhibited her installation. For conspiracy theorists, the signing of the treaty was the breaking point after which they no longer recognized the sovereignty of the German state.

5 Max Czollek provides an incisive history of German post-Nazi society in the chapter “Die frühen Jahre” of his book *Desintigriert euch!* (Munich: Hanser Verlag, 2018).

6 See “Deutscher Pavillon in Schwierigkeiten” [German Pavilion in Trouble] (October 13, 2013) and “Der Deutsche Pavillon hat jetzt Zelte” [The German Pavilion Now Has Tents] (October 29, 2015) in the *Hannoverschen Allgemeinen Zeitung*, accessible at www.haz.de.

7 In any case, works such as *Desolation, Museum of Trance, Eurotique, Intercouture,* and *Comme des Kinois* extend far beyond the history of the two Germanies.

8 Elske Rosenfeld’s work is instructive here. She argues that the insistence on grassroots democracy (Basisdemokratie) in the civil rights movement of the GDR was not taken up, but rather contained and limited during the so-called reunification process. “The desire for autonomy expressed by the last-elected GDR government, their ‘idealistic undertone’ (as it was described in a note from the Federal Chancellery of the FRG), and their pursuit of a ‘just international economic order’ found no favor with the new Federal government, which was not to prepared to negotiate these concerns in any meaningful way.” Elske Rosenfeld, “1989/90 ist noch nicht vorüber,” available online at dissidencies.net.

9 Bini Adamczak, “Ich halte das anti-utopische Bilderverbot für erledigt,” s, ed. Alexander Neupert-Doppler, *Konkrete Utopien: Unsere Alternativen zum Nationalismus , ed. Alexander Neupert-Doppler* (Stuttgart: Schmetterling Verlag, 2018), 31.

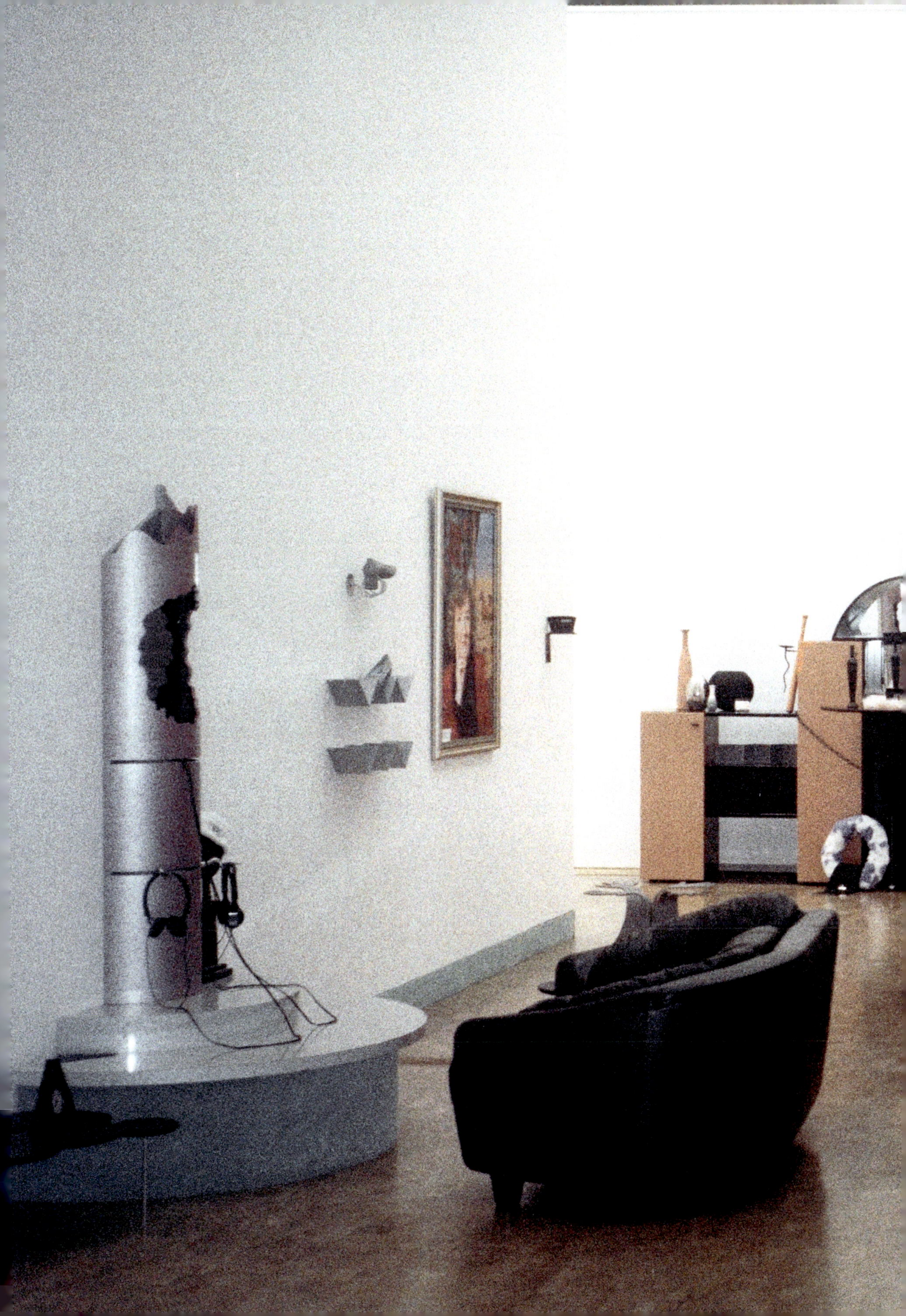

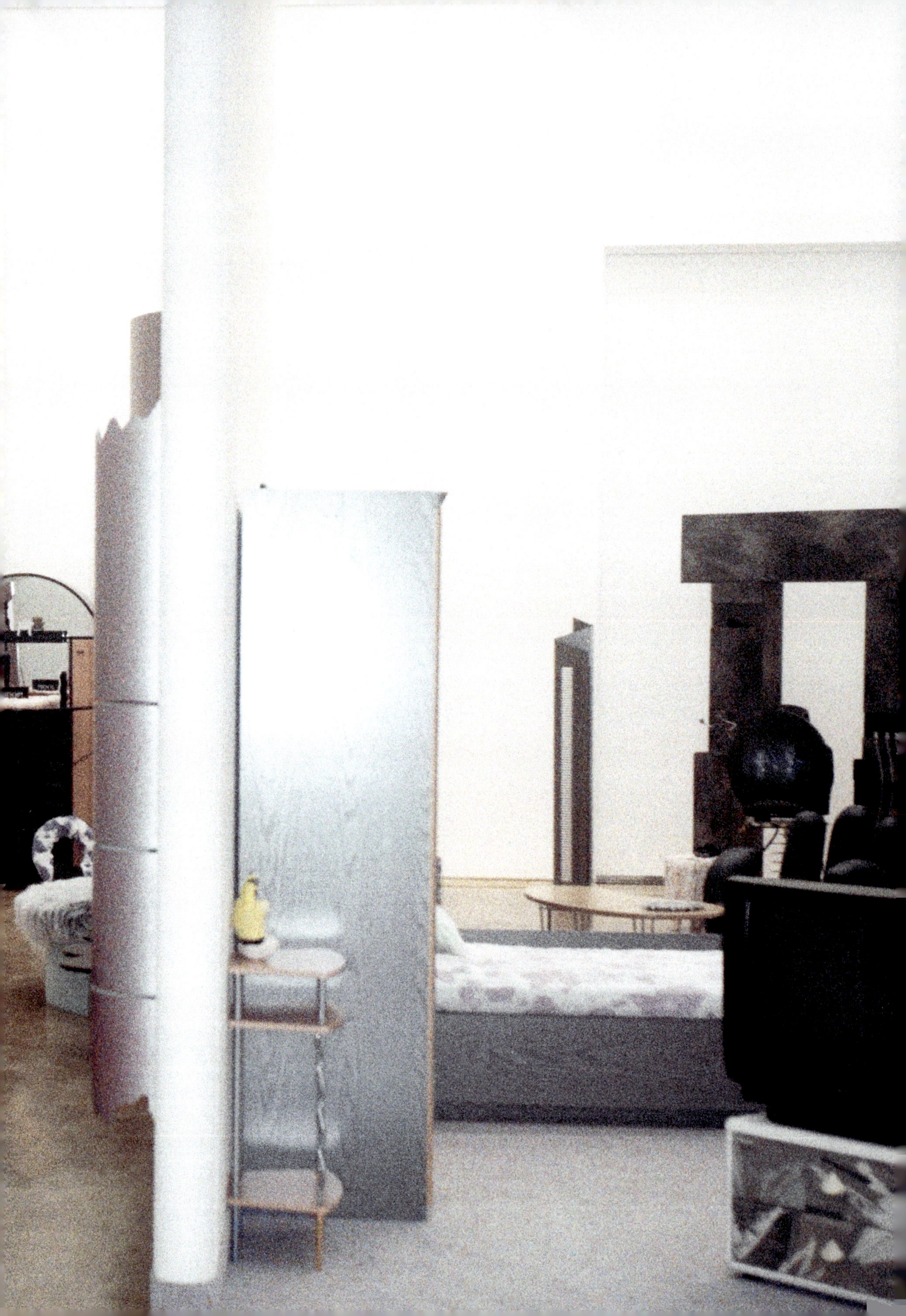

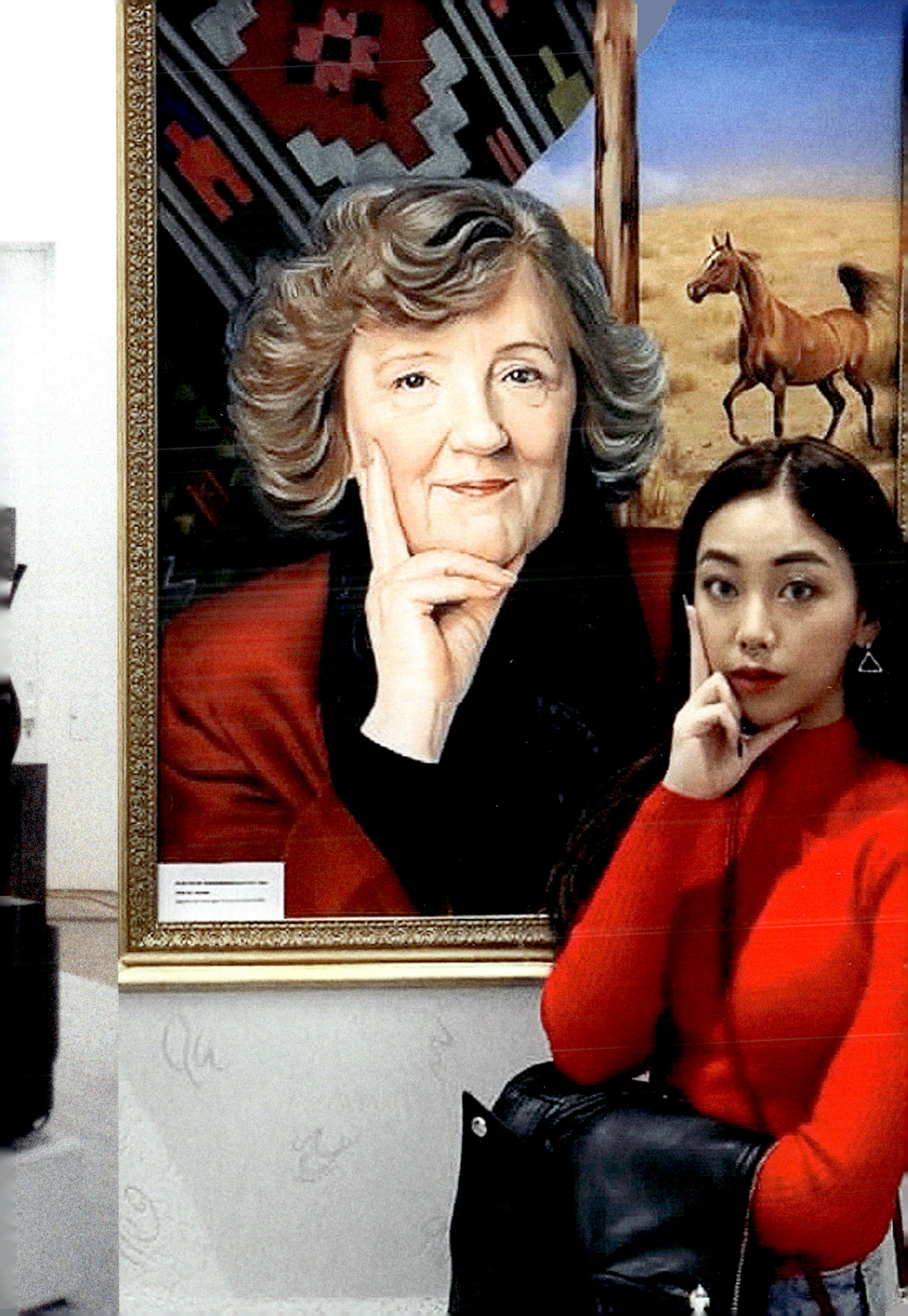

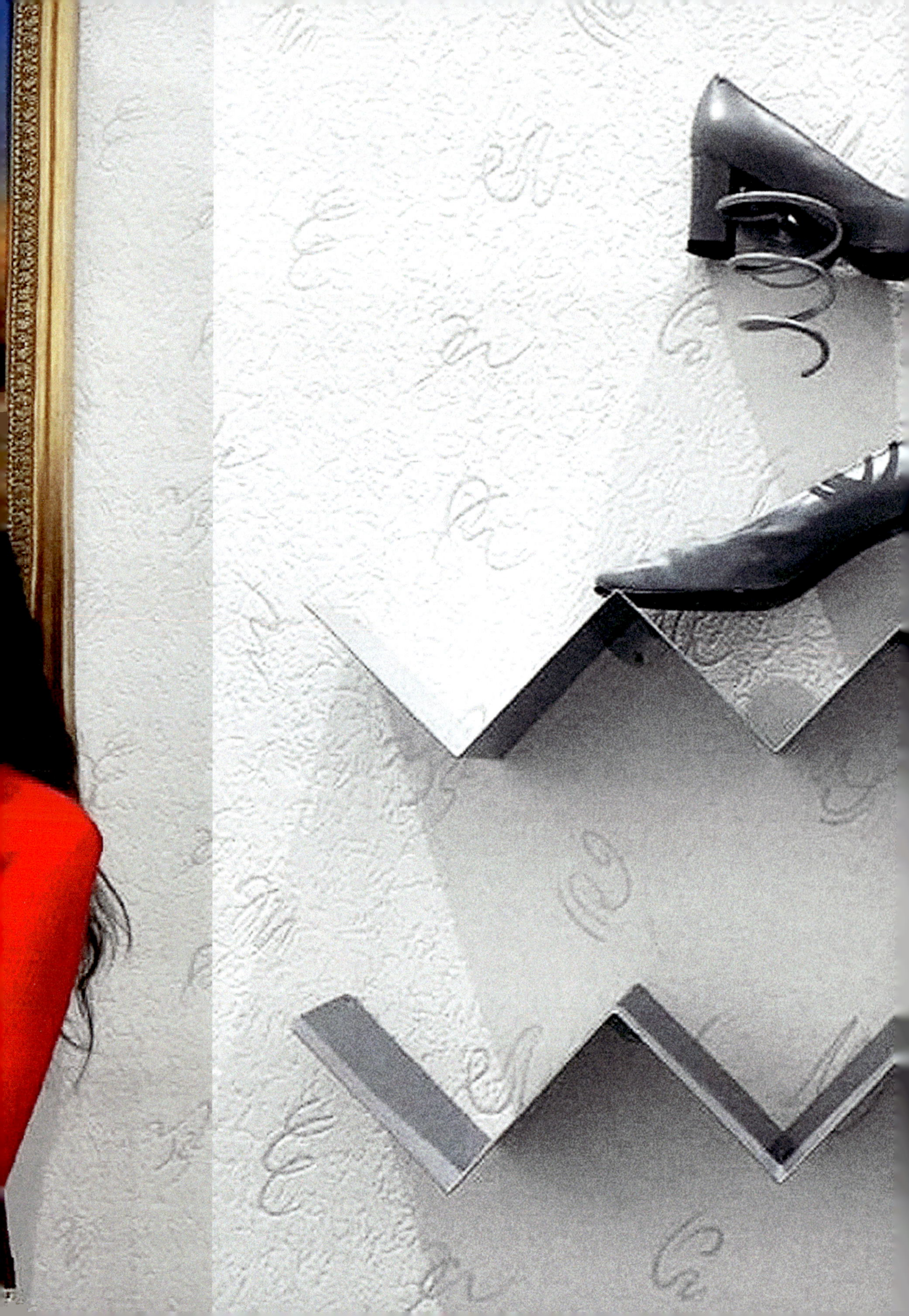

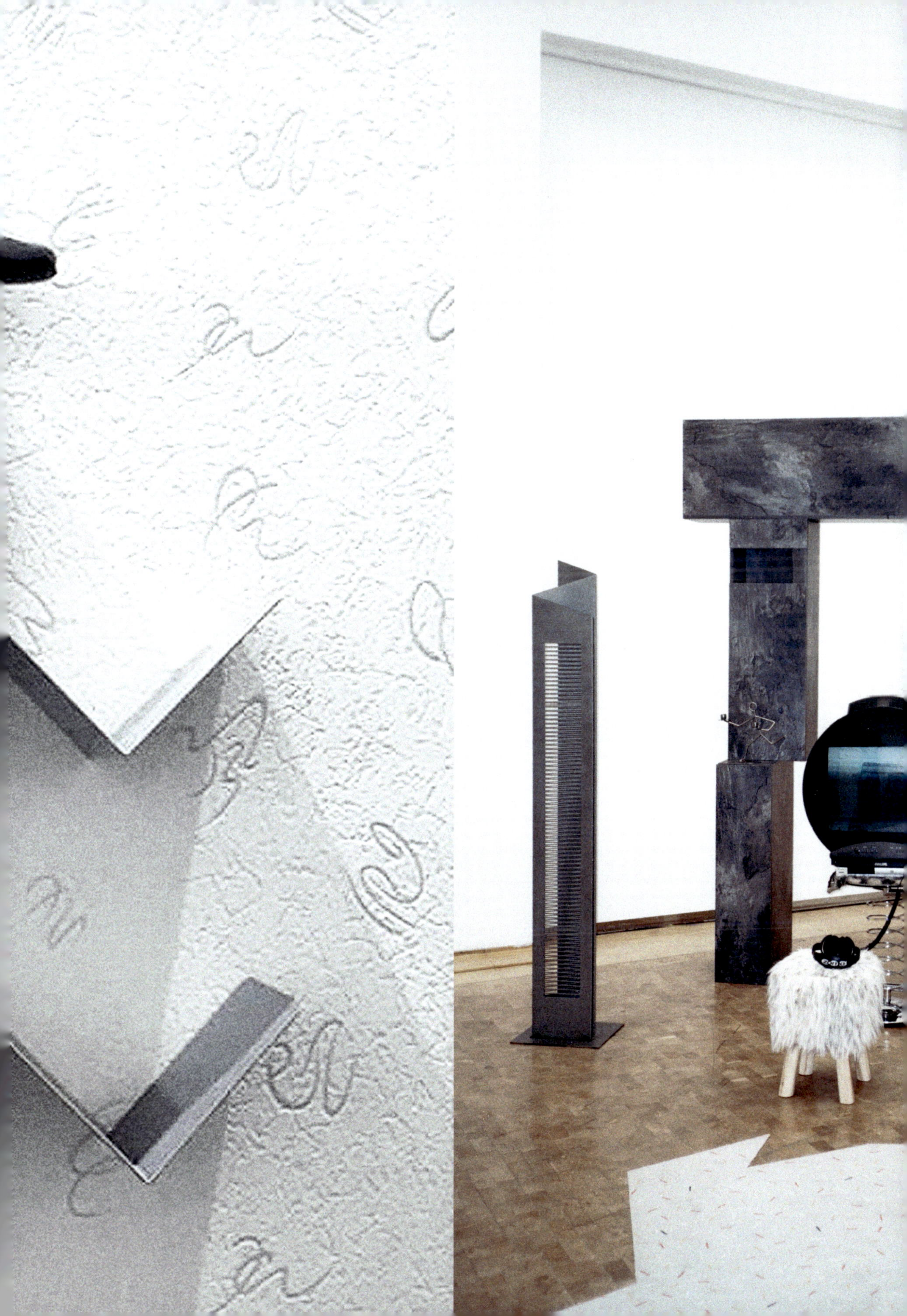

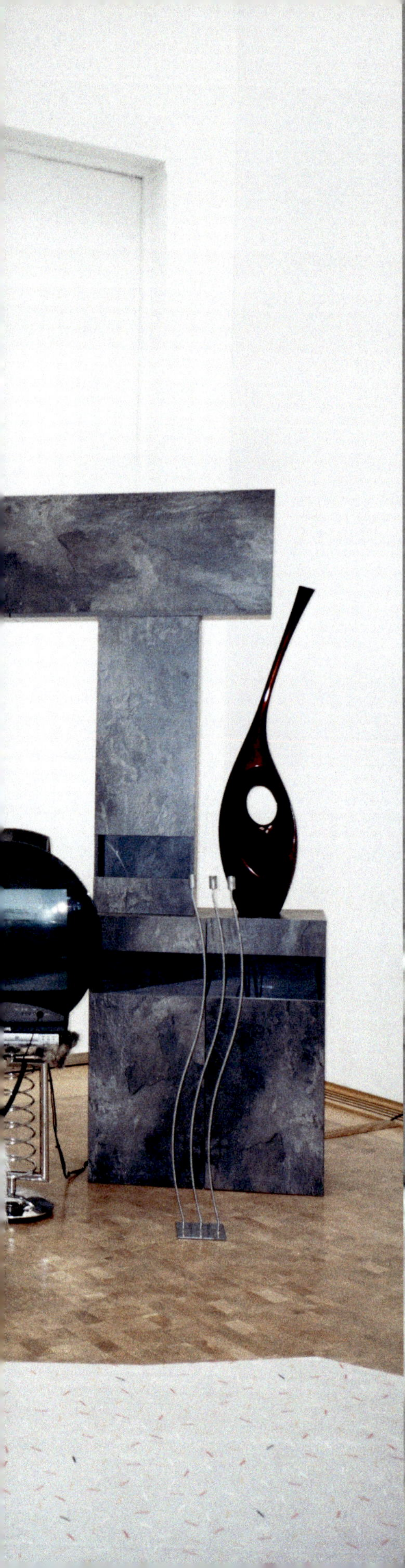
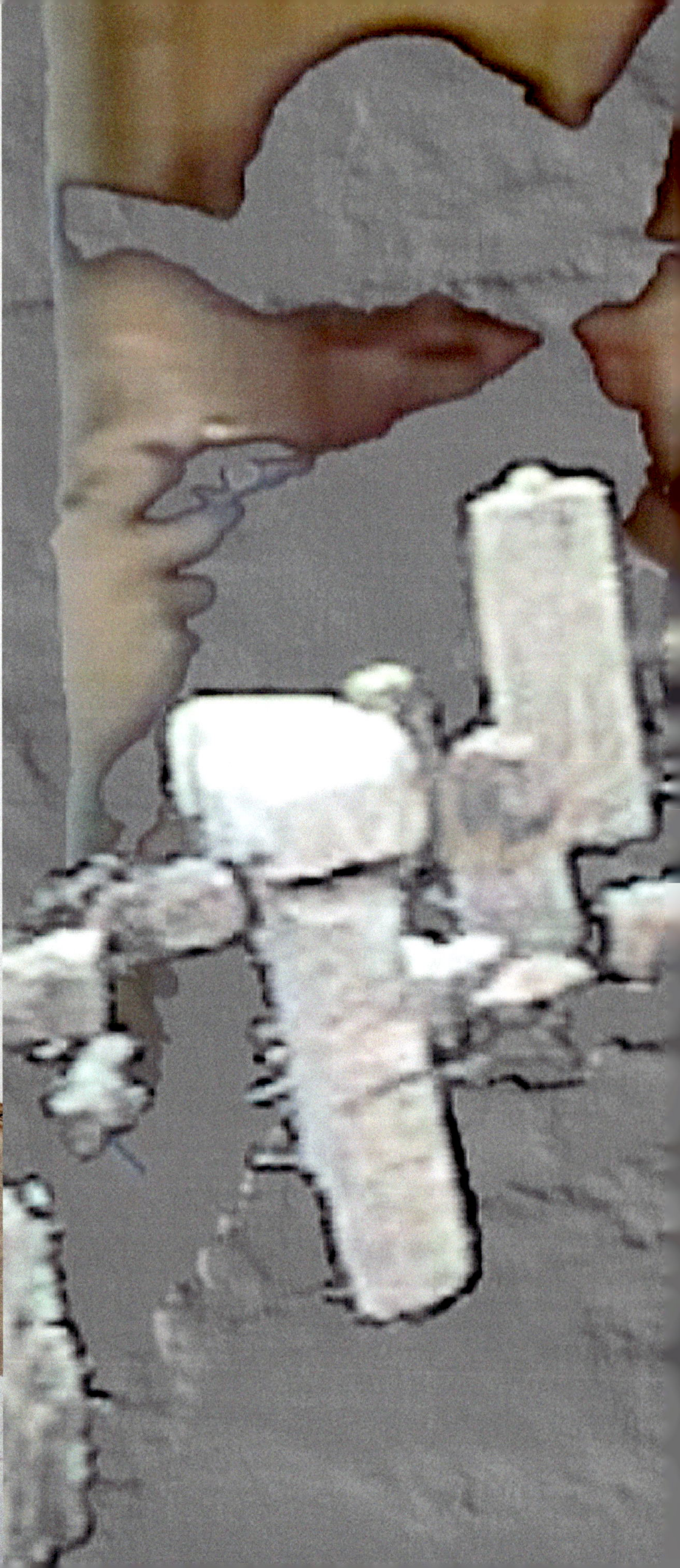

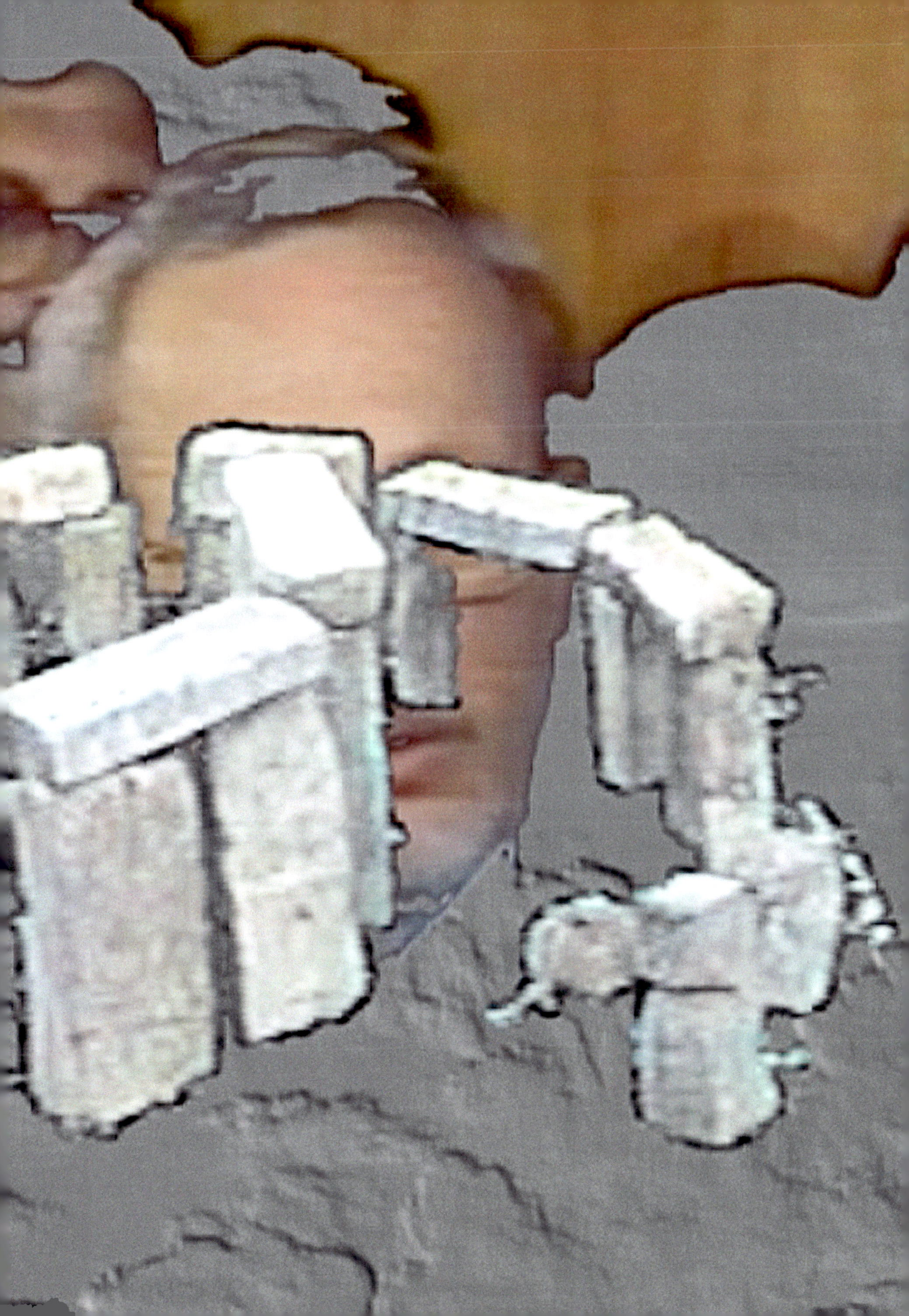

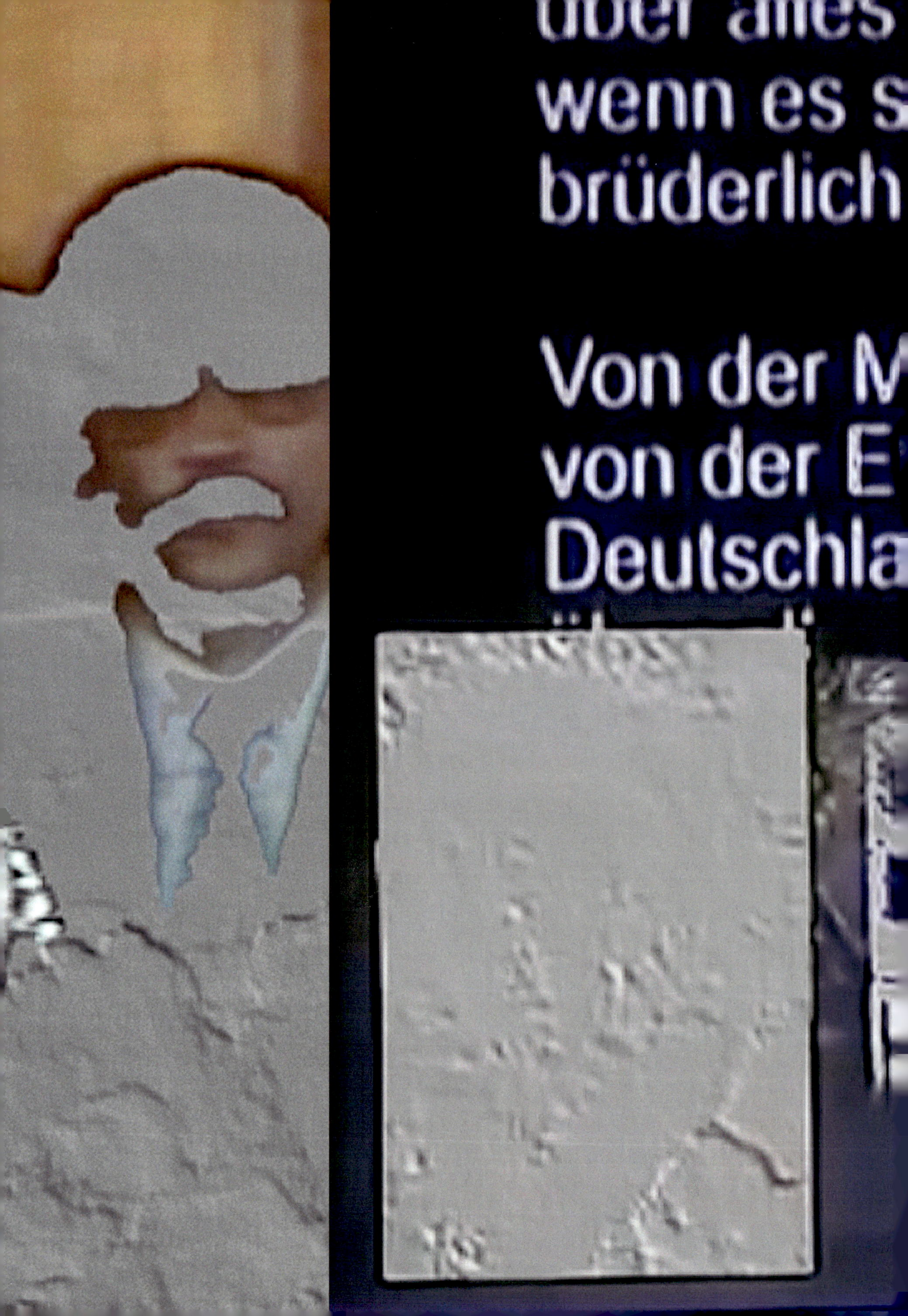
wenn es s
brüderlich
Von der M
von der E
Deutschla

r der Welt,
ets zu Schutz und Trutze
usammenhält.

as bis an die Memel,
ch bis an den Belt -
d, Deutschland über alles

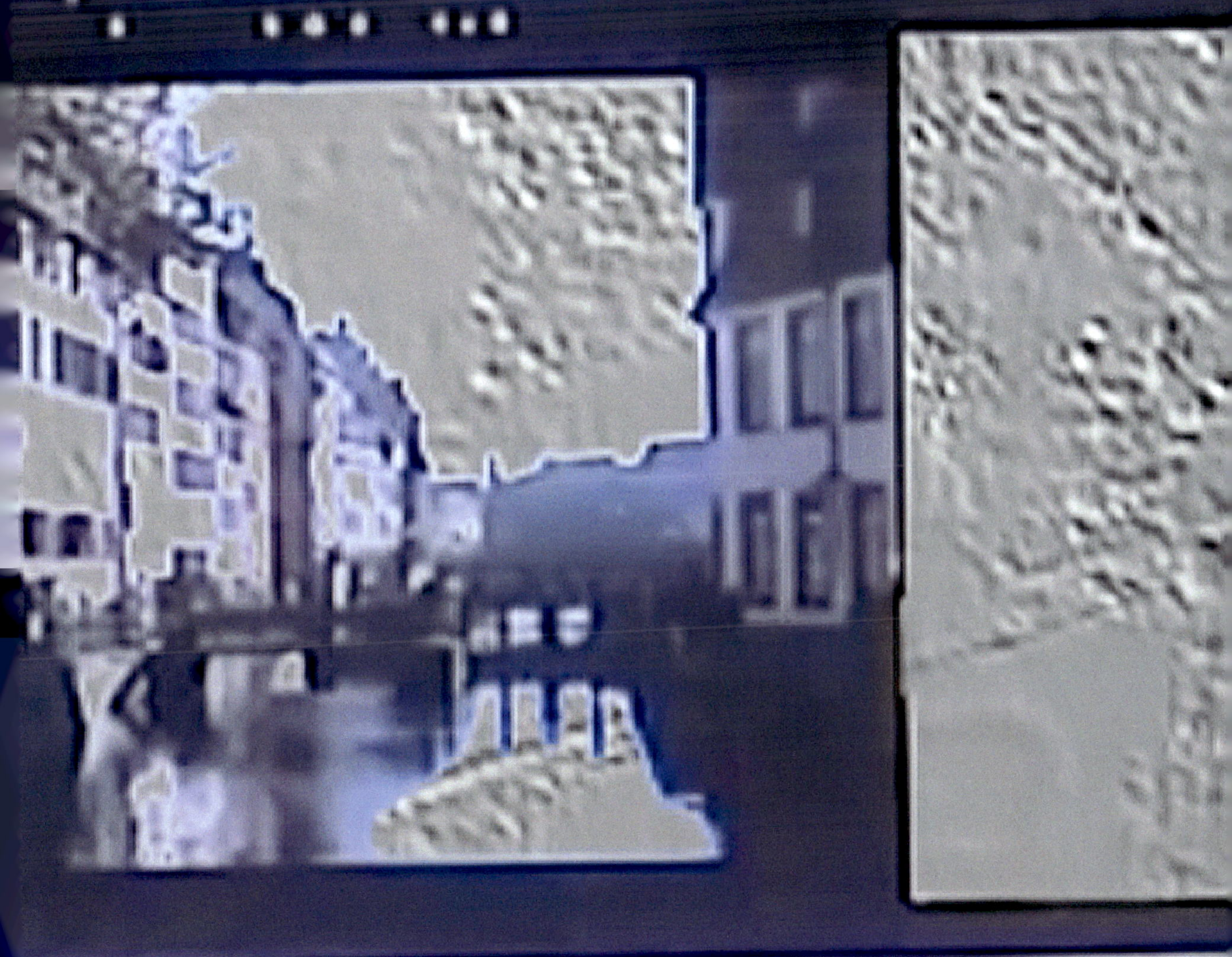

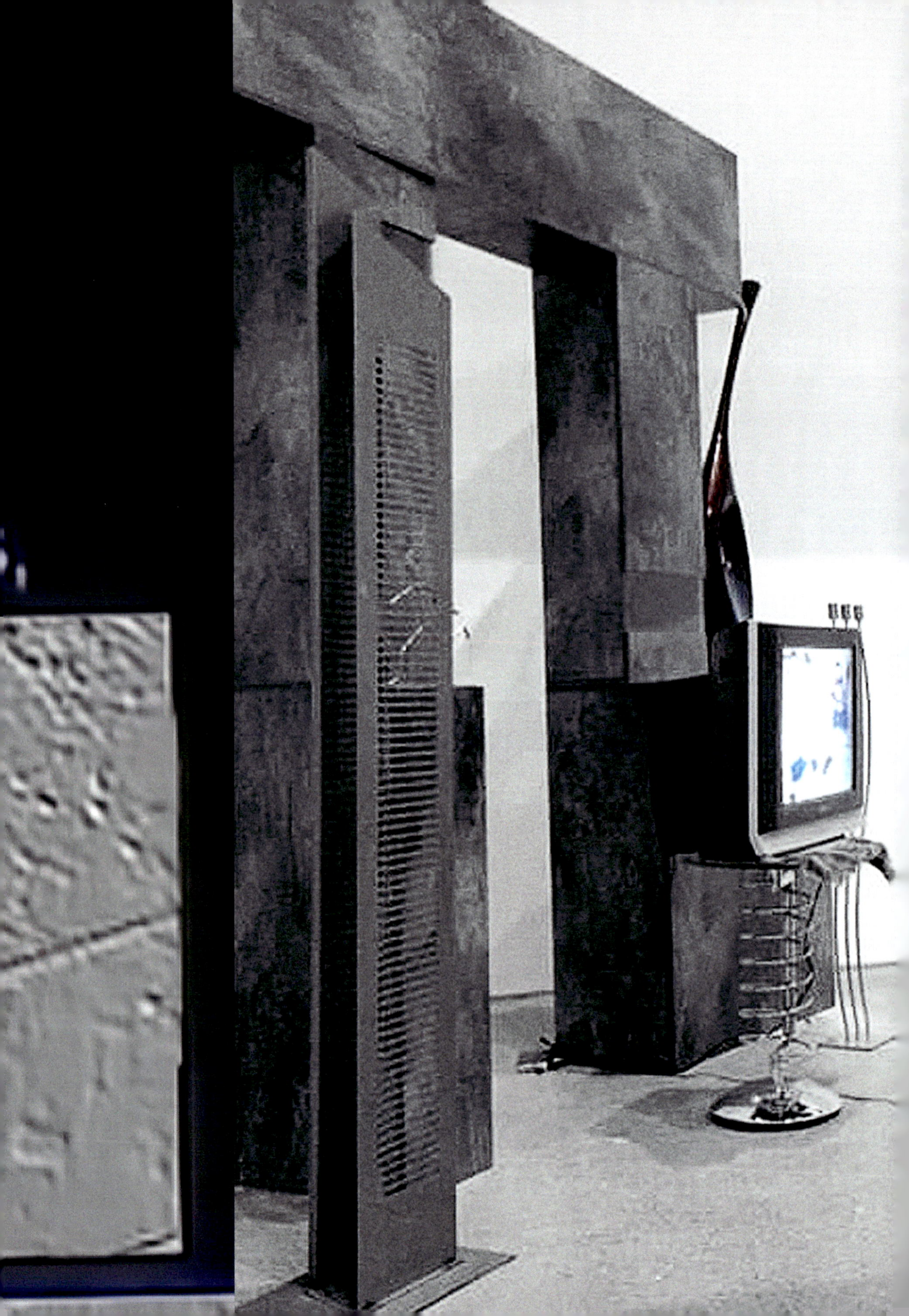

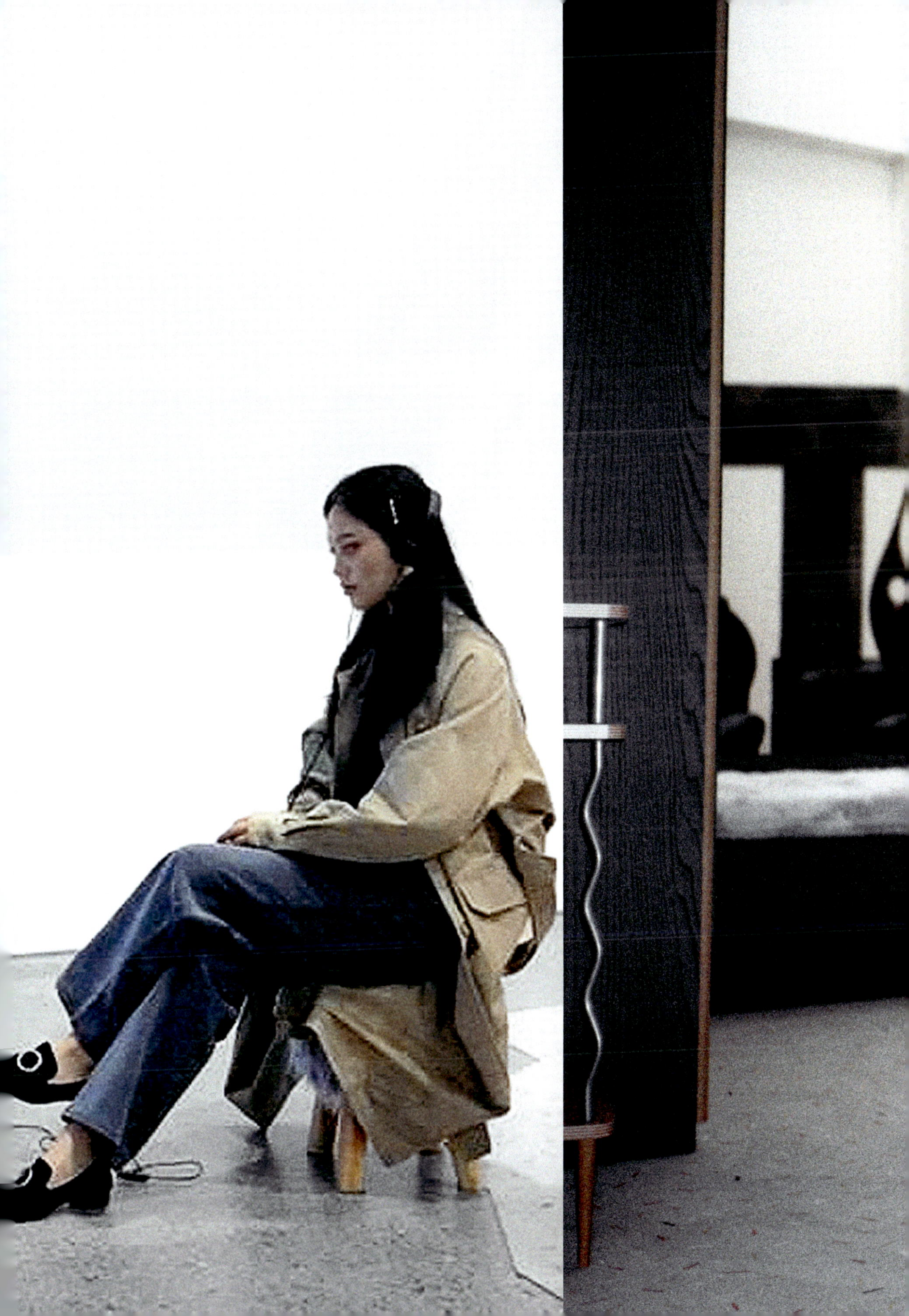

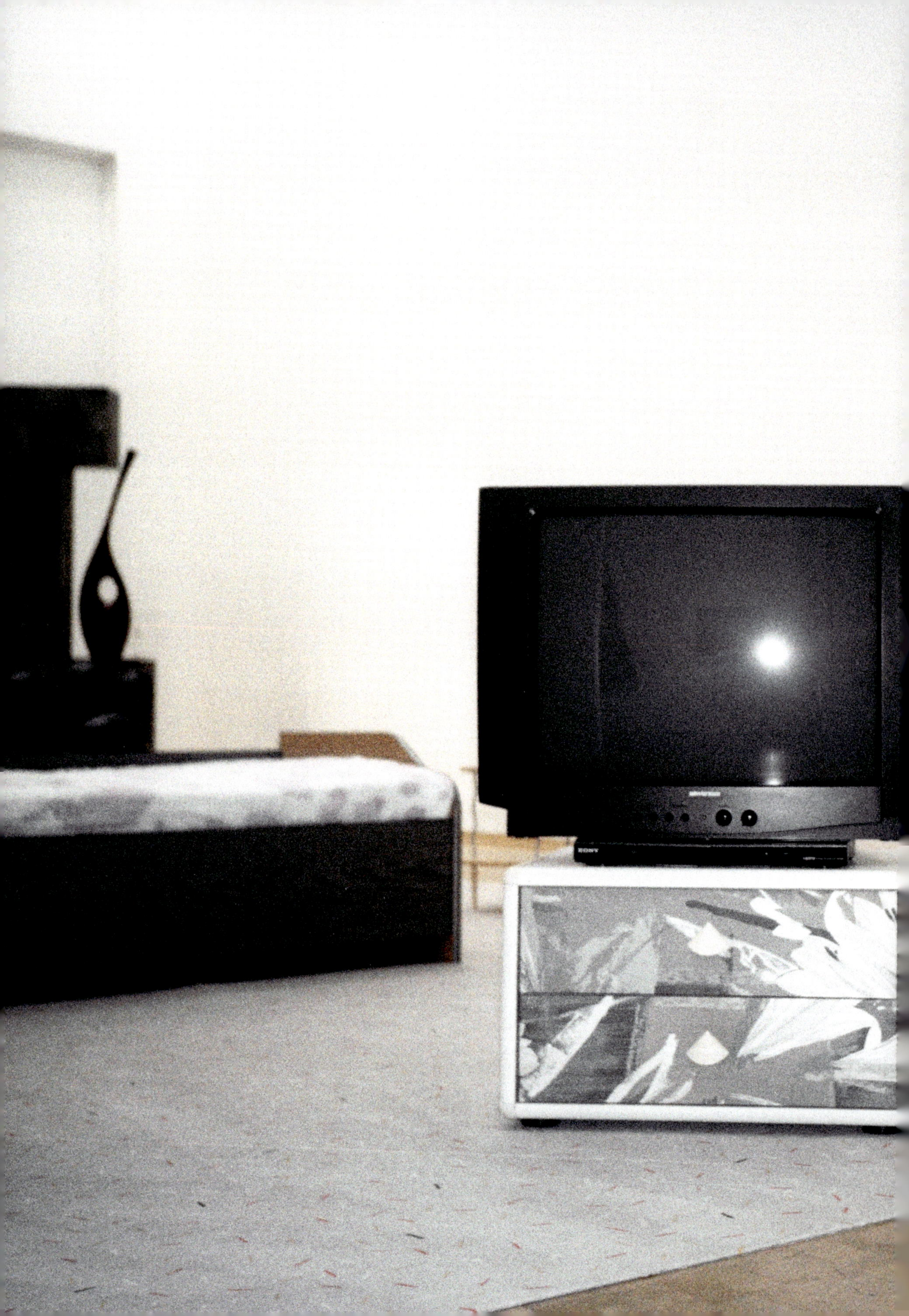

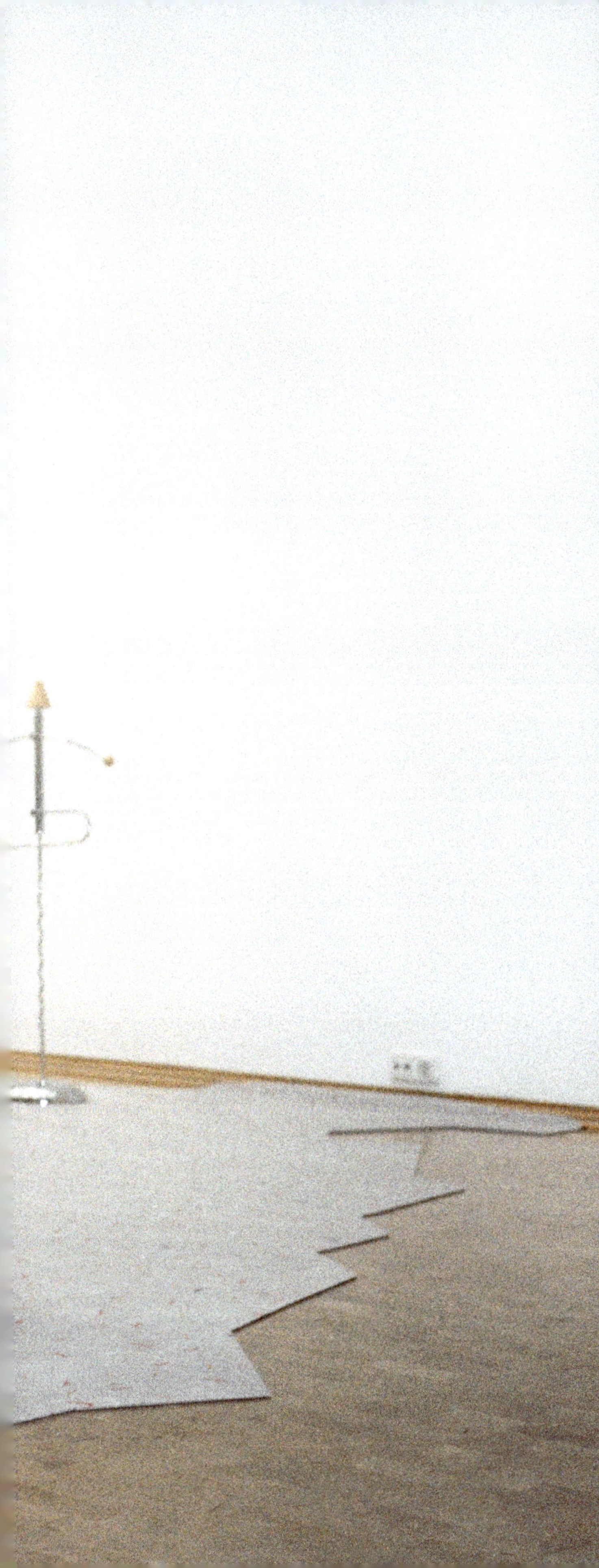

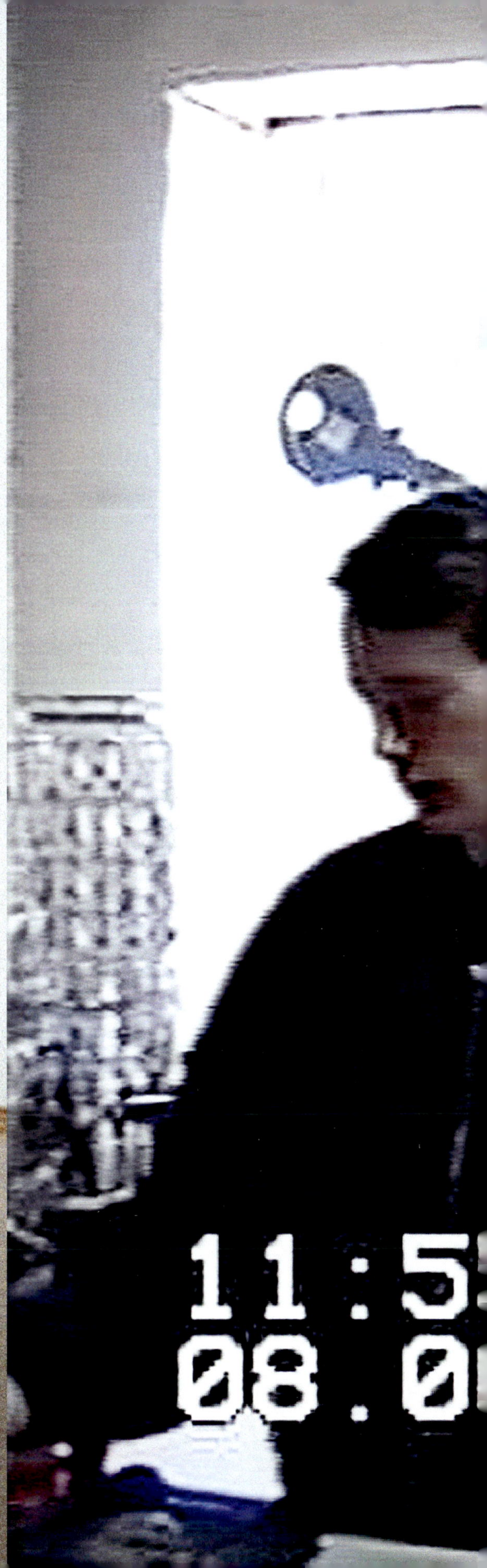
11:5
08.0

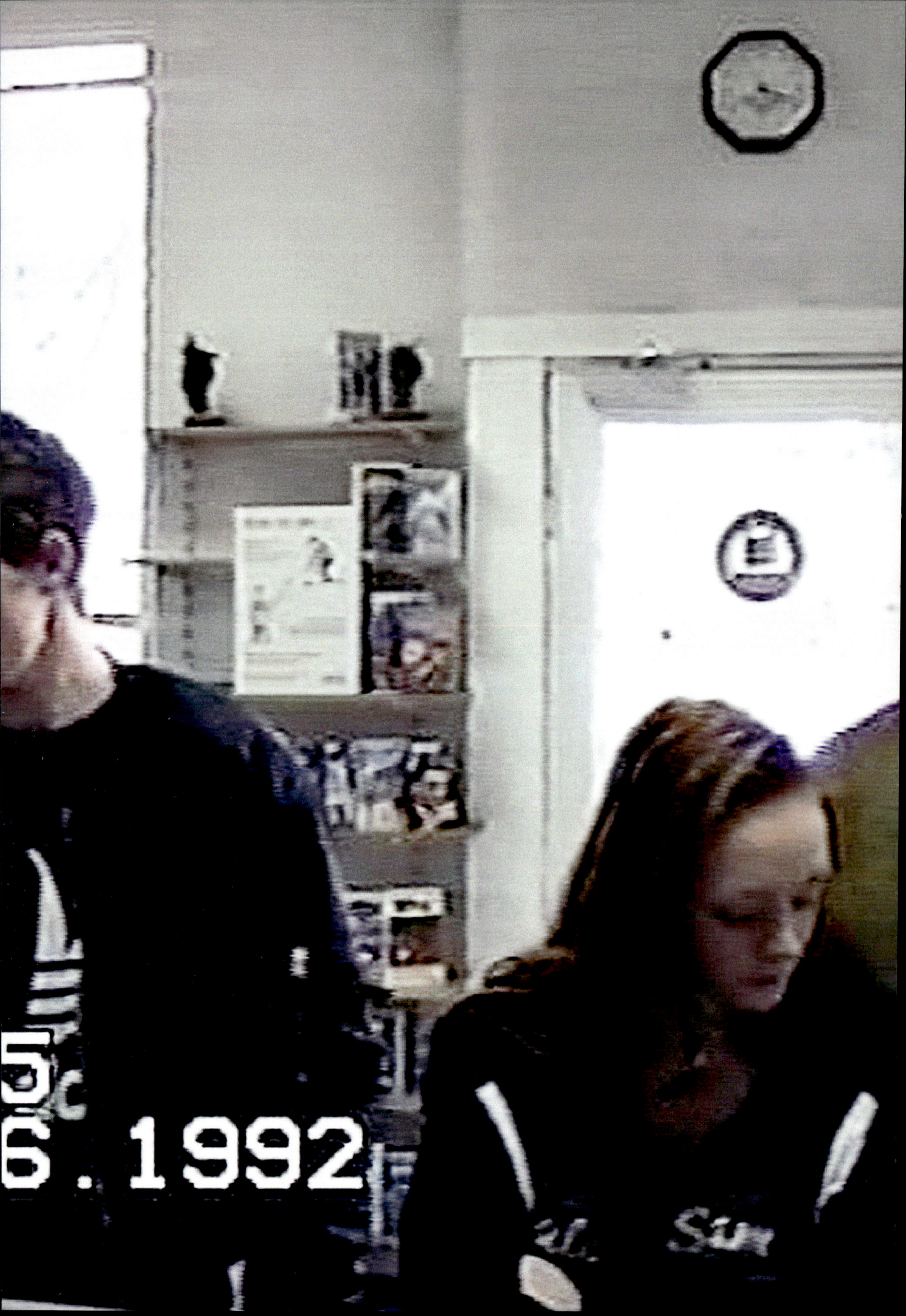
6.1992

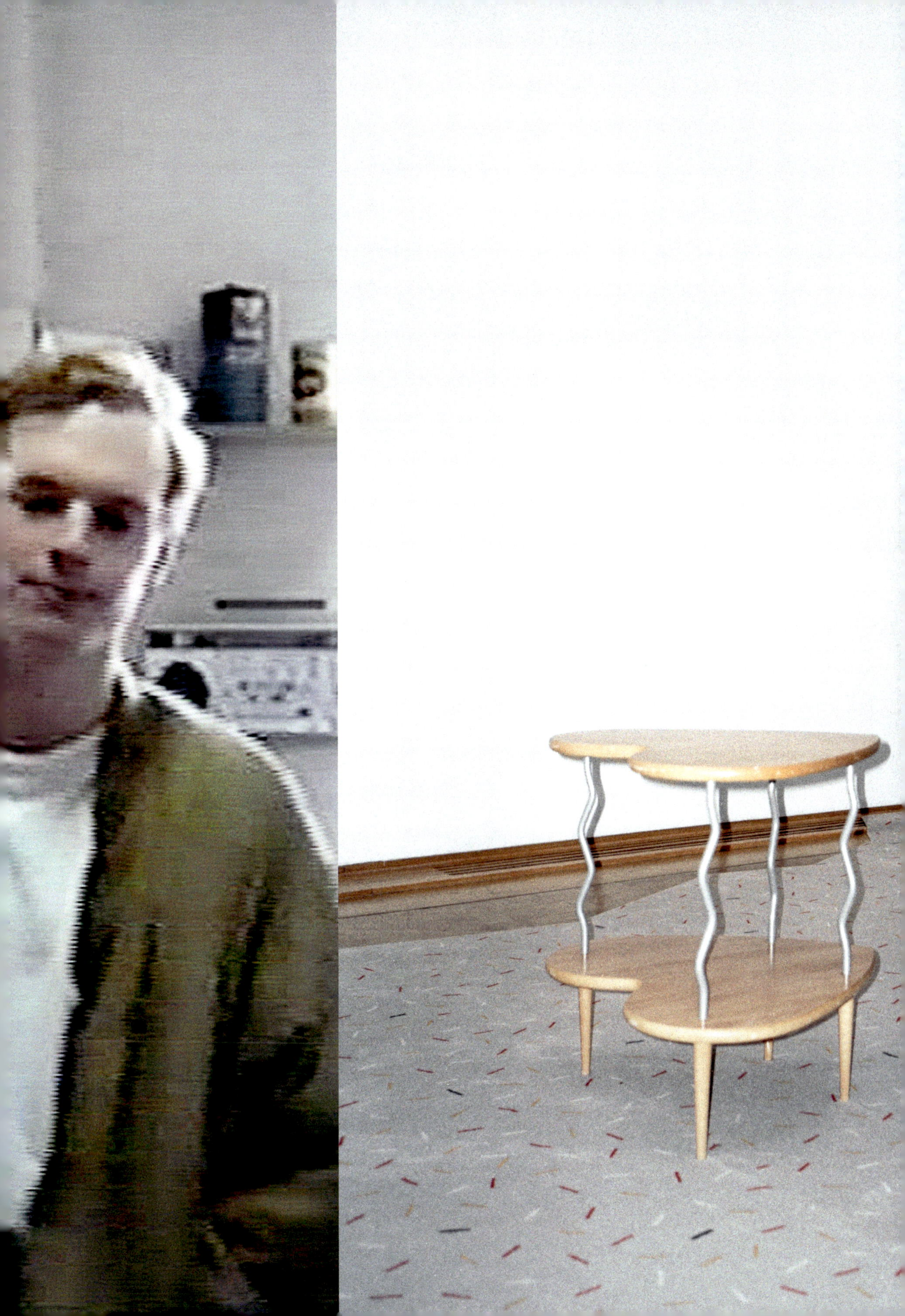

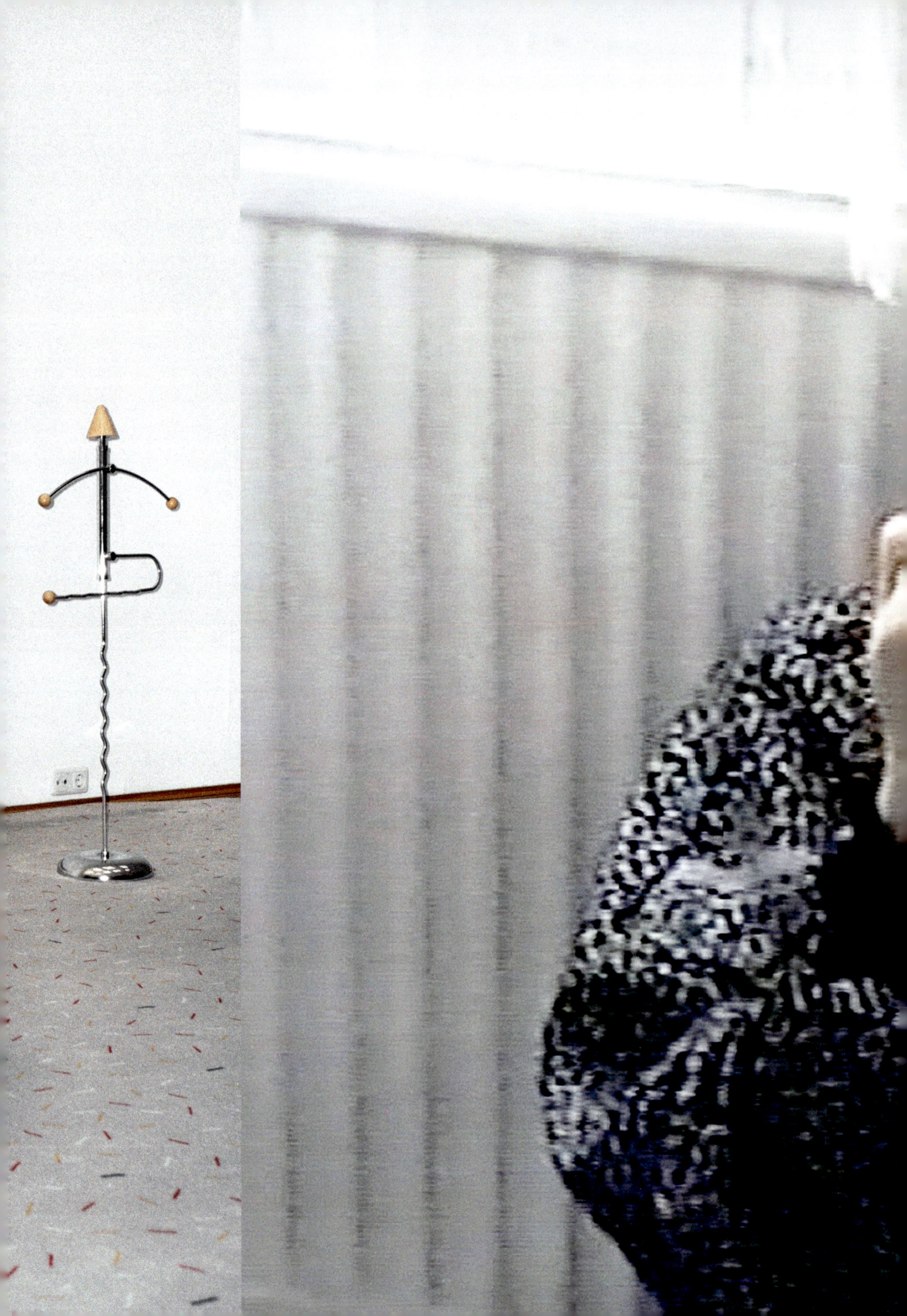

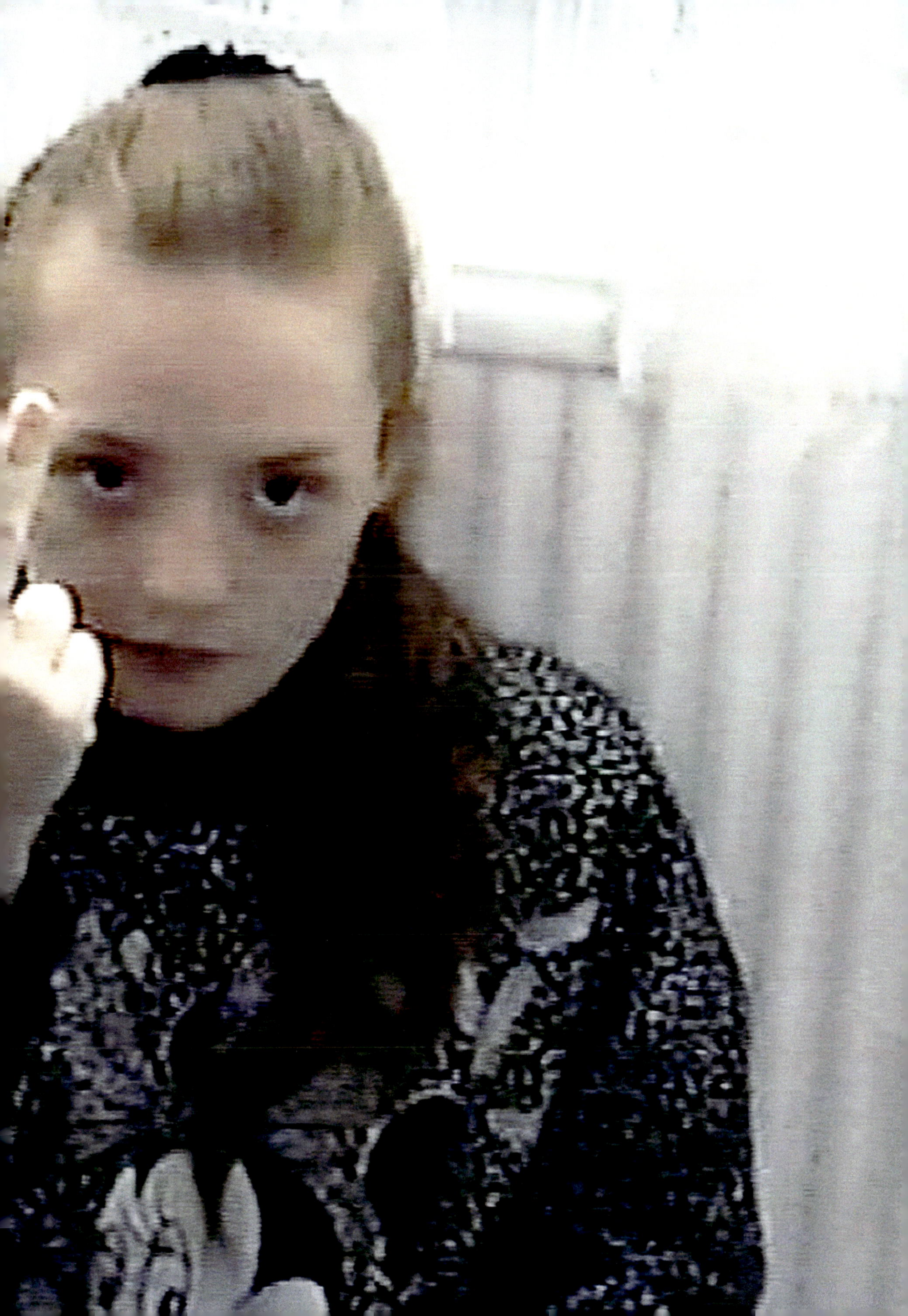

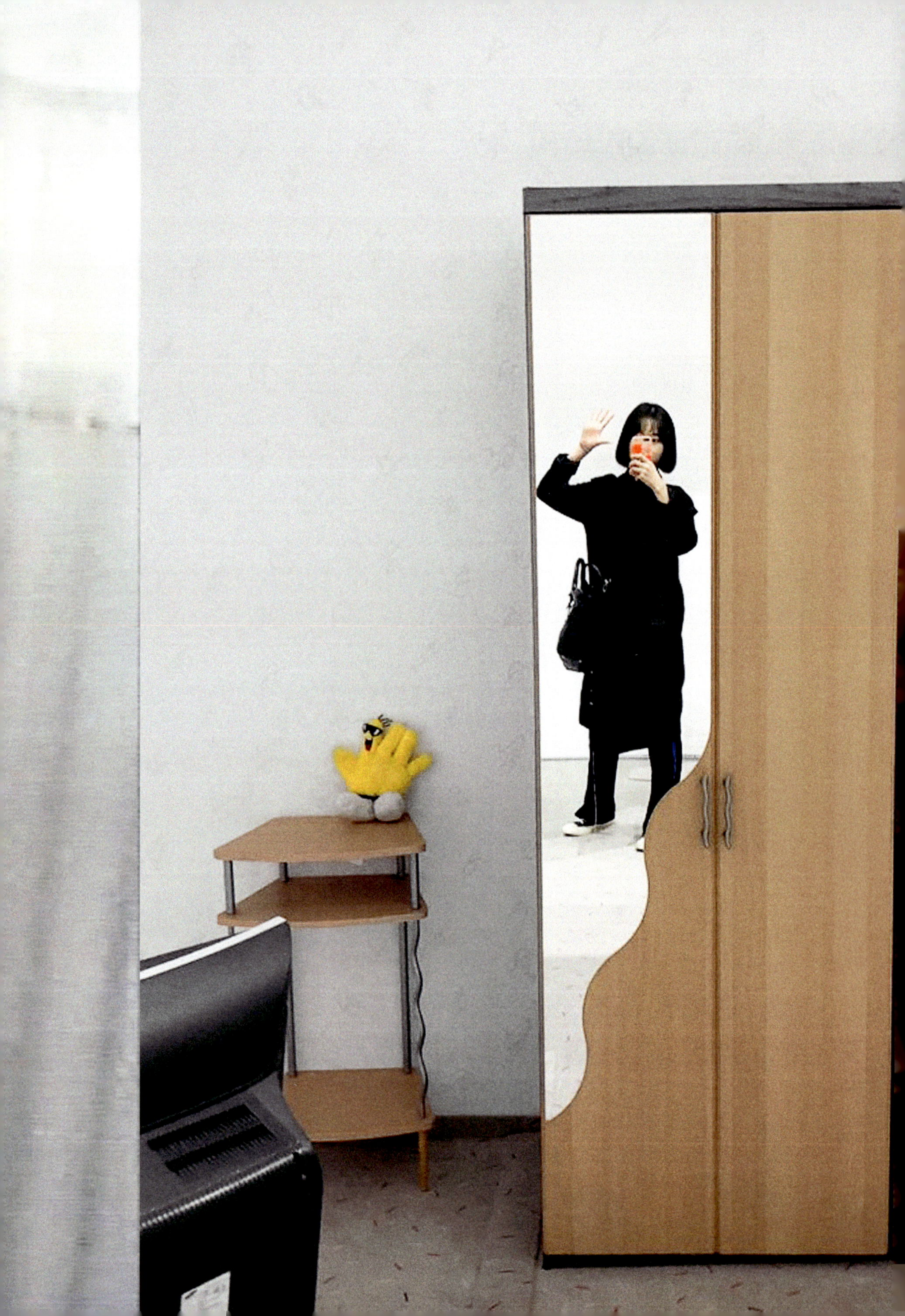

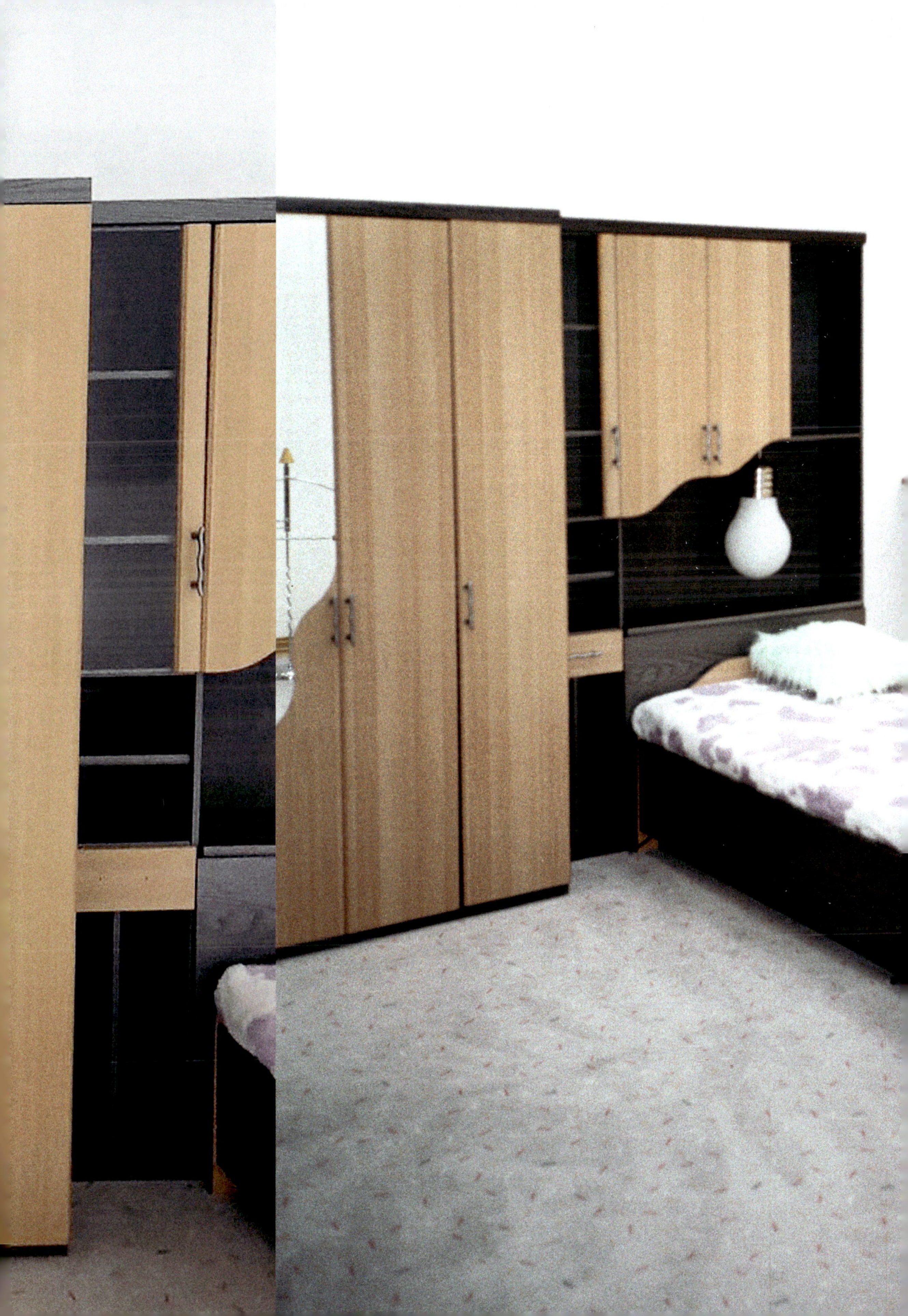

DER SCH

THE

DER

OF

SCHRAN

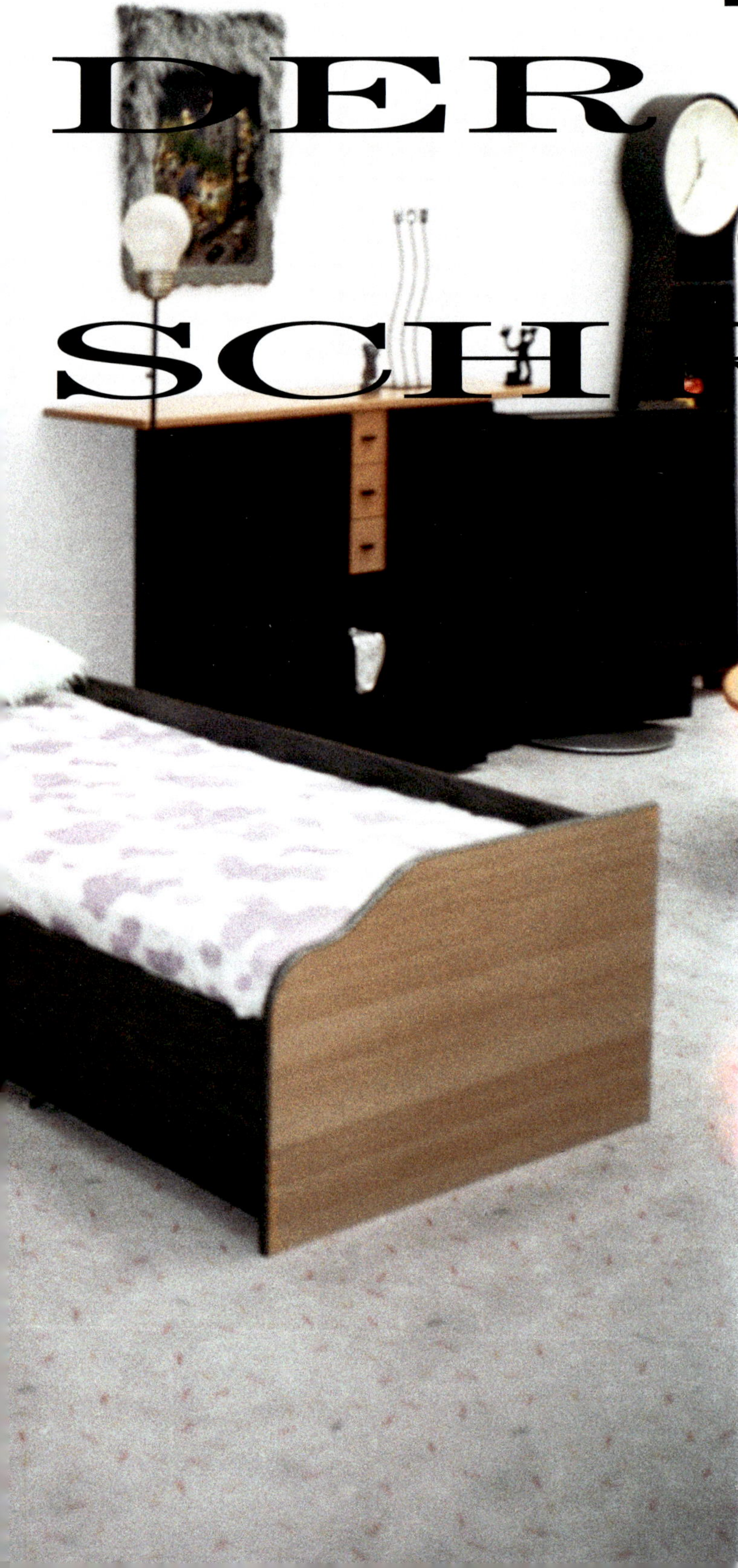

RECKEN ORROR

HE WALL WÄNDE UNITS

Text: Jörg Heiser

Translation: Steven Lindberg

Ich habe im Bett von Beate Zschäpe geschlafen. Es war ein zäher, schwieriger Tag in der Aufbauphase der Biennale von Busan, Südkorea, Anfang September 2018. Ich hatte Kopfweh und brauchte ein Nickerchen. Bevor ich mich hinlegte, hatte ich Henrike Naumann um Erlaubnis gebeten. Ihr schien es zu gefallen, dass der Co-Kurator der Ausstellung sich auf das flauschige Teil legte, eines jener Kastenbetten als Teil einer Jugendzimmer-Schrankwand aus billigem furniertem Sperrholz.

Mein Schlaf war unruhig und durchdrungen von einem fiebrigen Traum. Kein Wunder, die Situation selbst war surreal genug. Ich befand mich in einem neu erbauten Museum auf einer Insel in einer Großstadt im Süden der koreanischen Halbinsel, in dessen fensterloser Ausstellungshalle Naumann

I have slept in Beate Zschäpe's bed. It was in early September 2018. It had been a tough, difficult day spent setting up the Busan Biennale in South Korea. I had a headache and needed to take a nap. I asked Henrike Naumann for permission before lying down. She seemed to take pleasure in the idea of the exhibition's co-curator resting on this soft, comfy object, one of those box-like beds that form part of a wall unit made of cheap veneered plywood in a teenager's room.

I slept poorly and was disturbed by a feverish dream. Hardly surprising, since the situation was surreal enough. I was in a newly built museum on an island in a big city in the southern part of the Korean peninsula, in the windowless exhibition hall where Naumann had installed *2000*: a kind of interior landscape based on the reunited

2000 aufgebaut hatte: eine Art Wohnlandschaft auf dem Grundriss des wiedervereinigten, jedoch frisch wieder geteilten Deutschlands, darin besagtes Bett: ein Matratzenbezug im lila-weiß geflecktem Kuhfell-Milka-Schokoladen-Muster. Darauf ein quadratisches, zotteliges Flokati-Zierkissen in hellem Mint. Kirschholzfarbenes Kunststoff-Furnier ist mit einer wellig geschwungenen Kante von einer entsprechend kurvigen Spiegeltür sowie dunkelgrauer Sibirischer Lärche abgesetzt. Nachttisch- und Stehlampe haben die Form überdimensionierter Glühbirnen. Ein Beistelltischchen mit dünnen, schlangenförmigen Metallfüßen ist links neben der Schrankwand platziert, darauf eine Kuschelfigur, eine gelbe Hand mit Füßen, der Zeigefinger ein Kopf. Ich kann mich erinnern, dass dieses Maskottchen mit dem Namen „Rolf" um 1993 den Deutschen in Ost und West die neuen fünfstelligen Postleitzahlen nahebringen sollte – einer jener vielen Schritte, die Gewohntes und Tradiertes im Zuge der Wiedervereinigung des Landes mit einer Geste scheinbarer Leichtigkeit ersetzen sollten; eine Leichtigkeit, die sich schon in Gestalt und Namen des Maskottchens als ächzende Bemühtheit zeigte.

All diese Einrichtungsdetails, die man schnell als bloße und zu vernachlässigende Ausformungen kleinbürgerlicher bis proletarischer Interieurs abtun könnte, entpuppen sich als subliminale Signale, die Henrike Naumann mit mikrophysikalischer Präzision zueinander fügt. Wir wissen spätestens seit Pierre Bourdieus Soziologie des Habitus und den mit dieser assoziierten Ästhetiken der (Selbst-)Ausstattung, dass Möbel und Accessoires alles andere als beliebig austauschbare Attribute einer individuellen

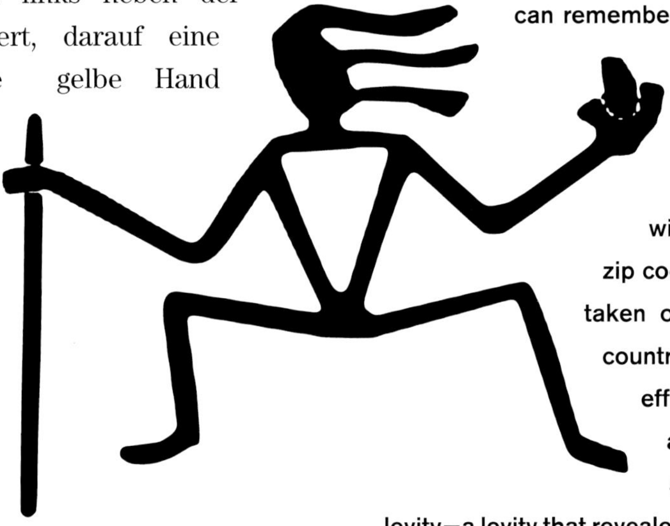

yet freshly redivided Germany. This was the setting for the bed in question, its mattress covered by the Milka chocolate pattern of purple-and-white spotted cowhide. On top there was a square, shaggy flokati cushion in pale mint. Cherry-wood-colored artificial veneer with a wavy edge was set off against a similarly curved mirror door as well as dark-gray Siberian larch. The bedside light and floor lamps took the form of oversized light bulbs. A side table with slender, serpentine metal feet was placed on the left alongside the wall unit, atop which stood a cuddly toy, a yellow hand with feet, the index finger a head. I can remember that around 1993 this mascot, called "Rolf," was meant to familiarize Germans in both East and West with the new five-digit zip codes: one of many steps taken over the course of the country's reunification in an effort to replace traditions and customs with a gesture of apparent levity—a levity that revealed itself as contrived and creaky in the mascot's form and name.

On closer inspection, all these decor details—which could otherwise be brushed aside as insignificant manifestations of petit bourgeois or proletarian interior design—turn out to be subliminal messages, brought together by Henrike Naumann with almost microphysical precision. Ever since Pierre Bourdieu's sociology of habitus and the associated aesthetics of (self-)decoration, we know that furniture and accessories are anything but the freely interchangeable attributes of individual existence. Regardless of whether their specific aesthetic form is traditional or fashionable, they instead signify belonging to a group, whether intended or not.

Existenz sind. Vielmehr bedeuten sie in ihrer konkreten ästhetischen Gestalt – traditionell oder modisch – eine Gruppenzugehörigkeit, ob gewollt oder nicht.

Wie Gruppenzugehörigkeiten entstehen und wie sie sich über Mechanismen von Inklusion und Exklusion formieren, wird kritisch, existenziell und politisch, wenn die Exklusion über ein Verfahren der „gruppenbezogenen Menschenfeindlichkeit“ läuft, wie dies der Soziologe Wilhelm Heitmeyer nennt. Die Formulierung ist kein Ersatz für Begriffe wie Rassismus, Antisemitismus, Sexismus oder Homophobie, sondern ein Oberbegriff für solche und andere Diskriminierungsformen, da sie realiter oft gemischt und ineinander verschlungen auftauchen. Leute werden markiert oder stigmatisiert als zugehörig zu einer bestimmten abgelehnten Gruppe, diese wird also im Akt der pauschalisierenden Zuschreibung erst formiert (beispielsweise die Gruppe der „Ausländer“, der dann auch inländisch geborene Personen aufgrund ihres Aussehens zugeordnet werden usw.).

Man mag solche begrifflichen Differenzierungen beckmesserisch finden, doch im Grunde sind es einfach Kürzel, die helfen, das komplexe Ineinandergreifen von psychologischen, sozialen und ökonomischen Faktoren hilfsweise zu benennen und damit die Analyse zu erleichtern. Naumanns zuvor beschriebenes Interieur wird durch ein weiteres Element ergänzt, an dem sich dies konkret aufzeigt. *Triangular Stories* (2012) sind zwei Videos im fiktionalisierten Found-Footage-Stil, d.h. sie sind mit Schauspielern gedreht, die zwar nach realen Vorbildern agieren, aber so tun, als würden sie sich selbst mit einer Videokamera filmen. Für jeden, der nicht mit verschlossenen Augen und Ohren durch die deutsche Medienlandschaft der letzten zehn Jahre gewandelt ist, wird schon in der allerersten Szene klar, um welches reale Geschehen es sich handelt: Da ist die wortführende junge Frau vor der Theke im kleinen Unterhaltungselektronik-Geschäft, gerahmt von zwei jungen Männern, ihnen gegenüber der Verkäufer, der ihr die laufende Videokamera zum Test überreicht,

How group identities arise and how they are formed via mechanisms of inclusion and exclusion becomes a matter of critical, existential, and political importance when exclusion occurs through a process of “group-related misanthropy,” as sociologist Wilhelm Heitmeyer calls it. This phrase is not a substitute for notions like racism, anti-Semitism, sexism, or homophobia but an umbrella term for these forms of discrimination and others like it, since in the real world they often appear jumbled up together. People are marked or stigmatized as belonging to a particular rejected group, which is first constituted in the act of its blanket ascription (for example, the group of “foreigners,” to which second- or third-generation migrants are then added on the basis of their appearance, and so on).

Such terminological distinctions may smack of pedantry, but they facilitate analysis by providing shorthand formulations for a complex interlocking set of psychological, social, and economic factors. Naumann’s interior is supplemented by another element which brings this into sharper focus. *Triangular Stories* (2012) consists of two videos in fictionalized found-footage style—that is, they are both shot with performers whose actions, despite being patterned on real-life models, give the impression they are filming each other with a video camera. For anyone who has not spent the last ten years wandering deaf and blind through the German media landscape, the opening scene already makes clear which real-world event is being alluded to here. We see a young woman standing in front of the counter of a small electronics store, addressing the salesman opposite her while flanked by two young men. The salesman has just handed her the running video camera for her to test out when the two youths suddenly start assaulting him with a baseball bat. In appearance and conduct, including the cynical pleasure they take in their own actions, everything points to the neo-Nazi

bevor die beiden Typen plötzlich beginnen, mit einem Baseballschläger auf den Verkäufer einzuschlagen. In Aussehen und Verhalten, inklusive der zynischen Lust am Zelebrieren der eigenen Tat, verweist alles auf die neonazistische Terrorgruppe NSU und ihre drei offiziell identifizierten Mitglieder Uwe Mundlos, Uwe Böhnhardt und Beate Zschäpe. Doch schnell wird klar, dass Naumann nicht einfach die Entstehung jener Gruppe nacherzählt, die zwischen 2000 und 2006 kaltblütige, faschistisch-rassistisch motivierte Morde an mindestens acht türkischstämmigen und einem griechischen Opfer sowie an einer Polizistin beging (ihr Kollege überlebte schwer verletzt), dazu einen Nagelbombenanschlag mit 22 Verletzten, vier davon schwer. Sondern dass Naumann in deren jugendliche Sozialisation Anfang Mitte der 1990er Jahre zurückzoomt, indem sie in einem zweiten Video, das ebenfalls auf einem Monitor eine Art Parallelrealität derselben Protagonisten darstellt. In dieser Parallelrealität sind diese nicht Neonazis, sondern hedonistische, lustvoll alberne, multitoxisch versierte Raver. Mit anderen Worten, bei Ersteren regiert der Hass auf andere(s) (man kann darin auch Anteile eines projizierten, deswegen nicht weniger aggressiven Selbsthasses sehen). Bei Zweiteren regiert hingegen die absolute, andere(s) schlichtweg ignorierende Selbstliebe. Nicht dass die Lebenshaltung Letzterer völlig unproblematisch wäre und nicht auch als anders geartetes Symptom des gleichen turbokapitalistischen, atomisierenden, geschichtsvergessenen Kontinuums gelesen werden kann. Doch klar wird auch, dass es um die Leichtigkeit geht, mit der aus ähnlichen Sozialisationen – vor dem Hintergrund der deutschen Wiedervereinigung und der aus dieser resultierenden Umwälzungen – buchstäblich radikal unterschiedliche politische Effekte und Stoßrichtungen entstehen: bis hin zu neonazistischer Netzwerkbildung zur Ausübung von Terrorismus, subkutaner Propaganda, feigem Mord. Darin ist nicht etwa eine Art Entschuldung der Täter des NSU angelegt, frei nach dem Motto: Eine Laune des Schicksals

terrorist group NSU and its three officially identified members, Uwe Mundlos, Uwe Böhnhardt, and Beate Zschäpe. Yet it quickly becomes apparent that Naumann is not simply recounting the origins of this group, which between 2000 and 2006, in a series of racially motivated, cold-blooded attacks, murdered at least eight people of Turkish origin and one Greek as well as a policewoman (her fellow officer survived with serious injuries) and wounded twenty-two others—four of them critically—in a nail bombing. Rather, Naumann zooms back to their youthful socialization in the early to mid-1990s, showing a second video that presents a kind of parallel reality with the same protagonists. In this alternative vision, they are not neo-Nazis but hedonistic ravers fooling around in a state of drug-induced euphoria.

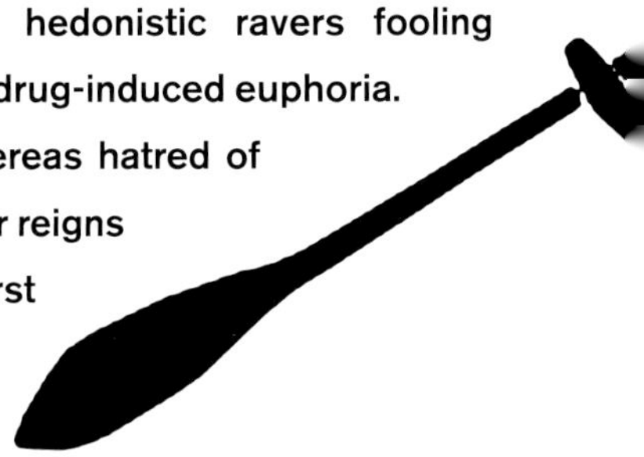

In other words, whereas hatred of others and the Other reigns supreme in the first video (in which one can also detect aspects of a projected, yet still highly aggressive self-hatred), the second is dominated by an absolute self-love that ignores others and the Other. Not that the lifestyle shown in the second film is completely unproblematic; it too can be read as a different kind of symptom of the same turbo-capitalist, atomizing, historically oblivious continuum. Yet what also becomes clear is the ease with which—against the background of German reunification and its aftershocks—similar socializations can give rise to political effects and tendencies that are, quite literally, radically divergent, extending all the way to the formation of neo-Nazi networks committed to terrorism, subcutaneous propaganda, and cowardly murder. This in no way excuses the NSU criminals, as if a quirk of fate had turned them into homicidal fascists. What continually counteracts this (false) impression in the video is the strong

hat sie zu mordenden Faschisten gemacht. Diesem (falschen) Eindruck wirkt im Video konstant entgegen, wie stark die drei Protagonisten sich selbst sehr bewusst inszenieren, in diesem Sinne ähnlich narzisstisch gestrickt wie ihre „harmloseren“ Raver-Zwillinge: etwa, indem sie mit Reichsflagge, Paulchen-Panther-Puppe und Hitlergruß hantieren. Flagge und gereckter Arm sind selbstredend verbreitet in rechtsradikalen Kreisen; der rosarote Panther hingegen ein bewusst von der Gruppe gewähltes Maskottchen für ihre Terrorakte. Sie feierten diese und sich selbst in einem 15-minütigen Bekennervideo, in dem sie den US-Cartoon samt deutscher Synchron-Stimme durch relativ aufwendige Einblendungen mit so zynischen wie kruden Verweisen auf ihre Mordserie verschränkten.

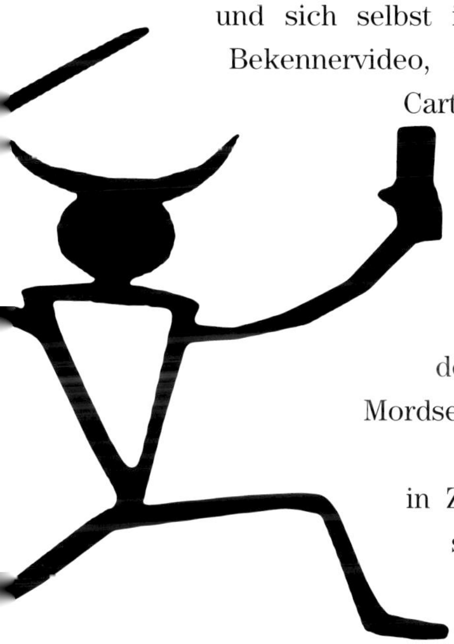

Henrike Naumann ist in Zwickau aufgewachsen; sie war in der Stadt, als 2011 die konspirative Wohnung der Gruppe in Flammen aufging. Sobald wir um diesen Umstand wissen, erhält auch *Triangular Stories* eine andere Note. Denn nun geht es nicht mehr nur um eine Betrachtung und Inszenierung der jugendlichen Sozialisation anderer. Zwar ist sie als 1984 Geborene rund ein Jahrzehnt jünger als die Dargestellten; dennoch ist sie in einem Umfeld aufgewachsen, in dem sie diese Sozialisationen entweder noch als Kind miterlebt hat oder in leicht anderer Form später auch als Teilnehmende. Es geht um nichts weniger als die Frage, wie Menschen um einen herum in eine faschistische Radikalisierung abdriften. Und wie dies wiederum ein Zeichen, ein Symptom, eine Ausformung der politisch-gesellschaftlichen Gesamtentwicklung Deutschlands nach 1989 ist.

self-awareness with which the three protagonists stage themselves. In this sense, they are no less caught up in narcissism than their “more harmless” raver twins, as seen, for example, in the way they fiddle around with the *Reichskriegsflagge* (the Imperial War Flag of Germany, which was in use from 1867 to 1945) and a Pink Panther doll and perform the Nazi salute. Needless to say, said flag and the outstretched arm are common currency in far-right circles; the Pink Panther, on the other hand, is a mascot deliberately chosen by the group for their terrorist acts. They celebrated these acts and themselves in a fifteen-minute confessional video in which they intercut the American cartoon (dubbed into German) with fairly elaborate insertions containing crudely cynical references to their killing spree.

Henrike Naumann grew up in Zwickau; she was there in 2011, when the flat where the group had conspired went up in flames. Once we are made aware of this fact, *Triangular Stories* appears in a different light. Now it is not just a matter of observing and staging the youthful socialization of others. Although born in 1984, and thus about a decade younger than her protagonists, Naumann nonetheless grew up in an environment where she experienced this socialization either as a child or later, in slightly varied form, as a participant. At stake is nothing less than the question of how the people around one can drift into fascist radicalization. And how this, in turn, is a sign, a symptom, a manifestation of Germany’s overall political and social development since 1989.

Naumann has rightly identified a further “symptom” in the 2000 World Expo in Hanover. It took the place of the Iron Curtain, manifesting in 2000 as a kind of domestic corridor between two walls. In other words, Naumann’s work cannot simply be understood as reflecting an (ex-)East German perspective; she devotes an equally precise analysis to the former West. The threads

Ein weiteres „Symptom" hat Naumann – zu Recht – in der Weltausstellung Expo 2000 von Hannover identifiziert. An die Stelle des Eisernen Vorhangs ist sie als eine Art Wohnkorridor zwischen zwei Wänden getreten. Will sagen: Henrike Naumanns Arbeit darf nicht als bloße (Ex-)DDR-Perspektive verstanden werden, sie widmet den westdeutschen Anteilen eine ebenso genaue Analyse. In den Interieurdetails mit dem Flair des Bistrowagens eines 1990er DB-Interregio-Zuges laufen die Stränge zusammen, die von der deutschen Wiedervereinigung zur neoliberal globalisierten Weltwirtschaft führen. Ein Porträt der Expo-Generalkommissarin Birgit Breuel verbindet die Expo mit der Treuhandanstalt, deren Chefin Breuel zuvor war. Die Treuhandanstalt sollte bereits unter Breuels Vorgänger, dem 1991 ermordeten Detlev Karsten Rohwedder, in Windeseile das DDR-Staatseigentum privatisieren (zum Mord an Rohwedder bekannte sich damals die dritte Generation der Roten Armee Fraktion, doch gibt es seit einigen Jahren die These, dass ehemalige Stasi-Kader an dem Attentat maßgeblich beteiligt gewesen sein könnten). In der Videoarbeit *Fun 2000* wird diese Geschichte als surreale Bild-Sound-Collage erzählt, die in absurde Unheimlichkeit kippt, als wären wir Archäologen, die in eine Grabungshöhle voller Überreste einer verkommenen, verstrahlten Zivilisation hinabsteigen (in der Tat war die Ausstellung *Das 21. Jahrhundert auf der EXPO 2000* wie eine Ausgrabungsstätte aufgebaut). Zugleich wird klar, dass die Folgen der Privatisierung das Leben der arbeitenden Bevölkerung mindestens auf den Kopf stellten und meistens die Existenz zerstörten – ohne dass Konzepte vorlagen, um diese Folgen abzufedern. In der Wohnlandschaft *Hundertwasser* (2018), die Verbindungsglied zwischen dem Beate-Zschäpe-Jugendzimmer und dem Expo-Korridor ist, wird aus

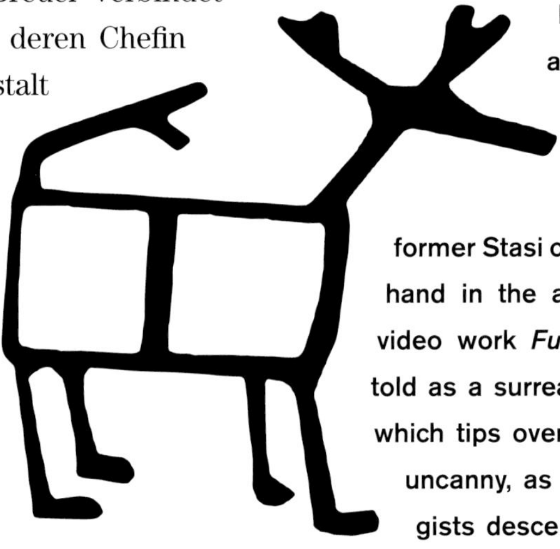

leading from German reunification to the neoliberal globalized world economy come together in the interior details with all the flair of a café car from a 1990s DB InterRegio train. A portrait of Expo Commissioner General Birgit Breuel links the Expo with the Treuhandanstalt, the government agency responsible for privatizing East German enterprises, which Breuel had previously headed. The Treuhandanstalt had already begun privatizing GDR state property at lightning speed under Breuel's predecessor, Detlev Karsten Rohwedder, murdered in 1991 (the third generation of the Red Army Faction claimed responsibility for his murder at the time, although in recent years there has been growing speculation that former Stasi cadres may have had a hand in the assassination). In the video work *Fun 2000*, this story is told as a surreal audiovisual collage which tips over into the absurd and uncanny, as if we were archeologists descending into a cave full of the remnants of a depraved, radioactively contaminated civilization (indeed, the exhibition *The 21st Century at Expo 2000* was set up like an excavation site). At the same time, it becomes clear that the consequences of privatization turned workers' lives on their heads, at the very least, and were ruinous for most—without sufficient measures being put in place to soften the blow. In the domestic landscape *Hundertwasser* (2018), which is situated between the Beate Zschäpe adolescent bedroom and the Expo corridor, the zip-code figurine becomes a large glove-shaped leather chair, paired with a postmodern variant on the 1950s kidney table. A short video loop on a home TV set completes the image: the demolition of a prefabricated apartment building in the post-reunification

dem Postleitzahlfingerwesen ein großer handschuhförmiger Ledersessel, nebst postmoderner Nierentisch-Variation. Ein kurzer Video-Loop auf dem Heim-TV vervollständigt das Bild: die Sprengung einer Platte in der Nachwendezeit, begleitet vom Sprecherkommentar „… die Stadt befreit sich von der seelenlosen Einheitsfassade der DDR-Wohnblocks." Sagt er, als hätte es in Westdeutschland nie „seelenlose" Einheitsfassaden gegeben. Der Hintergrund: Friedensreich Hundertwasser sollte beauftragt werden, diese Platte in Magdeburg umzugestalten, sagte dann aber, dass sich das Gebäude nicht umgestalten lasse und daher gesprengt werden müsse. Die Antwort auf diesen absurden Vorgang kann nur der platteste Surrealismus – in Gestalt einer schmelzenden Dalí-Uhr, welche die daneben befindliche Kommode ziert – und eben der Phantastische Realismus österreichischer Prägung sein, welcher als Bild im Flokati-Rahmen darüber an der Wand hängt: Es zeigt eine von Hundertwasser gestaltete Wohnanlage in Wien, mit ihren Zwiebeltürmchen und verspielten Säulchen. All das ist sehr komisch, zugleich aber tun sich Abgründe auf.

Die braunen Wurzeln reichen bis in die Vorwende-Zeit zurück, aber die turbokapitalistischen Umwälzungen der 1990er Jahre begünstigten die rechtsradikalen Festsetzungen, aus denen der NSU ebenso hervorging wie die Republikaner, die DVU und später der „Flügel" der AfD. Monokausale Erklärungsmuster reichen allerdings nicht; und Naumann wäre die Letzte, die sich zu solchen hinreißen ließe. Vielmehr kann man ihre mit realem Mobiliar besorgte Installationslandschaft als eine Art Familienaufstellung Deutschlands verstehen (wobei das Land keine „Familie" ist, um das klarzustellen), in der die kumulativen Verstrickungen und subtraktiven Zerschneidungen deutsch-deutscher Wirklichkeit in all ihrer Widersprüchlichkeit als kaltes Möbelhaus-Arrangement zutage treten. Da ist zum Beispiel die postmoderne Babywiege, ein auf dem Kopf stehendes Dreieck, dazu ein romantisches

period, accompanied by the spoken commentary, "The city liberates itself from the soulless, monotonous facade of the GDR apartment block." Uttered as if there had never been homogeneous, "soulless" facades in West Germany. In the background here is Austrian-born artist Friedensreich Hundertwasser, who had been commissioned to redesign this tower block in Magdeburg but had then announced that nothing could be done with the building, which would therefore have to be blasted. The response to this absurd turn of events can only be the crudest surrealism—in the form of a melting Dalí clock adorning the neighboring dresser—and the Austrian version of Magic Realism, which hangs up on the wall as a picture in a flokati frame: it shows a Hundertwasser-designed residential complex in Vienna with its onion domes and whimsical colonnettes. All very amusing—but at the same time, chasms open up before us.

The Nazi roots reach back to the period before the peaceful revolution of 1989, yet the turbo-capitalist upheavals of the 1990s favored the extreme-right positions from which the NSU emerged along with the Republicans, the DVU, and later the so-called *Flügel* (wing) of the AfD. Monocausal explanations do not take us very far here, however, and Naumann would be the last to resort to them. Instead, her installation landscape, fitted out with real articles of furniture, can be understood as a kind of German family constellation (not that Germany is a "family", to be sure) in which all the contradictions of the cumulative entanglements and subtractive dissections of East-West German reality appear in the cold light of a furniture store arrangement. There is, for example, the postmodern baby crib, an upside-down triangle, together with a romantically themed cushion—Bauhaus meets a 1990s soft rock CD. And from the Expo corridor, we can glimpse the *Altar Mourning German Unity* (2018), a wall unit with an urn featuring the logo

Motivkissen – Bauhaus meets Kuschelrock-CD. Und aus dem Expo-Korridor fällt der Blick auf den *Traueraltar Deutsche Einheit* (2018), eine Schrankwand mit einer Art Wolfgang-Joop-Urne und zwei am Boden angelehnten Trauerkränzen im gescheckten lila-weißen Milka-Look. Der Schrecken der Schrankwände vergegenwärtigt sich als Resonanzraum brütender Identitätsfindung, zugleich als Parodie geheuchelten Gedenkens (Kranzabwurfstelle).

Die Schwere zunehmender Fanatisierung und Selbstpanzerung vergegenwärtigt sich in der Arbeit *Desolation* (2014), in der wir die Stimme des ehemaligen Kreuzberger Rappers und späteren IS-Kämpfers Denis Cuspert alias Deso Dogg vernehmen, entnommen aus seinen Propagandavideos. Nur sehen wir hier die dazugehörigen Bilder nicht, sondern schauen, mit Kopfhörer auf einem ergonomischen Bürostuhl kniend, auf eine dunkelgraue Schrankwand, die ungefähr so einladend und geschmackvoll wirkt wie ein Mafia-Mausoleum. Das Schreckensbild Deutschlands hat sich vervollständigt in Gestalt der von Naumann mit kenntnisreicher Sorgfalt aus eBay-Kleinanzeigen-Möbelveräußerungen und Online-Bild-Ton-Funden zusammengebrachten Konstellation: Es ist ein Deutschland, das maximal angespannt zwischen äußerster Banalität und krassester Menschenfeindlichkeit scheint, zwischen Konsumwunsch und Tötungswille.

Man mag das zugespitzt finden, aber es ist ein sehr wirkmächtiger Teil unserer Realität. Und damit ist es Naumann gelungen, etwas zu schaffen, das auch mit anderen Teilen der Welt korrespondiert, die in ähnlicher Weise zerrissen sind zwischen individuell gebrütetem Nationalismus und konsumistischer Vergemeinschaftung, geschichtlicher Erinnerung und propagandistischer Leugnung – etwa das geteilte Korea. Weshalb Naumanns Beitrag zur Busan Biennale auch so kongenial mit anderen Arbeiten korrespondierte, etwa der der südkoreanischen Künstlerin Minouk Lim, die in einer raumgreifenden

of German fashion designer Wolfgang Joop and two wreaths in a spotted purple-white Milka design propped against it. The horror of the wall units is given visual expression as a space resonating with a brooding search for identity and, at the same time, as a parody of feigned commemoration (the laying of wreaths).

The weight of increasing fanaticism and self-armoring becomes apparent in the work *Desolation* (2014), in which we hear the voice of former Kreuzberg rapper and later ISIS fighter Denis Cuspert, alias Deso Dogg, taken from his propaganda videos. Instead of seeing the accompanying images, however, we put on headphones and kneel on an ergonomic office chair to stare at a dark-gray wall unit that looks about as inviting and tasteful as a Mafia mausoleum. A dreadful Germany has crystallized in the form of Naumann's constellation, expertly and carefully assembled from eBay advertisements for furniture sales, and online audiovisual finds: it is a Germany that seems maximally stretched between the utmost banality and the crudest misanthropy, between the desire to consume and the urge to kill.

One may find this description exaggerated, but it captures a very potent aspect of our reality. And thus, Naumann has succeeded in creating something that connects with other parts of the world that are similarly torn between individually incubated nationalism and communal relationships based on consumerism, between historical memory and propagandistic denial—the divided Korea, for example. This is why Naumann's contribution to the Busan Biennale corresponded so congenially with other works, such as that by the South Korean artist Minouk Lim, whose large-scale installation drew on television series from the 1980s that set out to reunite family members who had gone missing in the course of the Korean War—shortly before the South Korean dictatorship was toppled. The surrealism of

Installation auf Fernsehsendungen aus den 1980er Jahren zurückgriff, die im Zuge des Koreakriegs verschollene Familienmitglieder zusammenführen sollten – kurz bevor die südkoreanische Diktatur gestürzt wurde. Die Surrealität dieser Funde aus jüngster historischer Zeit schien seltsam düstere Träume zu induzieren, in denen auch die Grenzen zwischen Korea und Deutschland verschwammen – so wie real auch die Psychostrukturen von Schuld, Scham und Trauma durchaus Ähnlichkeiten aufweisen.

Beim kurzen Schlaf im Jugendzimmer kulminierte all dies mit den üblichen Stresssymptomen künstlerischer und kuratorischer Aufbauarbeit, so dass mein Traum selbst wie eine Fortsetzung der Realität wirken musste. Die Geister aus den geteilten und geschundenen Ländern, die wir gerufen hatten, wandelten durch meinen Schlaf wie ungebetene Gäste. Womit ich sagen will: Begriffe wie „Familienaufstellung", die ich für Naumanns Settings verwendet habe, sind durchaus wörtlich zu nehmen im Sinne einer Verräumlichung psychosozialer Begierden und Beschädigungen. Und diese Verräumlichung greift geradewegs hinein in unser Unbewusstes.

these finds from recent historical times seemed to provoke strangely gloomy dreams in which the borders between Korea and Germany became blurred, reflecting the real parallels between their respective psychostructures of guilt, shame, and trauma.

During my short nap in Zschäpe's bed, all this came together with the usual stress symptoms that go together with setting up a large art exhibition to make my dream itself seem like a continuation of reality. The spirits we had summoned from these divided and oppressed countries wandered through my sleep like uninvited guests. Which is to say that concepts such as "family constellation," which I have used for Naumann's settings, are to be taken quite literally in the sense of a spatialization of psychosocial desires and injuries. And this spatialization reaches all the way down to our unconscious.

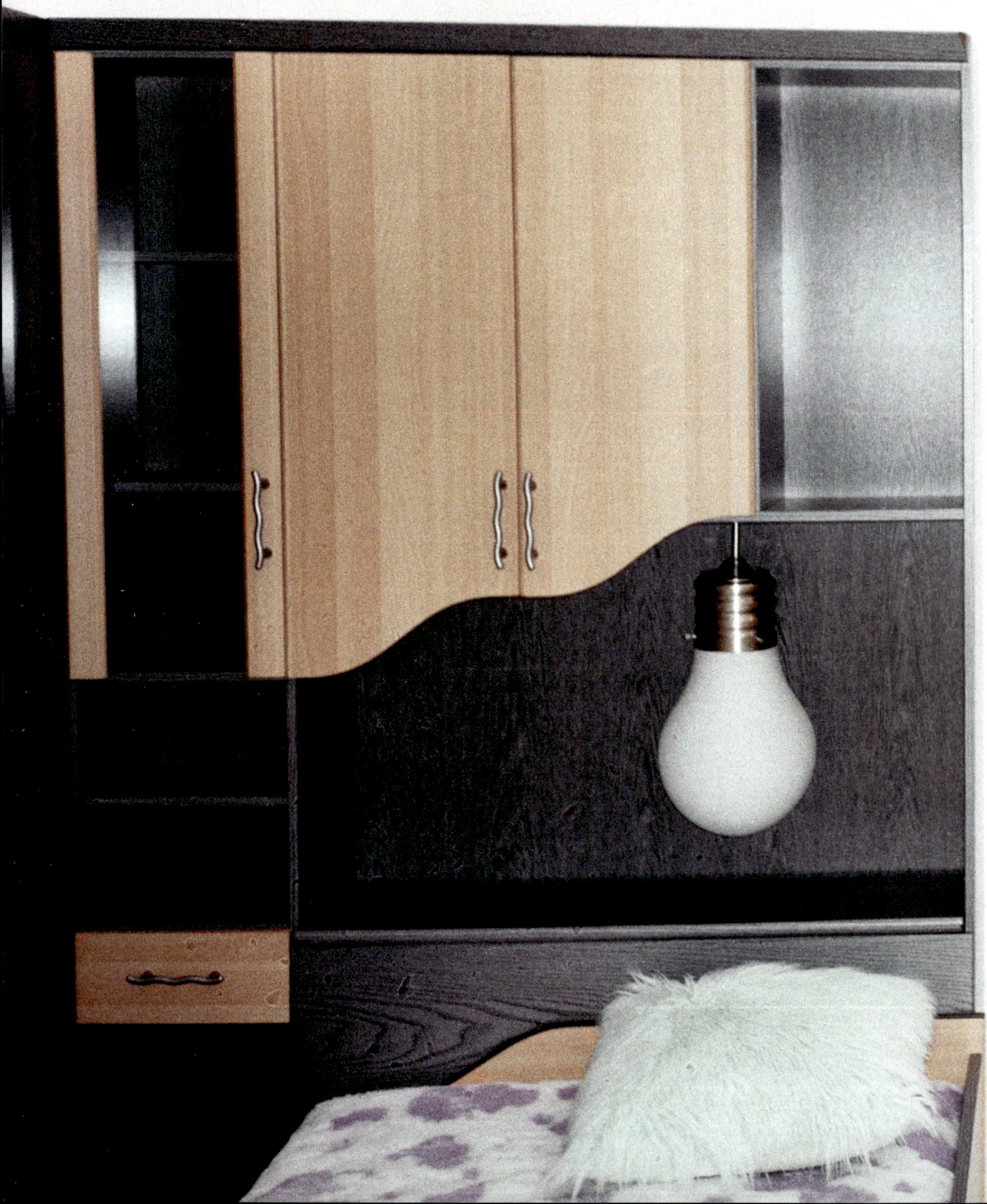

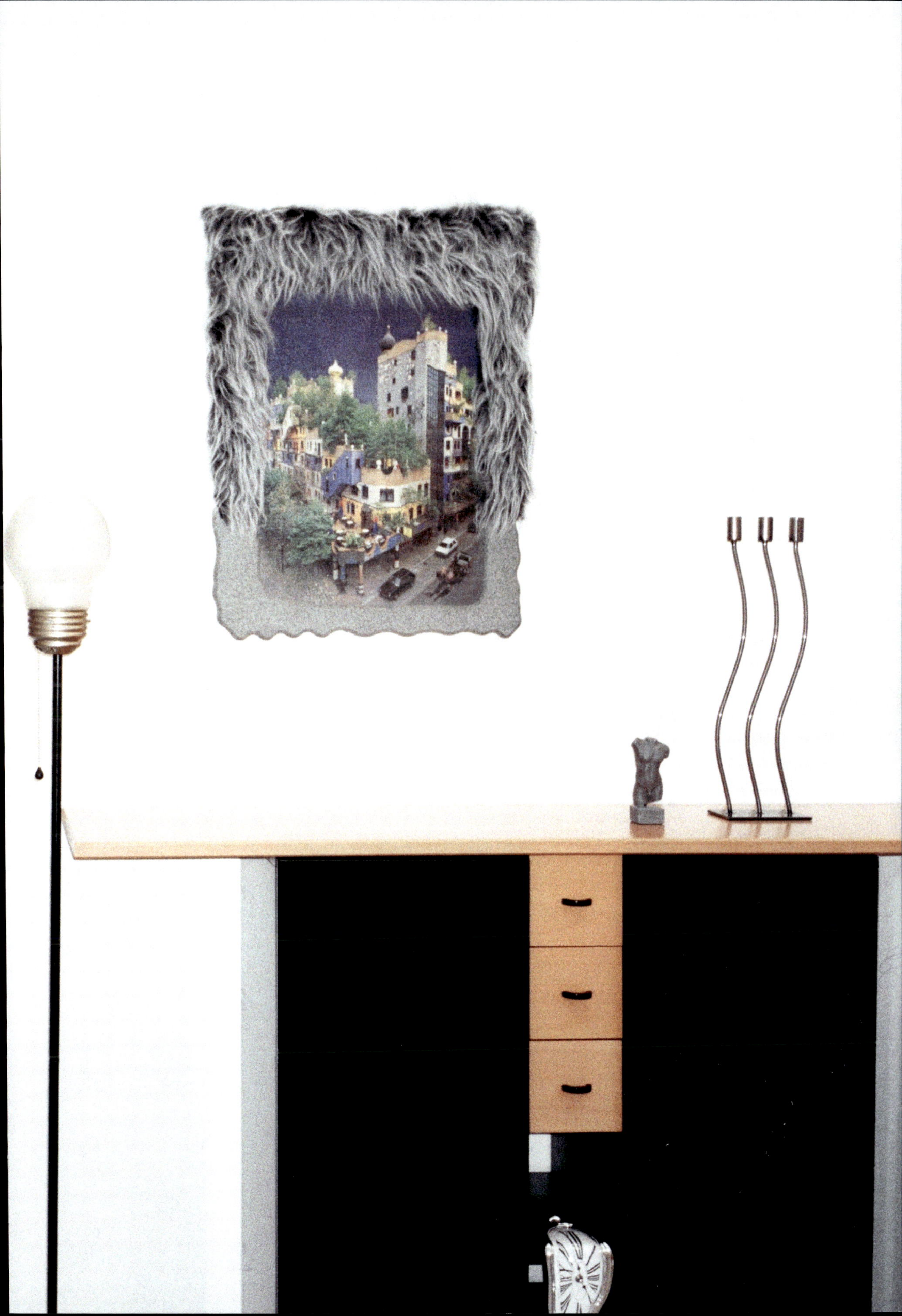

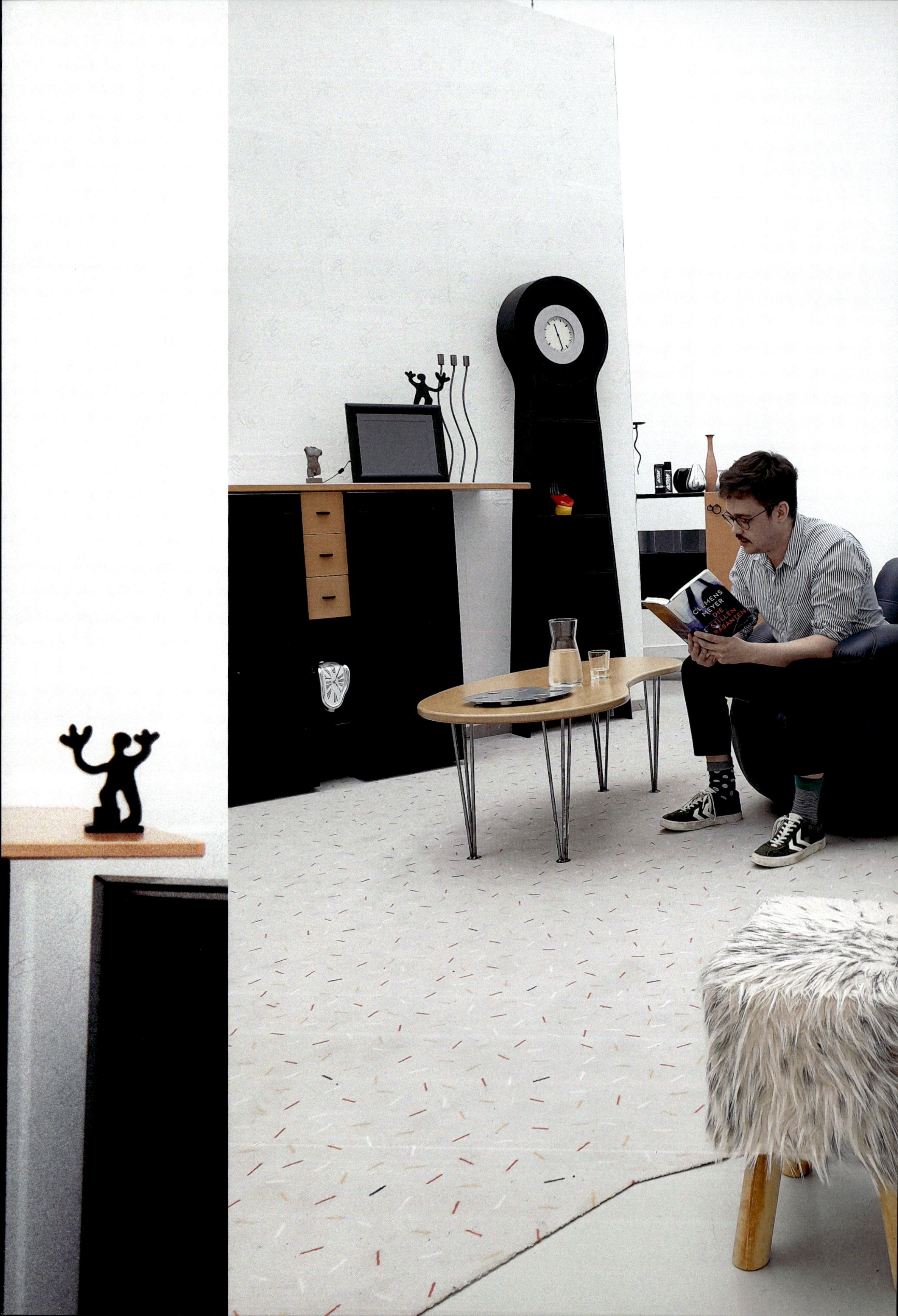
CLEMENS MEYER
DIE

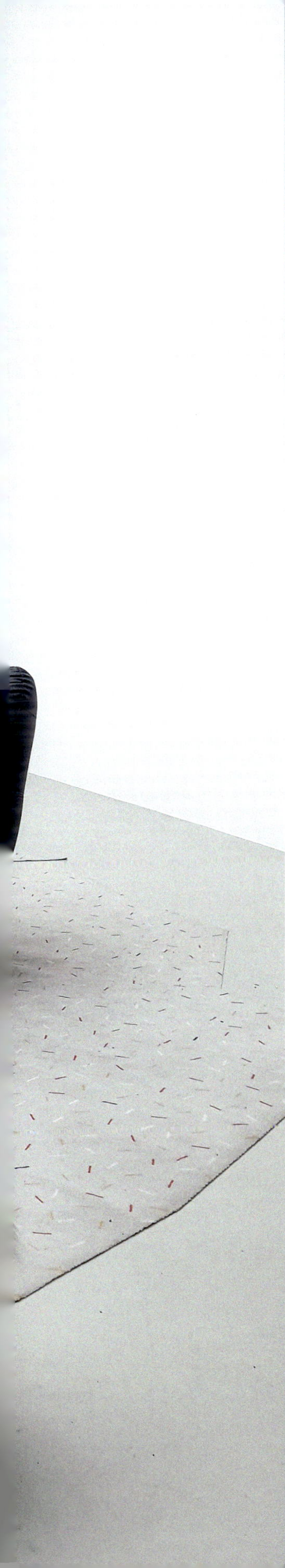
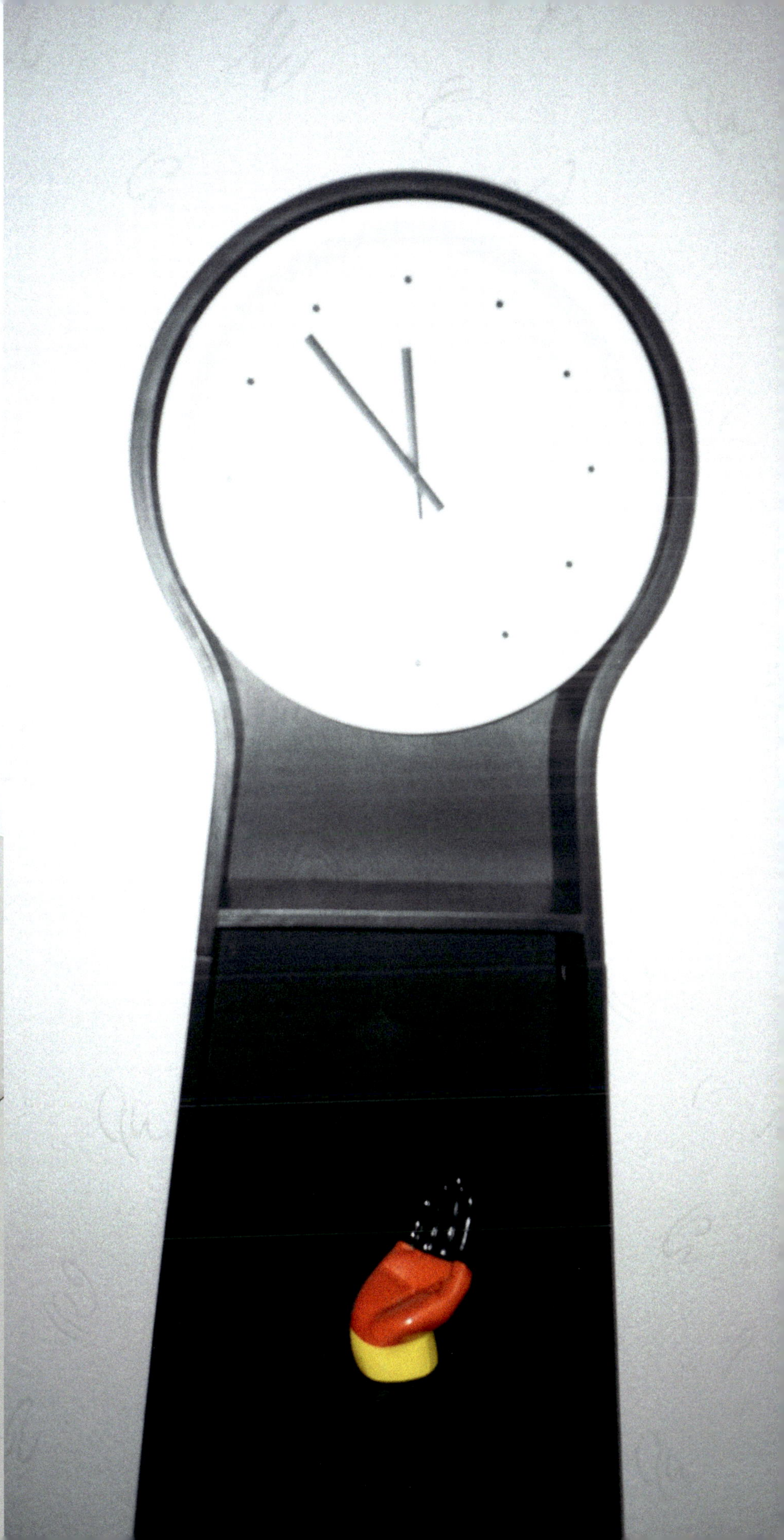

PRÄSIDEN
A WOMAN A
MANAGER
PRESIDENT
SEKRETÄR
COM

Geschlechterbeziehungen und -bilder bei der Treuhandanstalt

Relationships between the Sexes and Gender Images at the Treuhandanstalt

TIN,
THE HELM:
N,
MANAGER,
N
MISSIONER

Text: Marcus Böick

Translation: Steven Lindberg

Eine populäre Metapher karikiert die Vereinigung der deutschen Staaten als ‚typische' Ehe: die wilde Abenteuerlust des Anfangs, die feierliche Hochstimmung beim offiziellen Festakt und schließlich die schleichende Ernüchterung im beschwerlichen Ehealltag, die zunehmend in Streit und Entfremdung übergeht. Dieses Beziehungsgleichnis kommt nicht von ungefähr, war doch die Beschäftigung mit verschiedenen Geschlechterrollen und -bildern in Ost und West ein Charakteristikum der frühen 1990er Jahre: Im Windschatten von ‚großer Politik' und turbulentem Wirtschaftsumbau empfanden zahlreiche Protagonistinnen der ost- wie westdeutschen Frauenbewegung den ‚Triumph des Vaterlandes' als klaren emanzipatorischen Rückschritt: Sie rangen leidenschaftlich um vergangene, gegenwärtige und

A popular metaphor caricatures the unification of the two Germanies as a "typical" marriage: the untamed thirst for adventure at the beginning, the ceremonious good mood at the official celebration, and finally the creeping sense of disillusionment with the rigors of married life, which increasingly results in conflict and alienation. This choice of trope is not accidental, since one characteristic of the early 1990s was the preoccupation with the differences in gender roles and images in eastern and western Germany: in the slipstream of "big politics" and the turbulent economic restructuring, numerous protagonists of the women's movement in eastern and western Germany felt that the "triumph of the fatherland" was a clear step backward in emancipation. They passionately wrestled

künftige Rollenentwürfe. Der hitzige Konflikt um die rechtliche Ausgestaltung von Schwangerschaftsabbrüchen sowie der damit verbundene Streit über den jeweiligen Stand der Emanzipation in DDR bzw. alter Bundesrepublik bildeten den Höhepunkt dieser Auseinandersetzungen.[1]

Auch jenseits dieser politischen Konfliktzonen blieb das Geschlecht als identitäre Fremd- und Selbstzuschreibung eine soziale Ordnungskategorie, die den gesellschaftlichen Alltag in der vereinten Republik im Spannungsfeld von Ost und West prägte. Und das insbesondere dort, wo West- und Ostdeutsche beiderlei Geschlechts aufeinandertrafen – wie bei der zentralen Institution des Wirtschaftsumbaus im Osten, der Treuhandanstalt, die zwischen 1990 und 1994 die so zügige wie krisenhafte Umgestaltung der Zentralplanwirtschaft in eine private Marktwirtschaft organisierte. Im „Wechselspiel von Diskurs, Erfahrung, Praxis und Identität"[2] werden im Folgenden drei weibliche Rollenkonzepte in der Sphäre des Ökonomischen vorgestellt. Es gilt also, geschlechterhistorische Aspekte einer Mentalitätsgeschichte der deutsch-deutschen Übergangsgesellschaft nach 1990 auszuleuchten. Diese Geschlechterrollen erscheinen als in Aushandlungsprozessen geformte soziale Konstruktionen, die nur im Wechselspiel von „Männlichkeit" und „Weiblichkeit" zu verstehen sind.

Die Präsidentin ist „unser bester Mann"

Kurz nach der Ermordung des Treuhand-Präsidenten Detlev Rohwedder am 1. April 1991 wurde dessen Stellvertreterin, die vormalige niedersächsische Landesministerin Birgit Breuel von der Bundesregierung als Nachfolgerin bestimmt. Sie bekleidete damit einen der einflussreichsten und gefährlichsten Posten, den die vereinte Republik im Grenzland von Wirtschaft und Politik zu bieten hatte. Ihr Auftrag war es, eine zentral gelenkte Planwirtschaft mit 8.000 Betrieben und vier Millionen Arbeitnehmern in eine private Marktwirtschaft bundesdeutscher Fasson umzuwandeln.

with past, present, and future concepts of gender roles. These clashes culminated in heated conflict over the legal definition of abortion and the associated debate over the state of emancipation in the German Democratic Republic versus the old Federal Republic of Germany.[1]

Even outside of these political conflict zones, gender, as a way of assigning an identity to oneself and to others, remained a category that influenced the way society was ordered, feeding into the tension between East and West in daily social life in the united republic. That was especially true where East and West Germans, of both sexes, met—for example, at the central institution for economic restructuring in the east, the Treuhandanstalt (or Treuhand for short), which from 1990 to 1994 reorganized the centrally planned economy into a private market economy, a process that was as brisk as it was crisis-ridden. In the "interplay of discourse, experience, praxis, and identity,"[2] three concepts of the role of women in the economic sphere will be presented here. The goal, then, is to illuminate aspects relating to the historical gender-related aspects in a survey of the mentality prevalent in German society during the transition from two Germanies after 1990. These gender roles appear to be social constructs formed during processes of negotiation that can only be understood in terms of the interplay of "masculinity" and "femininity."

Madam President Is "Our Best Man"

Shortly after the assassination of Detlev Rohwedder, the president of the Treuhand, on April 1, 1991, the federal government appointed his deputy, Birgit Breuel, a former state minister from Lower Saxony, his successor. She thus held one of the most influential and most dangerous posts that the united republic had to offer at the interface of economics and politics. It was her task to transform a centrally controlled planned economy with eight thousand enterprises and

Wer war diese Spitzenfrau? 1937 wurde sie als eines von fünf Kindern des alteingesessenen Hamburger Bankiers Alwin Münchmeyer geboren, der bis zu seinem Bankrott im Jahr 1983 eine bestimmende Figur der bundesdeutschen Finanzwelt war. Er haderte zeitlebens mit dem Wunsch der Tochter nach beruflichem Aufstieg und Anerkennung. In seiner Autobiografie *Hinter weißen Fassaden* (1988) beschrieb Münchmeyer mit Genugtuung, wie er seine beiden Töchter, „die Ministerin eingeschlossen", bei einem „Herrenessen" mit den Spitzen aus Politik und Wirtschaft dazu abordnete, im Untergeschoss das Sicherheitspersonal zu bewirten. Erst später habe

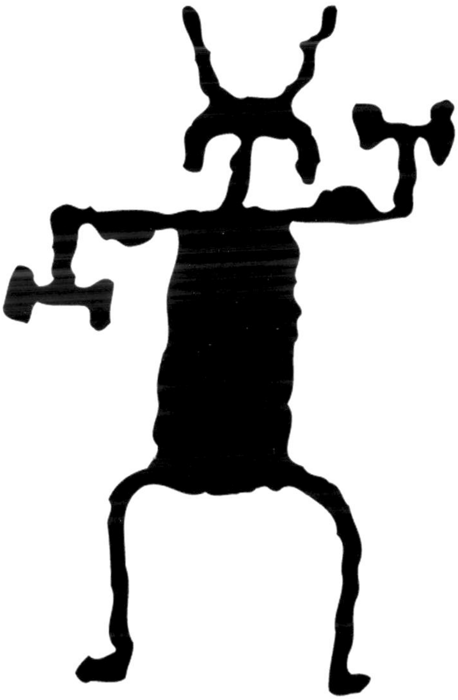

er ihnen gestattet, sich unter die honorigen Herren zu mischen. Der konservative Patriarch notierte trotzig: „Die hierarchischen Familienstrukturen entsprachen noch immer jenen aus der Zeit meiner Väter. Da mochte meine Tochter Birgit Breuel Wirtschaftsministerin in Niedersachsen sein und ein ganzes Regiment von Beamten befehligen. Wenn sie am Wochenende nach Hause kam, gebührte ihr der Platz der Tochter. Sicher war ich stolz auf sie, aber deshalb wurde die Rangordnung noch lange nicht durchbrochen."

four million workers into a private market economy in the style of the Federal Republic of Germany.

Who was this powerful woman? In 1937, she was born as one of five children to the long-established Hamburg banker Alwin Münchmeyer, who was a key figure in the West German financial world until he went bankrupt in 1983. All his life, he wrestled with his daughter's desire to advance her career and achieve professional recognition. In his autobiography, *Hinter weissen Fassaden* (1988), Münchmeyer described with satisfaction how, during a "gentlemen's dinner" of leaders from politics and business, he delegated his two daughters, "including the

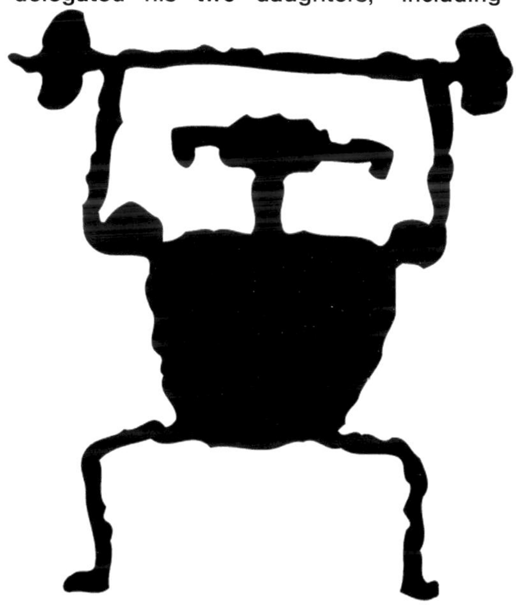

minister," to serve food to the security personnel on the ground floor. Only later did he permit them to mix with the respectable gentlemen. The conservative patriarch noted defiantly, "The hierarchical family structures still conformed to those of the era of my forefathers. My daughter may have been minister for economic affairs in Lower Saxony with a whole regiment of civil servants at her beck and call. But when she came home on the weekend, her rightful place was that of a daughter. I was certainly proud of her, but the hierarchy was not violated for that reason, not by a long stretch."

Breuel trieb allen väterlichen Vorbehalten zum Trotz ihre Ausbildung voran: 1956 machte sie Abitur, studierte drei Jahre Politikwissenschaft in Hamburg, Oxford und Genf. Es folgten die Hochzeit und die Geburt dreier Kinder; 1965 legte sie – nach Stationen in der Wirtschaftspresse – eine Prüfung als Einzelhandelskauffrau ab. Breuel engagierte sich fortan in der hamburgischen Politik: 1970 zog sie für die CDU in die Bürgerschaft ein und profilierte sich dort als marktliberale Reformerin und Kritikerin der sozialliberalen Bundesregierung. In den kommenden Jahren legte sie mehrere programmatische Schriften vor wie *Es gibt kein Butterbrot umsonst* (1976) oder *Den Amtsschimmel absatteln* (1979), in denen sie sich als Verfechterin von „Bürokratieabbau", Steuersenkungen und Privatisierungen einen Namen machte. 1978 wurde Breuel als Wirtschaftsministerin in das Kabinett von Ernst Albrecht nach Hannover berufen – und führte damit als erste Frau in Deutschland ein nicht-soziales Schlüsselministerium. Im Wirtschafts- und ab 1986 im Finanzressort versuchte Breuel, ihre Ideen im kleineren Maßstab umzusetzen, etwa mit ihrer (gescheiterten) Initiative zur vollständigen Privatisierung von Volkswagen.[3] Nicht von ungefähr rückten Kommentatoren sie in die Nähe von schillernden Zeitgenossen wie Ronald Reagan oder Margaret Thatcher.

Nach dem Wahlsieg Gerhard Schröders und dem Ende ihrer Ministerzeit stieß Breuel im Spätsommer 1990 als eine der ersten Westdeutschen zur Treuhand. Hier stieg sie zur Stellvertreterin Rohwedders auf und sorgte sogleich für Aufsehen, als sie am 2. Oktober 1990 sämtliche noch von der SED eingesetzten Außenstellenleiter persönlich entließ und durch bundesdeutsche Manager ersetzte. Nach der Ermordung Rohwedders berief die Kohl-Regierung Breuel am 13. April 1991 zu dessen Nachfolgerin. Als Präsidentin setzte sie den Privatisierungsauftrag trotz aller öffentlichen Proteste und Debatten weiter fort. Die geschlossene Männerwelt bundesdeutscher Vorstände und Aufsichtsräte zeigte

Despite all these reservations on her father's part, Breuel pursued her education: in 1956, she graduated from secondary school; she studied political science for three years in Hamburg, Oxford, and Geneva. She then married and gave birth to three children; in 1965, following stints in the business press, she qualified in retail sales. Breuel was involved in politics in Hamburg from that point forward: in 1970, she entered Hamburg Parliament as a member of the CDU, distinguishing herself as a free-market reformer and critic of the socially liberal federal government. During the years that followed, she published several programmatic books, such as *Es gibt kein Butterbrot umsonst* (1976) and *Den Amtsschimmel absatteln* (1979), with which she made a name for herself as an advocate of "minimal" bureaucracy, lower taxation, and privatization. In 1978, Breuel was called to Hanover to become minister of economic affairs in the cabinet of Ernst Albrecht—the first woman in Germany to lead a key ministry unrelated to social affairs. In the province of economics and, from 1986, of finance, Breuel tried to implement her ideas on a smaller scale—for instance, with her (failed) initiative to completely privatize Volkswagen.[3] It was with good reason that commentators compared her to colorful contemporaries such as Ronald Reagan and Margaret Thatcher.

After Gerhard Schröder's election victory and the end of her period as minister, Breuel was one of the first West Germans to join the Treuhand in the late summer of 1990. She rose to become Rohwedder's deputy and immediately caused a stir on October 2, 1990, when she personally dismissed all of the heads of field offices who had been appointed by the SED (Socialist Unity Party of Germany) and replaced them with managers from West Germany. After Rohwedder's assassination, the Kohl government appointed Breuel his successor on April 13, 1991. As president, she continued her program of privatization

sich von ihrem resoluten Führungsstil, ihrer Prinzipienfestigkeit sowie ihrem exzessiven Arbeitseifer beeindruckt und erkannte sie wohlwollend als „eine der Ihren" an: Für Otto Gellert, arrivierter hanseatischer Wirtschaftsprüfer im Treuhand-Verwaltungsrat, war sie „der beste Mann in der Treuhand".[4] Auch in der Fachpresse wurden ihr bedeutsame Publikumspreise zuerkannt: 1991 belegte sie den zweiten Rang bei der Wahl zum „Manager des Jahres".[5]

Die Präsidentin avancierte so zum öffentlichen „Gesicht" der umstrittenen Institution. Die Medien zeichneten sie in grellen Bildern als „unterkühlte Blonde aus dem Norden";[6] vom Treuhand-Chronisten Michael Jürgs stammt das bezeichnende Bonmot, dass Breuel „manchmal so männlich wirkt, daß man am Ende des Gesprächs versucht ist, Grüße an ihre Gattin auszurichten".[7] Besonders ihre Unnachgiebigkeit gegenüber ostdeutschen Protesten wurde zu einem Mangel an „Mütterlichkeit" und (weiblicher) Empathie umgedeutet. In einer ihrer seltenen Äußerungen zeigte sie kein Verständnis für die mediale Thematisierung ihrer vermeintlich verlorenen „Weiblichkeit" seitens männlicher Journalisten: „Aber so ist das eben – ein energischer Mann ist ein toller Mann, und eine energische Frau ist keine Frau mehr. Und daß dies für die Frauen eine Riesenbelastung darstellt – das ist wohl ganz klar."[8]

Schließlich kehrte Breuel nach der medial wohlinszenierten Auflösung der Treuhand am 30. Dezember 1994 als Generalsekretärin der Expo 2000 nach Hannover zurück. Im Rückblick erscheint sie als eine zentrale Figur der jüngeren deutschen Geschlechtergeschichte – auch als Rollenmodell für spätere Protagonistinnen wie Angela Merkel. Als eine der ersten Frauen war sie seit den 1970er Jahren in höchste Ämter der Republik gelangt und damit in ausschließlich von männlichen Netzwerken dominierte Sphären mit ihren eigenen Regeln, Ritualen und Symbolen. Hier inszenierte sie sich als prinzipienfeste, nüchterne, kompetitive Führerin und blieb bestrebt, den sie umgebenden Managern, Beamten

despite all of the public protests and debates. The closed male world of West German executive and supervisory boards was impressed by her resolute leadership style, her steadfast principles, and her excessive zeal and benevolently recognized her as "one of them": for Otto Gellert, a well-established auditor on the Treuhand's governing board, she was "the best man at the Treuhand."[4] She also received some important "public choice" awards in the trade press: in 1991, she came second in the vote for "Manager of the Year."[5]

The president thus became the public "face" of the controversial institution. The media painted harsh pictures of her as a "standoffish blonde from the north";[6] the Treuhand chronicler Michael Jürgs came up with the telling bon mot that Breuel "sometimes seems so masculine that at the end of a conversation one is tempted to send greetings to her wife."[7] Her intransigence in the face of East German protests in particular was reframed as a lack of "motherliness" and (feminine) empathy. In one of her rare statements, she showed no understanding for male journalists focusing on her supposedly lost "femininity": "But that's just how it is: an energetic man is a great man, and an energetic woman is no longer a woman. And it is surely quite clear that this represents a great burden for women."[8]

In the end, after the dissolution of the Treuhand on December 30, 1994, which was given dramatic coverage in the media, Breuel returned to Hanover as commissioner general of Expo 2000. In retrospect, she seems to be a central figure in the recent history of the sexes in Germany, in part as a role model for later protagonists such as Angela Merkel. From the 1970s onward, she was one of the first women to make it into the highest offices of the republic, and she did so on her own terms in spheres dominated exclusively by male networks, with their own rules, rituals, and symbols. She presented herself as a principled, down-to-earth, competitive leader and also

und Politikern durch „Leistung“ im „Wettbewerb“ überlegen zu sein. Als Gleiche unter Gleichen sollten und durften ihr Geschlecht sowie damit verknüpfte Attribute eben keine Rolle spielen. Was intern funktionierte, erwies sich im medienöffentlichen Raum als Fallstrick, da sie hier an konventionellen Geschlechterattributen von „Weiblichkeit“ bzw. „Mütterlichkeit“ oder gar bloßen Äußerlichkeiten gemessen wurde, was bisweilen im Klischeebild vom walkürenhaft-nordischen „Mannsweib“ gipfelte. Auf die Unterstützung linksliberaler Kreise konnte die profilierte Marktwirtschaftlerin indes nicht zählen: Als „Eiserne Lady“ wurde Breuel zur Zielscheibe hitziger Attacken eines Günter Grass, der ihr in *Mein Jahrhundert* (1999) die Zeilen in den Mund legte: „Beinhart sei ich, heißt es. Was soll's! Hätte ich etwa, nur weil ich eine Frau bin, Schwäche zeigen sollen? […] Nein. Mir hat keiner was geschenkt. Alles habe ich mir nehmen müssen. Kein Kleckerkram mit sozialem Klimbim, nur gigantische Aufgaben haben mich herausfordern können.“

Jungmanagerinnen „vor der Bewährungsprobe“

Während die Führungspositionen bei der Treuhand – mit Ausnahme der Präsidentin – ausschließlich mit (bundesdeutschen) Managern besetzt waren, zeigten sich auch insgesamt unternehmenstypische Geschlechterverhältnisse: Je weiter man die Hierarchien nach unten verfolgte, desto häufiger traf man auf (ostdeutsche) Frauen. Gegen Ende der Treuhandzeit, im Oktober 1994, lag der Frauenanteil bei einem Personalstamm von 3000 Personen bei 60 Prozent; demgegenüber betrug ihr Anteil bei den Führungskräften lediglich 10 Prozent.[9]

Westdeutsche Frauen auf den mittleren Hierarchieebenen gerieten selten in den Blick der Zeitgenossen, die die Institution vornehmlich als von kantigen West-Managern beherrschte „Festung“ begriffen. Aus diesem Grunde sticht die Reportage „Wunder dauern länger … die Frauen der Treuhand Dresden vor der Bewährungsprobe“ des Münchner

strove to gain a “competitive” advantage over the managers, civil servants, and politicians who surrounded her on the basis of “achievement.” As an equal among equals, her gender and the attributes associated with it should not have played a role, nor should this have been allowed. What worked for her internally proved to be a trap in the public perception shaped by the media, because she was measured by conventional gender attributes of “femininity” and “motherliness” or even mere outward appearances, which sometimes culminated in the clichéd image of the Valkyrie-like, Nordic “man-woman.” Moreover, the prominent advocate of free markets could not count on support from leftist, liberal circles: as an “Eiserne Lady” (Iron Lady), Breuel became the target of vehement attacks from the likes of Günter Grass, who put these lines in her mouth in *My Century* (1999): “Hard as nails, they say. Well, what the hell! Should I be weak because I'm a woman? […] No. Nobody has ever given me anything. I've always had to take things. I'm not interested in petty social concerns; I care only for large-scale challenges.”[9]

Young Women Managers “Facing Testing Times”

While the leadership positions at the Treuhand were filled exclusively with male (West German) managers, apart from the president, typical corporate gender relations were also a generalized phenomenon: the further down the hierarchy one went, the more frequently one encountered (East German) women. Toward the end of the Treuhand era, in October 1994, women accounted for 60 percent of its staff of three thousand; by contrast, they represented just 10 percent of management.[10]

West German women on the middle levels of the hierarchy rarely caught the attention of contemporaries, who understood the institution largely as a “stronghold” ruled by prickly managers from the west. All the more striking then is

Frauenmagazins *Madame* vom November 1992 heraus.[10] Die Redakteurinnen zeigten sich erstaunt, wie „viele Frauen [......] sich für diese Aufgabe gemeldet" hätten: Die Hälfte der 160 Mitarbeiter in der Niederlassung waren Frauen. Im Fokus des Artikels standen – auch in Hinblick auf die Vorlieben der Leserschaft – junge, attraktive, karriereorientierte Frauen des mittleren Managements: Juristinnen, Betriebswirtinnen oder Wirtschaftsprüferinnen um die 30 Jahre.

Arbeit und Leben im Osten wurden von diesen Frauen als intensive, kaum vermittelbare Grenzerfahrung beschrieben, wie eine 31-jährige Wirtschaftsprüferin aus Oldenburg formulierte: „Wir leben hier wie in einer Enklave. Wenn wir nach Hause kommen, kann kaum einer unserer Freunde und Verwandten nachvollziehen, was sich hier tut, was uns bewegt, welche immensen ökonomischen Probleme noch ungelöst sind und wie viele menschliche Dramen sich hier täglich abspielen. Der fast normale Wahnsinn stumpft ab und verfolgt uns dennoch bis in den Schlaf. Aber das interessiert doch im Westen keinen Menschen mehr. Der Osten wird mich nicht mehr loslassen. In die Enge der alten Bundesländer will ich nicht mehr zurück."

Diese „Grenzgänger"-Erfahrung teilten sie mit vielen ihrer männlichen Kollegen.[11] Allerdings thematisierten die Mitarbeiterinnen auffällig oft, wie wichtig es sei, „Härte zeigen [zu] lernen", auch bei drastischen Entscheidungen: Eine 24-jährige englische Bankerin, die ihr Arbeitgeber für ein Jahr nach Sachsen entsandt hatte, war sich durchaus bewusst, „daß von meiner Entscheidung das Schicksal vieler Einzelner abhängt. Das belastet, läßt einen oft zweifeln und nach Lösungsmöglichkeiten suchen, selbst wenn man weiß: Da ist nichts mehr zu retten." Die dennoch bestehende Notwendigkeit „professioneller" Entscheidungen beschrieb sie mit dem Bild eines „Chirurgen, der ein brandiges Bein amputieren muß, um den Körper zu retten". Neben langen Arbeitstagen, großem Zeit-, Erwartungs- und

the report "Wunder dauern länger ... die Frauen der Treuhand Dresden vor der Bewährungsprobe" (Miracles Take Longer ... The Women of Treuhand in Dresden Facing Testing Times) in the Munich women's magazine *Madame* of November 1992.[11] The editors were astonished by how "many women [...] had put themselves forward for this job": half of the 160 employees in the office were women. The focus of the article—in part with an eye to the preferences of its readership—was on young, attractive, career-oriented women in middle management: lawyers, business administrators, and auditors around the age of thirty.

Working and living in the East was described by these women as an intense, liminal experience that can scarcely be conveyed. As one thirty-one-year-old auditor from Oldenburg put it, "We are living here as if we were in an enclave. When we go home, hardly any of our friends and relatives can understand what is going on here, what motivates us, what immense economic problems remain unresolved, and how many human dramas play out here every day. The almost normal insanity wears you down, and still it pursues us even in our sleep. But that no longer interests anyone in the West. The East will never let me go again. I do not want to go back to the narrowness of the western federal states."

They shared this experience of "walking the line" with many of their male colleagues.[12] The female employees, however, emphasized with striking frequency how important it was "to learn to show hardness," even when making drastic decisions: one twenty-four-year-old English banker, whose employer had sent her to Saxony for a year, was very much aware "that the fate of many individuals depends on my decision. That's a burden. It often leaves you in doubt and searching for possible solutions, even if you know there's nothing more that can be salvaged there." She described the need to nonetheless make "professional" decisions using the image

Handlungsdruck sowie öffentlicher Kritik waren es die psychischen Belastungen der Tätigkeit im „Konflikt zwischen Professionalität und Menschlichkeit", die auch eine 34-jährige Personalreferentin ansprach. Sie fuhr persönlich in die Betriebe, um die Belegschaften über Entlassungen zu informieren und Hilfestellung zu leisten: „Ich will damit gleichzeitig zeigen, daß sich jemand für sie interessiert, daß es der Treuhand nicht gleichgültig ist, was mit ihnen geschieht."

Während ihre Präsidentin eine Frauen-Generation repräsentierte, die stark auf eine genuin maskulin konnotierte Professionalität setzte und keinerlei Abstriche oder „Schwächen" zuließ, fiel das berufliche Aufstiegsmodell der Jung-Managerinnen differenzierter aus: Sie agierten einerseits als professionelle Expertinnen mit großer Verantwortung und immenser Handlungsfreiheit, thematisierten andererseits (und im Gegensatz zu ihren gleichaltrigen Kollegen) auch die individuellen Belastungen bei der konfliktreichen Tätigkeit. Ihre Empathie für die „menschlichen Dramen" bekundeten sie in symbolischen Gesten, entschieden aber als Expertinnen nach professionellen Kriterien. Sie konnten also Frauen sein und dennoch Karriere machen, wie die Reportage optimistisch schloss: „Hier bietet sich eine Chance, die man nur einmal im Leben hat. Die meisten Frauen der Treuhand Dresden sind jung, risikofreudig, reich nicht nur an volks- und betriebswirtschaftlichen Kenntnissen, sondern mittlerweile wohl auch an Erfahrungen im ‚Wartesaal Ost'."

Das „Wunder der Ostfrau"

Doch wo blieben die ostdeutschen Frauen, immerhin die Mehrheit des Treuhand-Personals? Im *Madame*-Artikel kam lediglich eine 37-jährige Diplomökonomin zu Wort. Sie war vor 1989 im Wirtschaftsrat des Bezirks Dresden tätig gewesen und 1990 zur Treuhand gestoßen, wo sie ihre alten Kontakte zu den Betrieben nutzen konnte. Im Kontrast zu den aufstiegsfreudigen West-Kolleginnen

of a "surgeon who has to amputate a gangrenous leg to save the body." In addition to long working hours, tremendous time pressure, the weight of expectation, and a sense of urgency coupled with public criticism, it was the psychological stress of the job in the "conflict between professionalism and humanity" that a thirty-four-year-old human resources consultant also commented on. She personally went to the companies to inform the staff about their dismissal and to offer help: "I want to show at one go that someone is interested in them, that the Treuhand cares about what happens to them."

While their president represented a generation of women who relied heavily on a professionalism with genuinely masculine connotations and tolerated no concessions or "weaknesses," the model for professional advancement for these young women managers was more nuanced: on the one hand, they were operating as professional experts with great responsibility and immense freedom of action; on the other, and in contrast to their male colleagues of the same age, they also focused on the individual burdens of their work with all the conflict it entailed. They manifested their empathy for the "human dramas" with symbolic gestures, but as experts they made their decisions based on professional criteria. In other words, they could be women and still have a career, as the report optimistically concluded: "There is a once-in-a-lifetime opportunity here. Most of the women at the Treuhand in Dresden are young and enterprising, with a wealth of knowledge in economics and business administration now coupled with experience in the 'waiting room of the East.'"

The "Miracle of the Woman from the East"

But where were the East German women, who, after all, represented the majority of the Treuhand's personnel? In the article in *Madame*, the only one to have her say was a thirty-seven-year-old trained

thematisierte sie ein emotionales Spannungsfeld, dem sich die meisten ostdeutschen Mitarbeiter ausgesetzt sahen. Zwar seien die neuen Aufgaben bei der Treuhand reizvoll, dennoch belastete deren schlechtes Image ihr Privatleben immens: „Für jeden geschlossenen Betrieb macht man mich persönlich mit verantwortlich." Die Ost-Mitarbeiterinnen in Dresden erschienen bei *Madame* als passive, lernbedürftige wie und periphere Charaktere, deren Individualität kaum erkennbar war.

Auch in zeitgenössischer Öffentlichkeit und Forschung blieben ostdeutsche Treuhand-Mitarbeiterinnen bestenfalls Randerscheinungen. Der kleinere Teil von ihnen, meist hochqualifizierte Expertinnen aus der DDR-Wirtschaftsbürokratie, war auf den mittleren Ebenen der Treuhand tätig. Das Gros bildeten Sekretärinnen, die aus aufgelösten Behörden rekrutiert wurden. Außer mit dem schlechten Ruf der Treuhand hatten die Mitarbeiterinnen – wie ihre männlichen Ost-Kollegen – mit weiteren Problemen zu kämpfen: Zwar genossen sie einerseits das Privileg eines sicheren Arbeitsplatzes; andererseits war die Beschäftigung klar befristet, da die Treuhand ihre Tätigkeit schnellstmöglich beenden und sich auflö sen sollte. Sie wurden zudem deutlich schlechter bezahlt als ihre West-Kollegen und sahen sich Stasi-Überprüfungen ausgesetzt.[12]

Die alltäglichen Begegnungen zwischen westdeutschen Experten und ihren ostdeutschen Mitarbeiterinnen, meist erfahrenen Sekretärinnen, waren eine besondere Konstellation.[13] Eine damals 40-jährige Ökonomin, vormals Dozentin für Marxismus-Leninismus, war 1990 zufällig zur Niederlassung Chemnitz gelangt. Es erschien ihr sinnvoll, dass die Westkollegen als Vorgesetzte in „strategischen Positionen" tätig waren, „da sie das bessere Know-How und das tiefere Wissen besaßen". Dort hätten die neuen Kollegen, die meist wochenlang von ihren Familien daheim getrennt waren, aber oft ein eigenes „Fräuleinwunder" erlebt: „Viele Westdeutsche kamen hierher und stießen zum ersten Mal auf

economist. Prior to 1989, she had been active on the economic council for the Dresden region and had joined the Treuhand in 1990, where she could make use of her old business contacts. In contrast to her Western colleagues, who were eager to advance, she focused on the highly charged emotional field that most East German employees felt exposed to. Although she said her new tasks at the Treuhand were appealing, its bad image was an immense strain on her private life: "People hold me personally responsible for every factory closed." In *Madame*, the East German employees in Dresden seemed like passive, peripheral characters in need of education and almost entirely lacking in any recognizable individuality.

East German female employees at the Treuhand were also, at best, marginal figures as far as the public and researchers at the time were concerned. A small fraction of them—usually highly qualified experts from the economic bureaucracy of the GDR—were active in the middle ranks of the Treuhand. The majority were secretaries recruited from businesses that had been closed. In addition to the Treuhand's poor reputation, the female employees—and their male colleagues—had to contend with other problems: on the one hand, they enjoyed the privilege of a secure job; on the other, their employment was clearly limited, since the Treuhand was supposed to wind up its activities as quickly as possible and be dissolved. They were also paid considerably less than their colleagues in the West and felt themselves subjected to Stasi screening.[13]

Daily encounters between West German experts and their East German women employees, most of whom were experienced secretaries, represented a special constellation.[14] One economist, aged forty at the time, who had previously been a lecturer on Marxism-Leninism, ended up by chance in the Chemnitz office in 1990. It made sense to her that her Western colleagues were

das Wunder der Ostfrau. Eine Frau, die kein Problem damit hat, wenn man sie abends zum Essen einlädt, war für sie etwas Ungewöhnliches. Frauen im Osten waren meist berufstätig, das heißt etwas selbstständiger und selbstbewusster als viele Frauen, die in Westdeutschland lebten.“

Seinerzeit seien „viele private Beziehungen zwischen westdeutschen Männern und ostdeutschen Frauen entstanden, manche nur von kurzer Dauer“. Aber gerade die langfristigen Beziehungen erschienen der Betriebswirtin als „schöner Beweis dafür, dass die Gegensätze zwischen Ost und West nicht unüberbrückbar waren“.

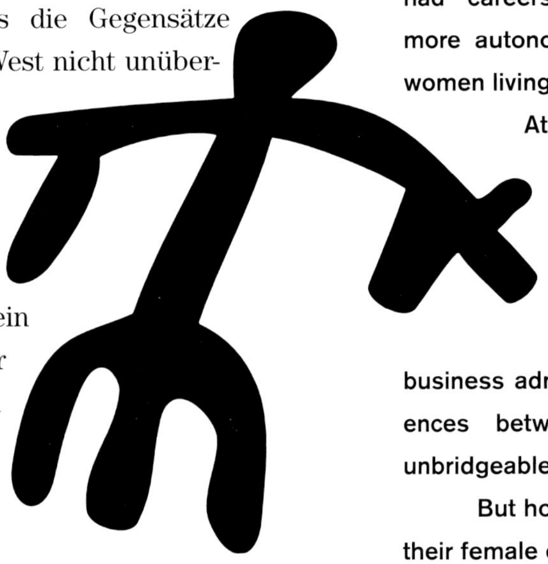

Wie blickten aber die Westmanager auf ihre Ost-Kolleginnen? Plastisch beschrieb ein Marketing-Berater aus Frankfurt am Main, der 1992 zur Treuhand nach Sachsen gekommen war, gerade die ostdeutschen Frauen als „Thema, dessen Bedeutung noch gar nicht ausreichend untersucht ist“: „In ihrer Wirkung auf die westdeutschen Manager waren die ostdeutschen Managerinnen sehr attraktiv. Die Ostfrauen waren im Verhalten deutlich burschikoser als die Westfrauen. Sie waren zupackend. Sie waren Macherinnen. Das war sehr attraktiv und gab ihnen eine interessante, auch sexy Ausstrahlung.“

Die Lage der Ost-Mitarbeiterinnen blieb insgesamt ambivalent: Einerseits attestierten ihnen die West-Manager durchaus Selbstbewusstsein und „Macher“-Qualitäten, wobei die Grenzen zwischen Anerkennung und Chauvinismus fließend waren; in zeitgenössischen Interviews mit leitenden Treuhand-Mitarbeitern finden sich vielfältige Belege, die von großer Zufriedenheit über das Engagement,

her superiors employed in “strategic positions,” since “they had better know-how and deeper knowledge.” She said that her new colleagues, most of whom were separated from their families back home for weeks at a time, had often experienced their own “girl wonder”: “Many West Germans came here and encountered for the first time the miracle of the woman from the East. A woman who had no problems with being invited to dinner in the evening was something unusual for them. Women in the East had careers—they were, that is, somewhat more autonomous and self-confident than the women living in West Germany.”

At the time, she said “many private relationships between West German men and East German women developed, many only for a short time.” But it was the long-term relationships that struck this business administrator as “proof that the differences between East and West were not unbridgeable.”

But how did the Western managers regard their female colleagues from the East? One marketing consultant from Frankfurt am Main who had come to the Treuhand in Saxony in 1992 vividly described East German women as a “topic whose significance has not yet been sufficiently studied”: “The East German managers were very attractive in terms of the impact they had on West German managers. The women from the East were clearly more pert in their behavior than Western women. They rolled up their sleeves and got to work. They were doers. That was very attractive and gave them an interesting and sexy allure.”

On the whole, the status of the female employees from the East remained ambiguous. On the one hand, Western managers credited them with self-confidence and the qualities of “doers,” although the lines between recognition

Auftreten und die Lernwilligkeit der Ost-Mitarbeiterinnen künden.[14] Andererseits war dieser „selbstbewusste“ weibliche Lebensentwurf akut gefährdet, weil er auf vollzeitiger Berufstätigkeit beruhte. Es waren aber gerade Frauen jenseits der 30, die besonders von Massenentlassungen und Arbeitslosigkeit betroffen waren.[15]

Verlorene Einheit?

Waren „die“ Frauen wirklich „Verliererinnen“ der „Einheitsehe, wie nach 1990 oft gefragt wurde? Mit Blick auf drei Rollenkonzepte von Treuhand-Mitarbeiterinnen wird man differenzieren müssen: Während sich Präsidentin Birgit Breuel unter „Verzicht“ auf Weiblichkeit und durch professionelles Auftreten Eintritt in die höchsten, männlich dominierten Gremien der Republik verschafft hatte, deuteten sich bei den jüngeren westdeutschen Wirtschaftsexpertinnen auf den mittleren Ebenen Verschiebungen an. Sie konnten ihre berufliche Karriere verfolgen, mussten ihr Geschlecht aber nicht de-thematisieren. Freilich muss offenbleiben, ob und inwieweit dieses Modell auch in „höheren“ wirtschaftlichen Hierarchieebenen umsetzbar war. Als hochqualifizierte Expertinnen begriffen sie den Wirtschaftsumbau wie ihre männlichen Altersgenossen als ebenso einmalige wie abenteuerliche Karrierechance. Für die älteren ostdeutschen Mitarbeiterinnen hingegen, deren selbstbewusstes Auftreten zwar die Fantasie ihrer West-Vorgesetzten beflügelte, überwogen – neben den negativen Reaktionen ihres Umfelds – massive biografische Unsicherheiten. Ihre beruflichen Erfahrungen und Qualifikationen und damit die ökonomischen wie kulturellen Grundlagen ihrer Eigenständigkeit waren von Entwertung und sie selbst vom Fall in die Arbeitslosigkeit bedroht. Der Blick auf die ungeschriebene Geschichte der Treuhand-Mitarbeiterinnen deutet es an: Geschlechterspezifische, generationelle wie ost-westliche Entwicklungslinien waren im Kontext der wirtschaftlichen Transformation eng miteinander verknüpft. Das

and chauvinism were fluid; in contemporary interviews with leading Treuhand employees, there is abundant evidence suggesting great satisfaction with the commitment, manner, and willingness to learn of women employees from the East.[15] On the other hand, the life script of the "self-confident" woman was acutely at risk because it was based on full-time employment. And it was women over the age of thirty who had been especially affected by mass firings and unemployment.[16]

Lost Unity?

Were "women" really the "losers" in the "marriage" of German unity? This was a question that was ofen asked after 1990. The three concepts of women's roles at the Treuhand require a nuanced approach: while, as president, Birgit Breuel had gained entry to the highest, male-dominated committees of the Federal Republic by "forgoing" femininity and appearing professional, a shift is apparent among the younger mid-ranking female experts in economics. They were able to pursue their professional careers without downplaying their gender. There is no way of knowing, of course, whether and to what extent this model could also have been realized at the "higher" levels of the economic hierarchy. As highly qualified experts, and like their male colleagues of the same age, they understood the economic restructuring as a career opportunity that was as unique as it was adventurous. For their older East German colleagues, by contrast, whose self-confident behavior lent wings to the imaginations of their West German superiors, the massive uncertainties in their lives—and the negative reactions of their milieu—dominated. Their professional experience and qualifications, and hence the economic and cultural foundations of their independence, were in danger of being devalued, and they themselves were threatened by unemployment.

Geschlecht blieb in diesem Geflecht eine zentrale soziale Kategorie, deren Bedeutung für eine Mentalitätsgeschichte der frühen „Berliner Republik" kaum zu überschätzen ist.

Looking at the unwritten history of the female employees at the Treuhand suggests that gender-specific, generational, and East-West lines of development were closely interconnected in the context of this process of economic transformation. Within that plexus, gender remained a key social category whose significance in the evolution of the early "Berlin Republic" mentality can scarcely be overestimated.

‚Präsidentin, Managerin, Sekretärin – Geschlechterbeziehungen und -bilder bei der Treuhandanstalt' von Marcus Böick erschien in *Aus einem Land vor unserer Zeit*, Metropol Verlag, ISBN 978-3-86331-074-5

1 Brigitte Young, *Triumph of the Fatherland. German Unification and the Marginalization of Women*, Ann Arbor 1999.

2 Gunilla Budde, „Das Geschlecht der Geschichte", in: Thomas Mergel/Thomas Welskopp (Hg.), *Geschichte zwischen Kultur und Gesellschaft*, München 1997, S. 125–150, hier S. 132.

3 Almut Nitzsche, Art. Birgit Breuel, www.fembio.org/biographie.php/frau/biographie/birgit-breuel (zuletzt eingesehen am 11.9.2011).

4 „Bissige Fragen. Mit Birgit Breuel steht der Treuhandanstalt eine Führungskraft vor, die dogmatisch redet und pragmatisch handelt", in: *Der Spiegel* 16/1990 (15. April 1991) 16, S. 118 f., hier S. 118.

5 *Top Business* 12 (1991) 12, S. 30.

6 *Wirtschaft & Markt. Das ostdeutsche Wirtschaftsmagazin* 11 (1994), S. 2.

7 Michael Jürgs, *Die Treuhändler. Wie Helden und Halunken die DDR verkauften*, München 1997, S. 278.

8 *Berliner Morgenpost* vom 19./20. April 1992.

9 Marcus Böick, „Grenzgänger des Kapitalismus. Das Westpersonal der Treuhandanstalt", in: *Horch & Guck* 19, 2 (2011), S. 56–59.

10 *Madame* 40 (November 1992) 11, S. 123–128.

11 Wolfgang Seibel, *Verwaltete Illusionen. Die Privatisierung der DDR-Wirtschaft durch die Treuhandanstalt und ihre Nachfolger 1990–2000*, Frankfurt am Main 2005, S. 172–185.

12 Ebenda.

13 Folgende Berichte aus: Friedrich Thießen (Hrsg.), *Die Wessis. Westdeutsche Führungskräfte beim Aufbau Ost*, Köln 2009.

14 Christiana Weber, *Treuhandanstalt – eine Organisationskultur entsteht im Zeitraffer*, Wiesbaden 1996.

15 Hanna Haag, Vergangenheit bewältigen – Gegenwart erleben. Über den Zusammenhang von DDR-Erinnerung und Frauenerwerbslosigkeit, in: *Deutschland Archiv* 42, 3 (2010), S. 396–405.

1 Brigitte Young, *Triumph of the Fatherland: German Unification and the Marginalization of Women* (Ann Arbor: University of Michigan Press, 1999).

2 Gunilla Budde, "Das Geschlecht der Geschichte," in *Geschichte zwischen Kultur und Gesellschaft*, ed. Thomas Mergel and Thomas Welskopp (Munich: Beck, 1997), 125–50, here: 132.

3 Almut Nitzsche, "Birgit Breuel," FemBio, accessed September 11, 2019, www.fembio.org/biographie.php/frau/biographie/birgit-breuel.

4 "Bissige Fragen: Mit Birgit Breuel steht der Treuhandanstalt eine Führungskraft vor, die dogmatisch redet und pragmatisch handelt," *Der Spiegel* 45, no. 16, April 15, 1991, 118–19, here: 118.

5 *Top Business* 12 (1991): 30.

6 *Wirtschaft+Markt: Das ostdeutsche Unternehmermagazin* 11 (1994): 2.

7 Michael Jürgs, *Die Treuhändler: Wie Helden und Halunken die DDR verkauften* (Munich: List, 1997), 278.

8 *Berliner Morgenpost*, April 19–20, 1992.

9 Günter Grass, *My Century*, trans. Michael Henry Heim (New York: Harcourt, 1999), 255–58.

10 Marcus Böick, "Grenzgänger des Kapitalismus: Das Westpersonal der Treuhandanstalt," *Horch & Guck* 19, no. 2 (2011): 56–59.

11 *Madame* 40, no. 11 (November 1992): 123–28.

12 Wolfgang Seibel, *Verwaltete Illusionen: Die Privatisierung der DDR-Wirtschaft durch die Treuhandanstalt und ihre Nachfolger, 1990–2000* (Frankfurt am Main: Campus, 2005), 172–85.

13 ibid.

14 The reports that follow have been taken from Friedrich Thiessen, ed., *Die Wessis: Westdeutsche Führungskräfte beim Aufbau Ost* (Cologne: Böhlau, 2009).

15 Christiana Weber, *Treuhandanstalt: Eine Organisationskultur entsteht im Zeitraffer* (Wiesbaden: Deutscher Universitätsverlag, 1996).

16 Hanna Haag, "Vergangenheit bewältigen—Gegenwart erleben: Über den Zusammenhang von DDR-Erinnerung und Frauenerwerbslosigkeit," *Deutschland Archiv* 42 no. 3 (2010): 396–405.

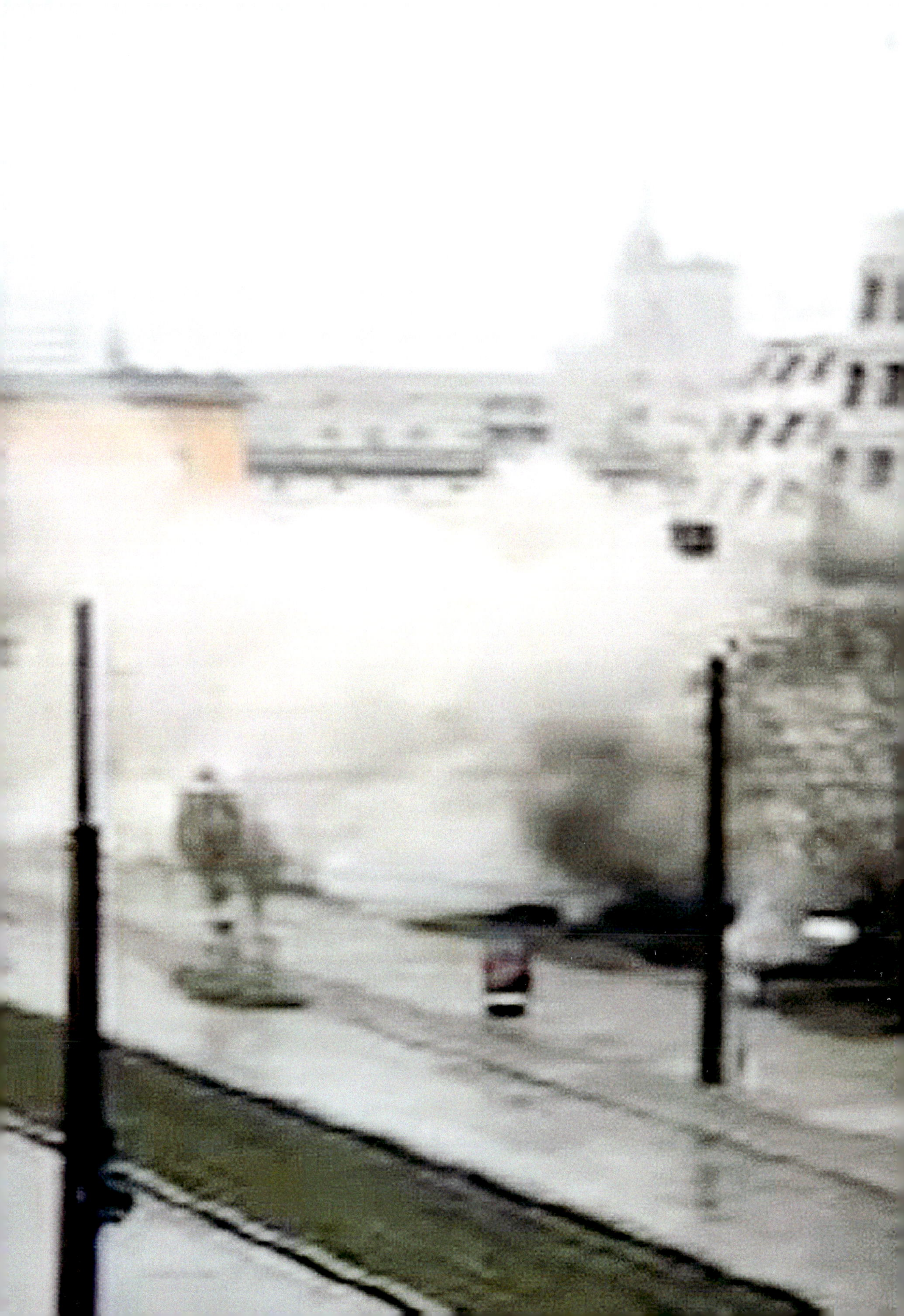

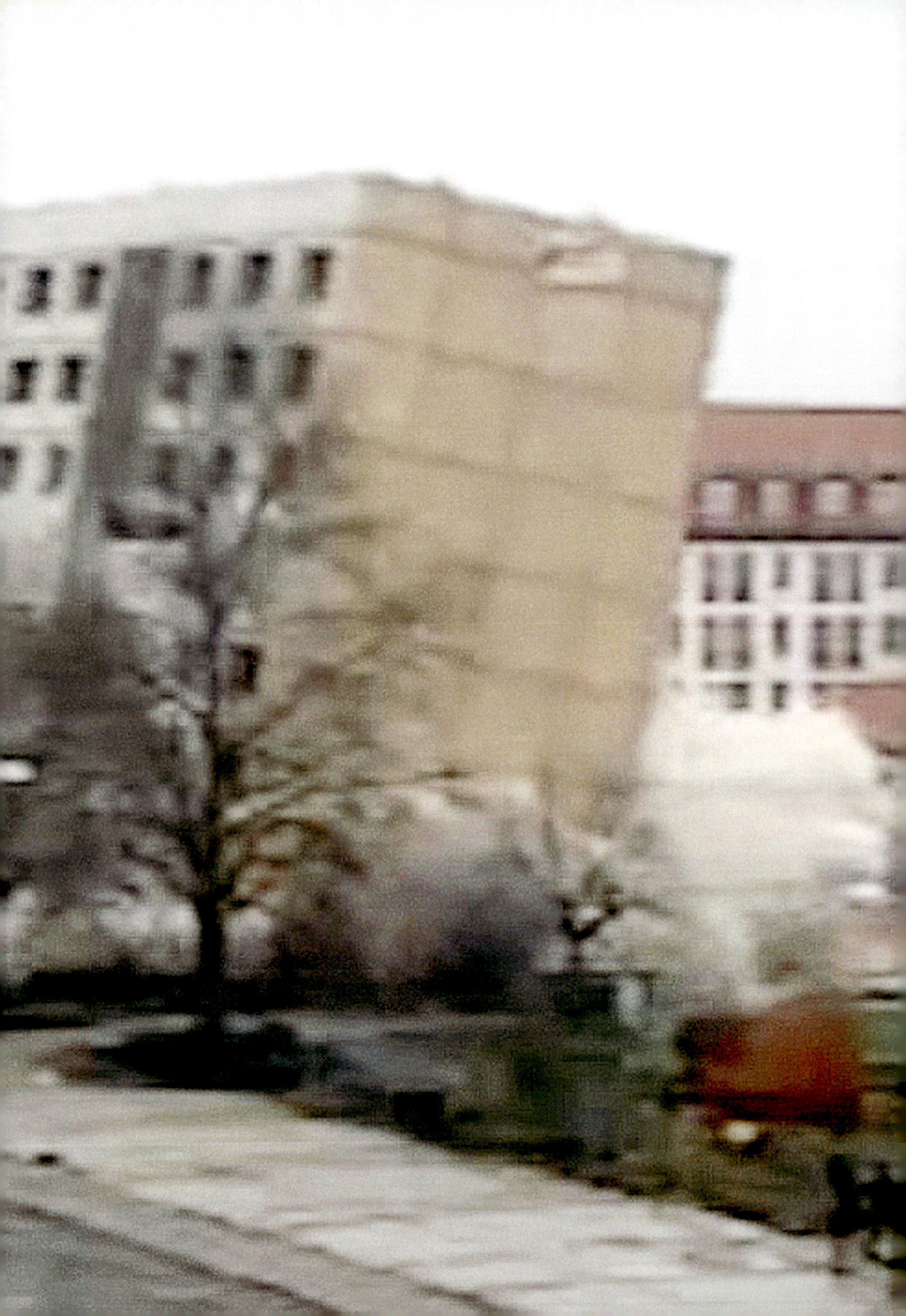

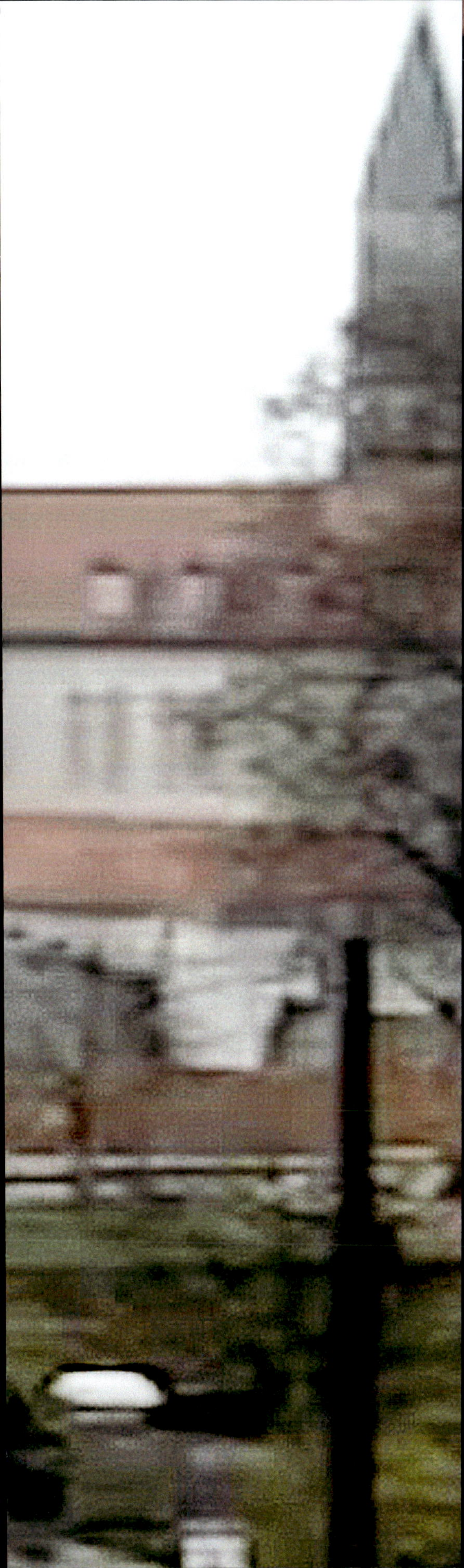
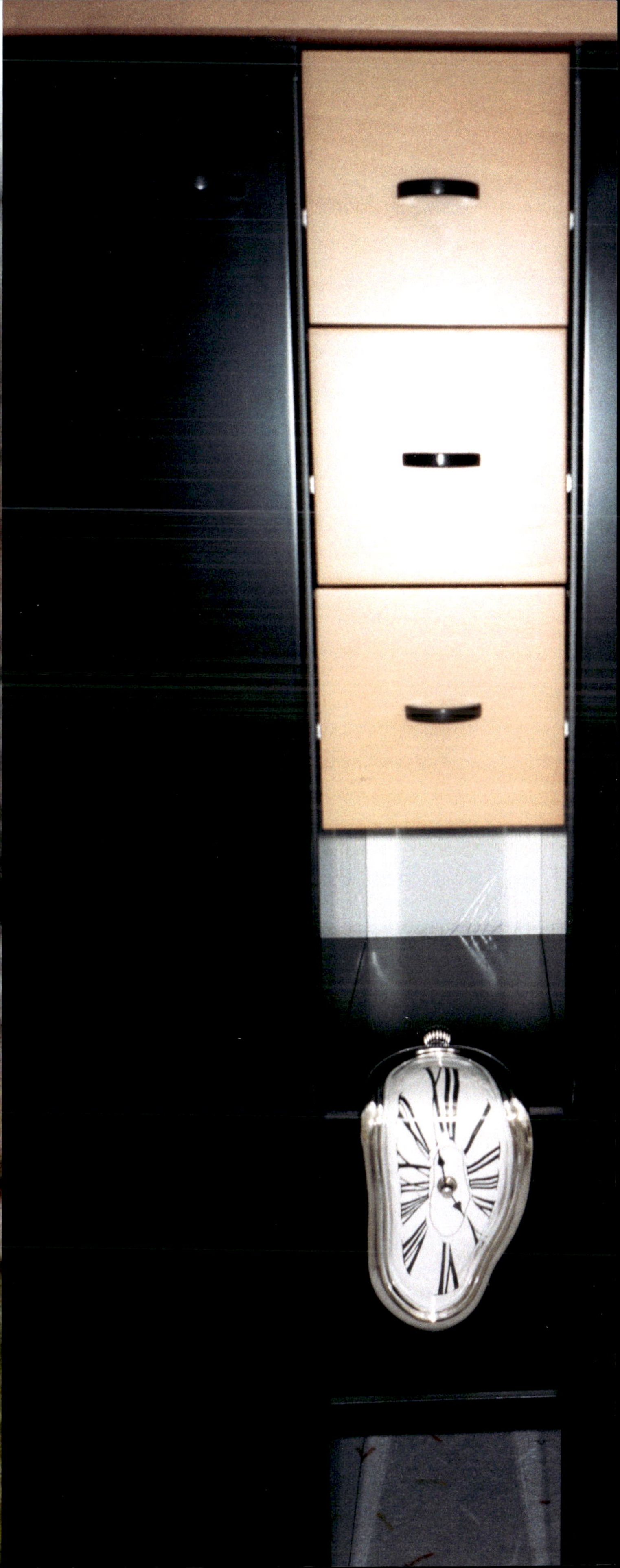

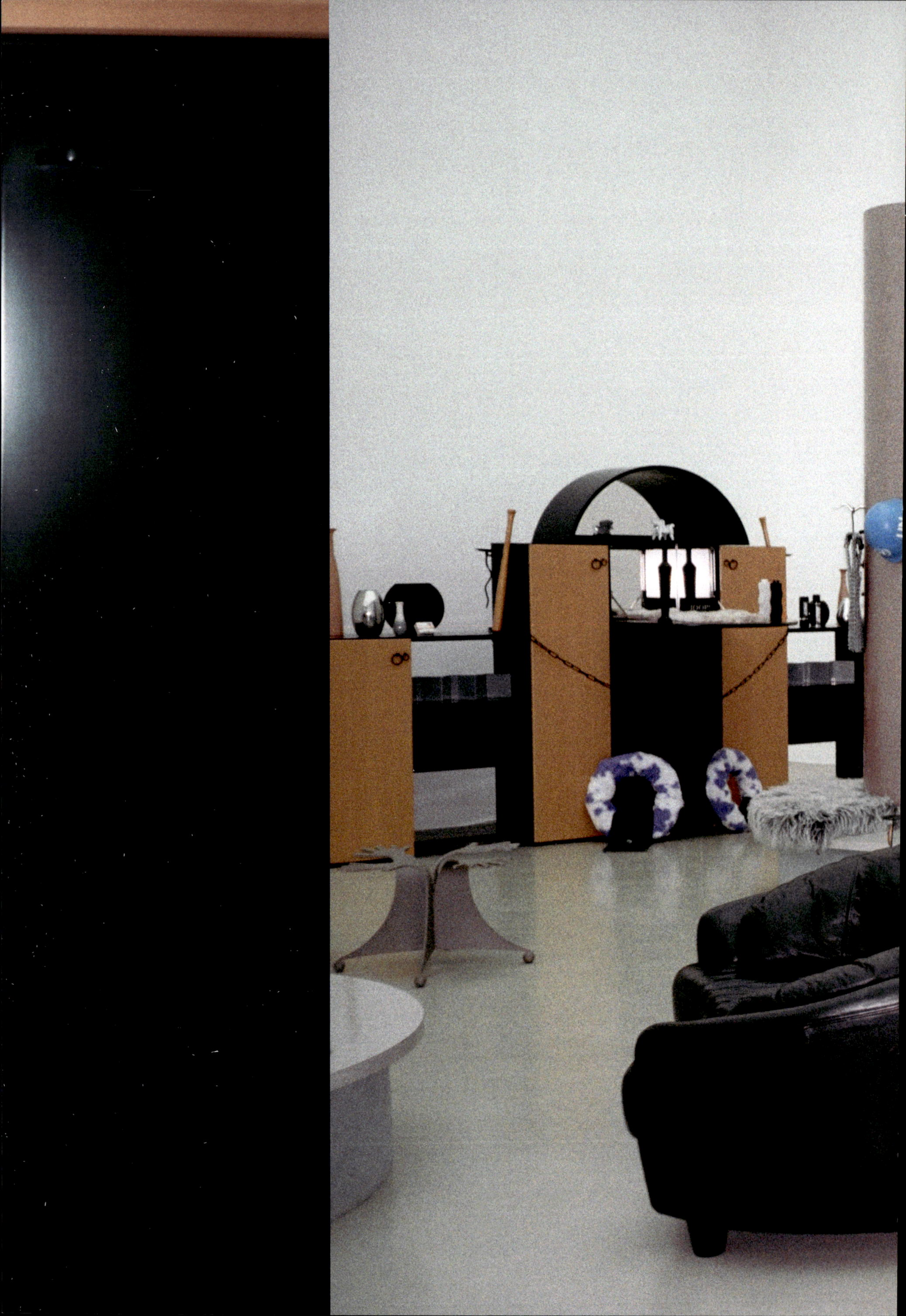

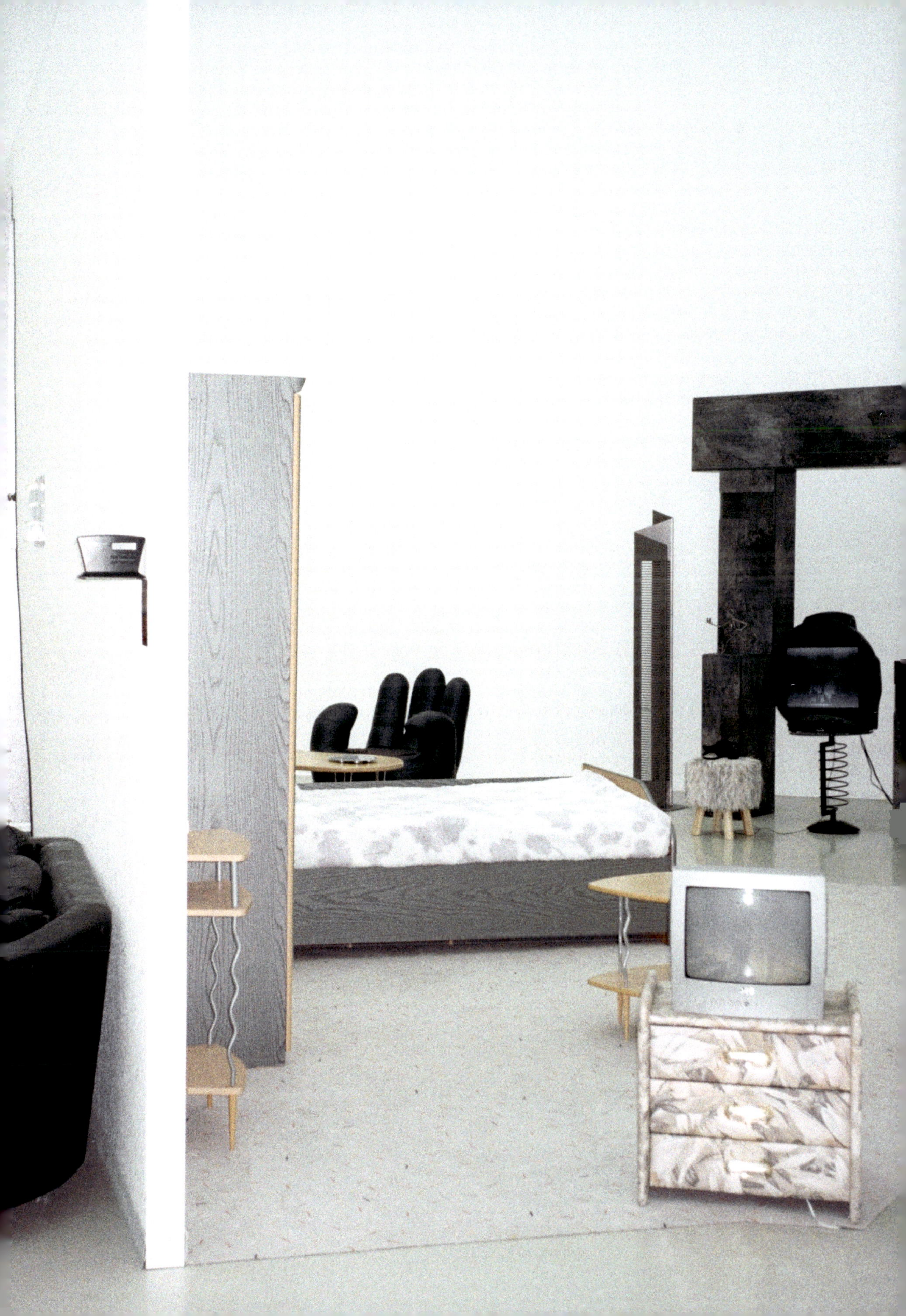

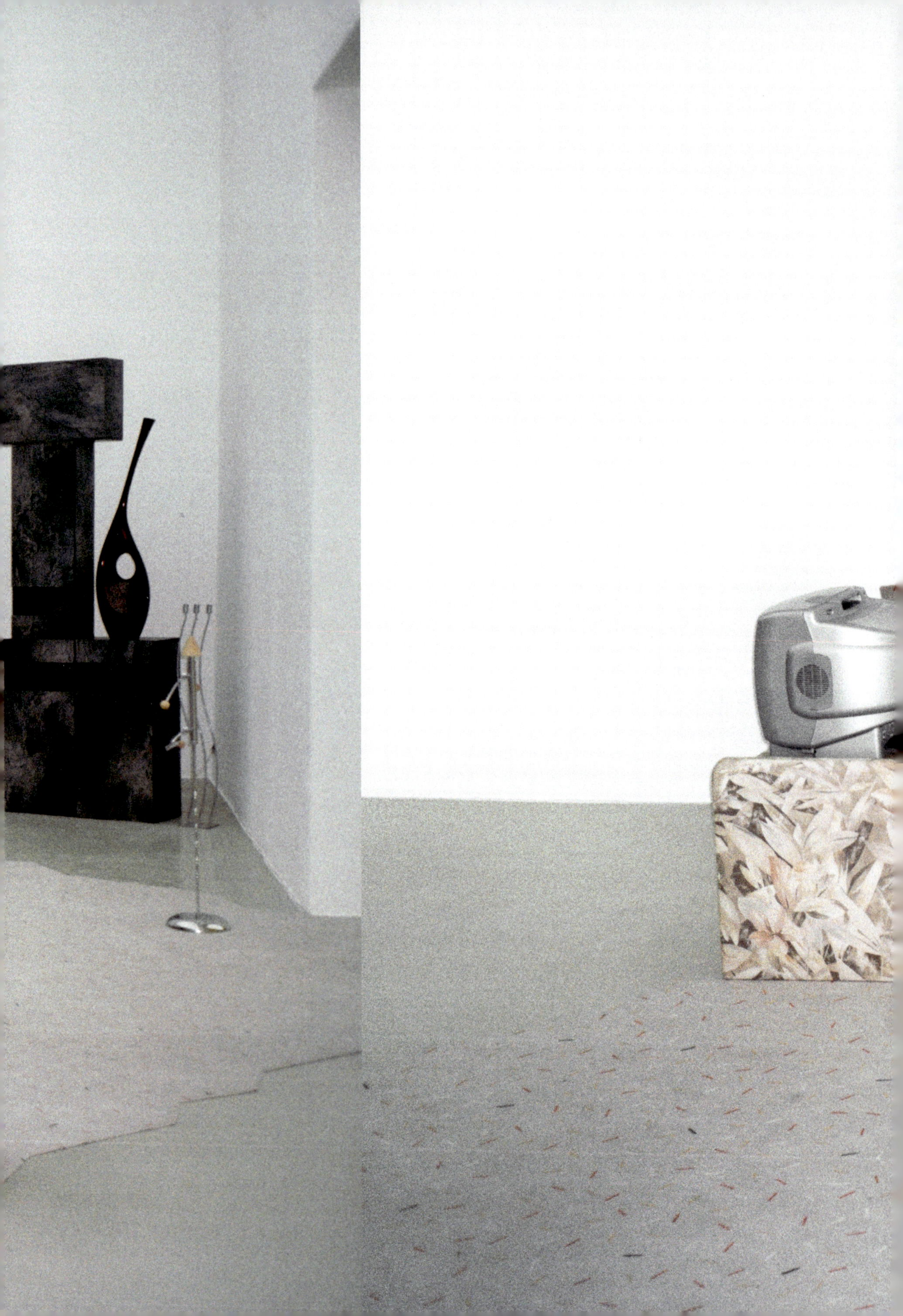

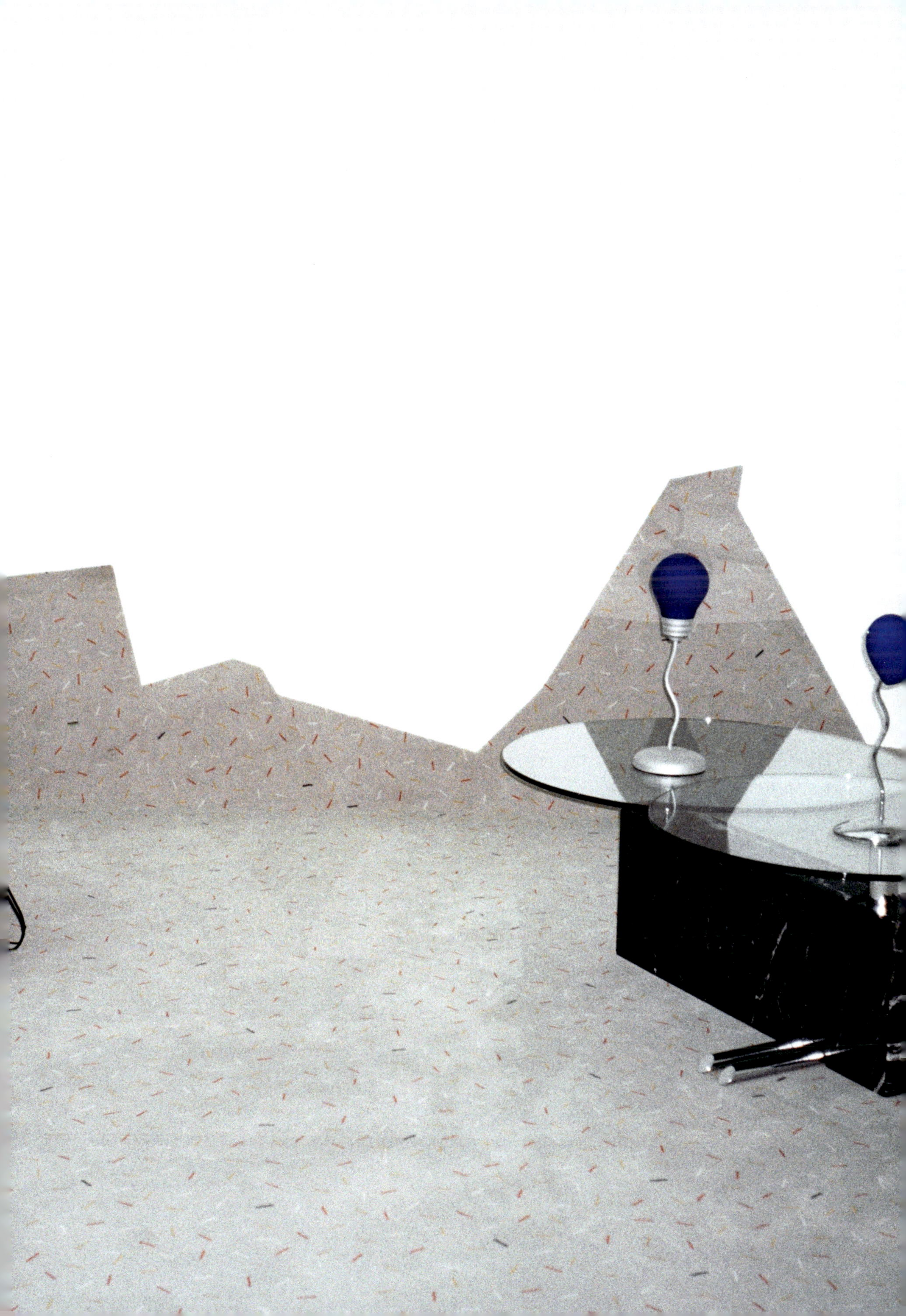

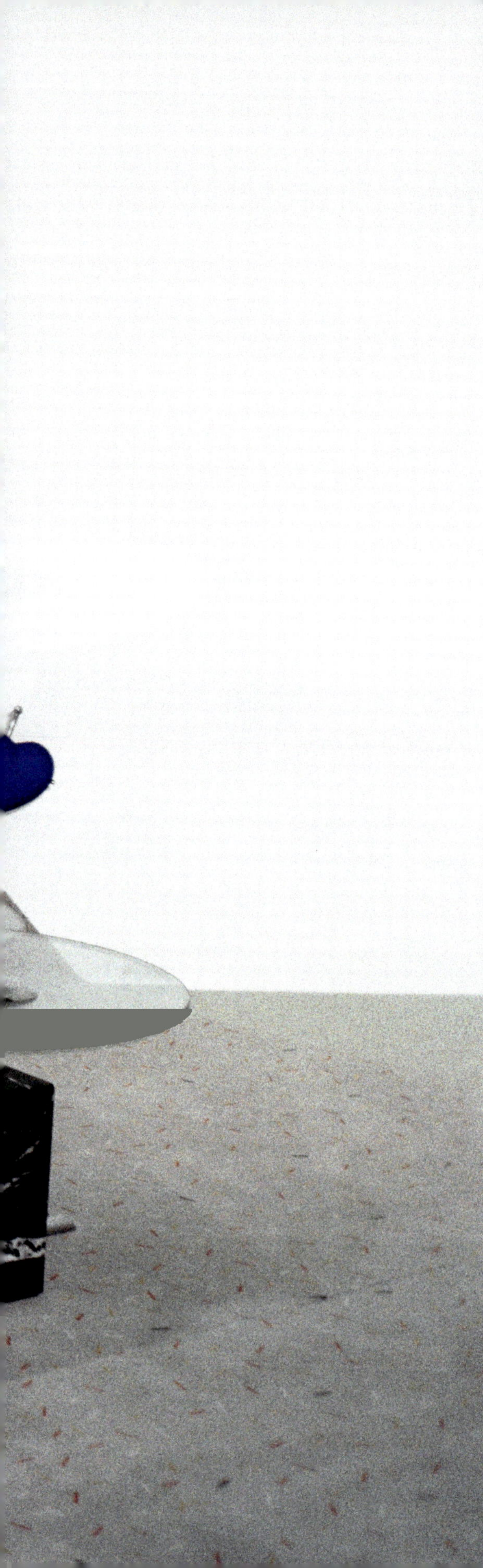
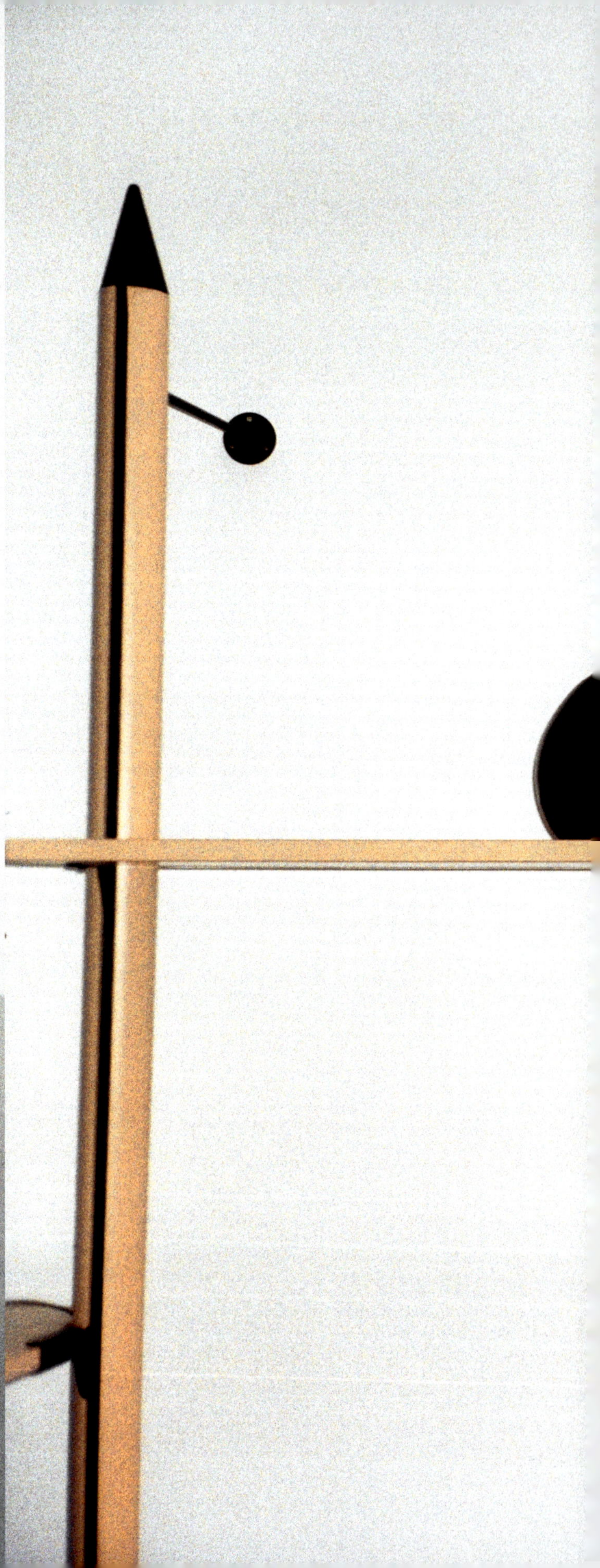

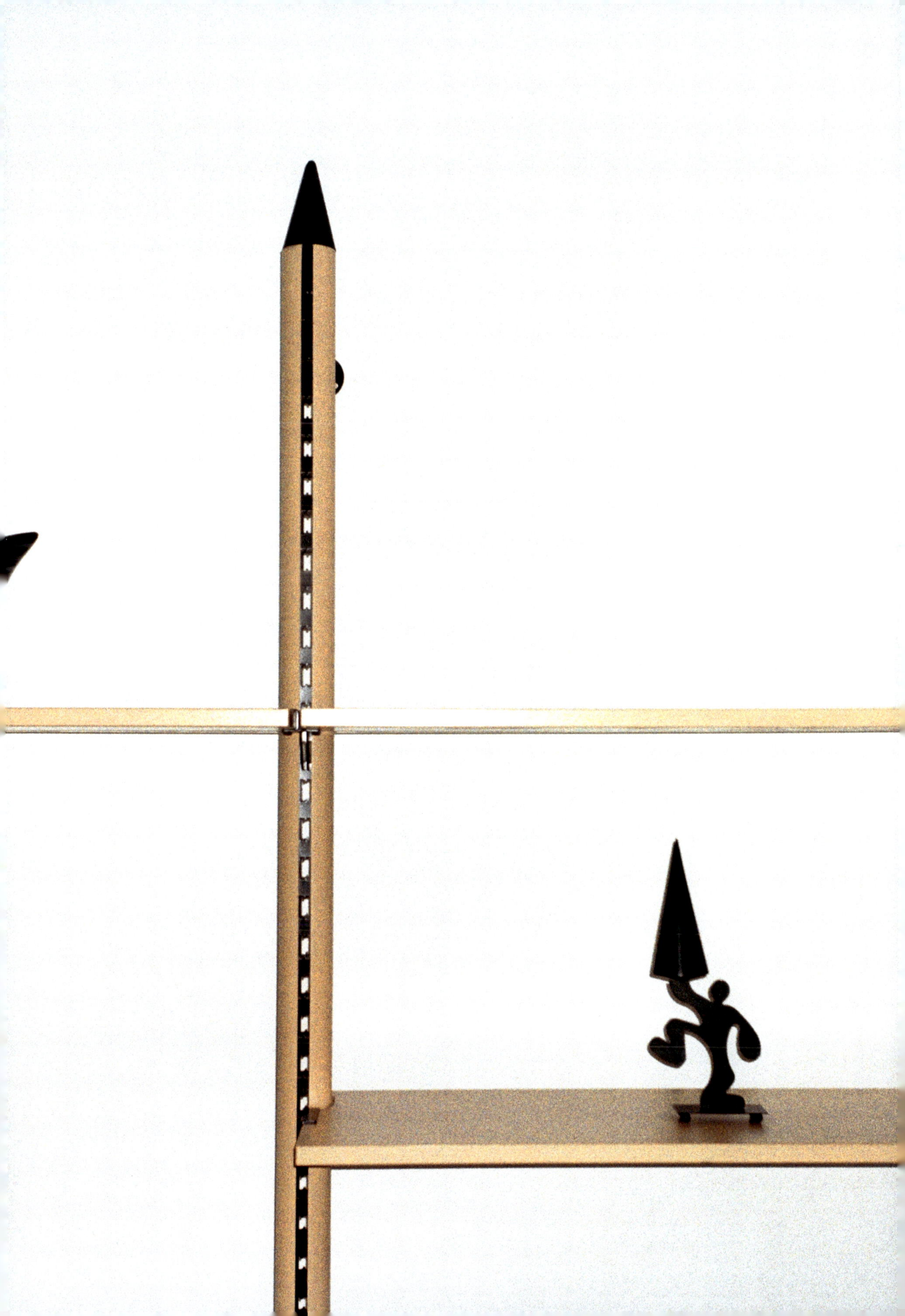

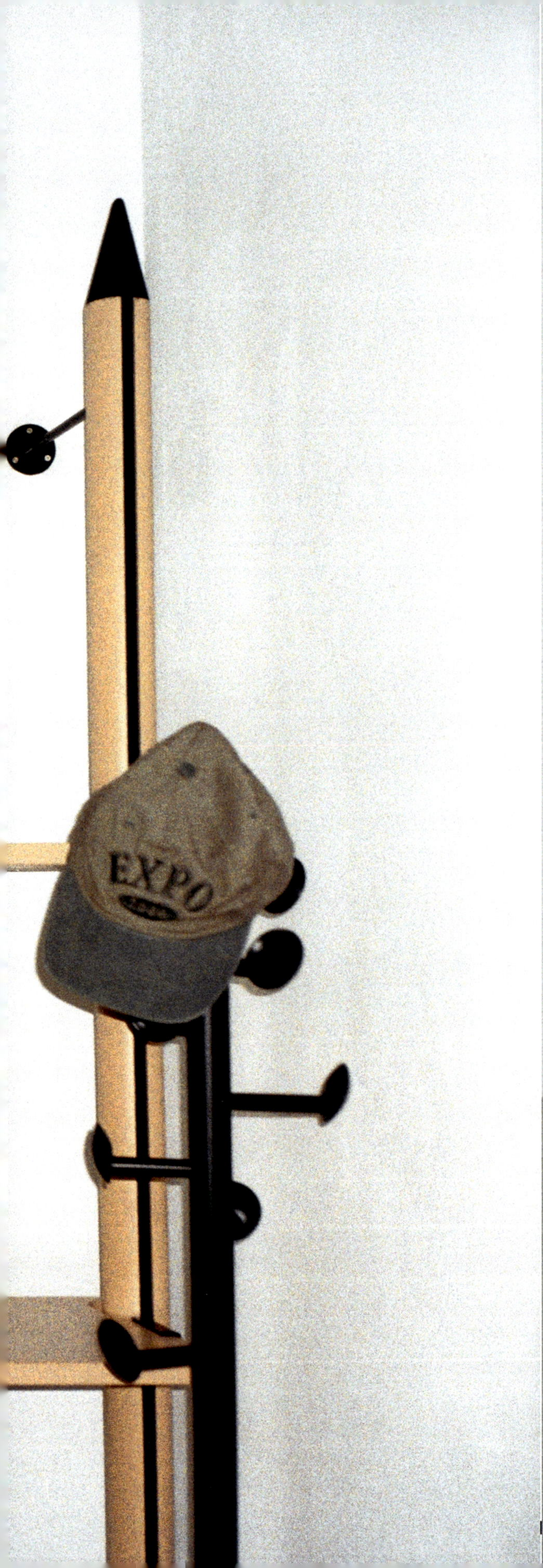
EXPO
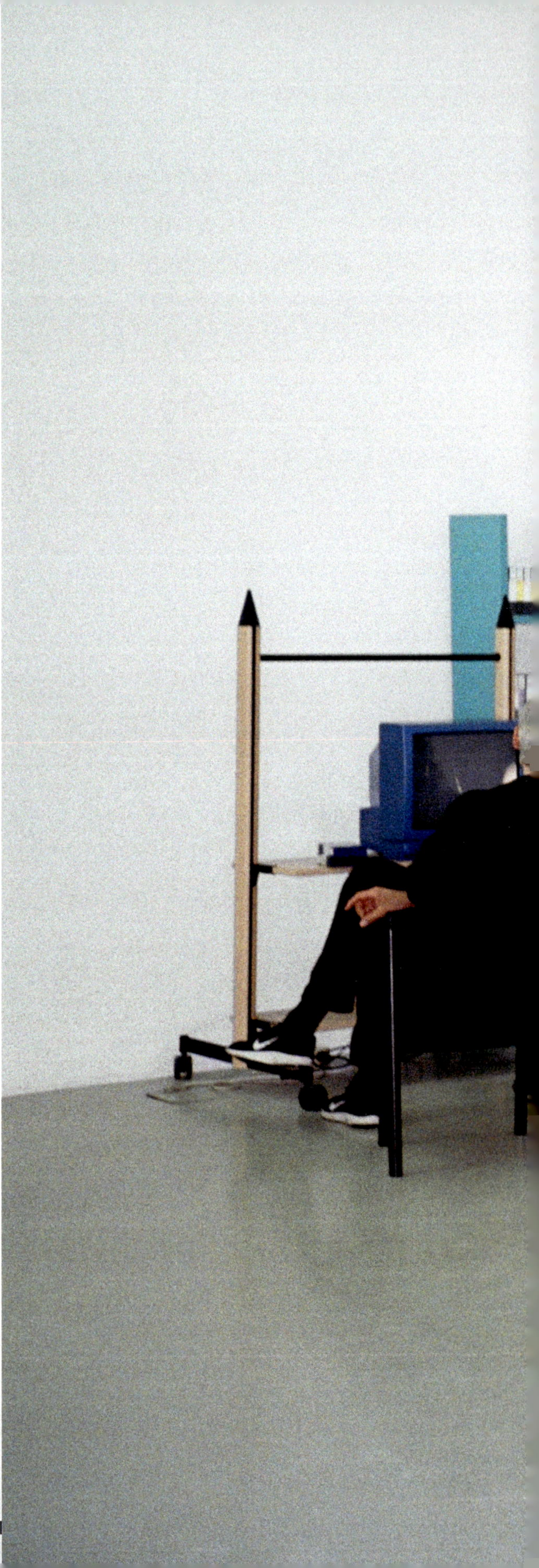

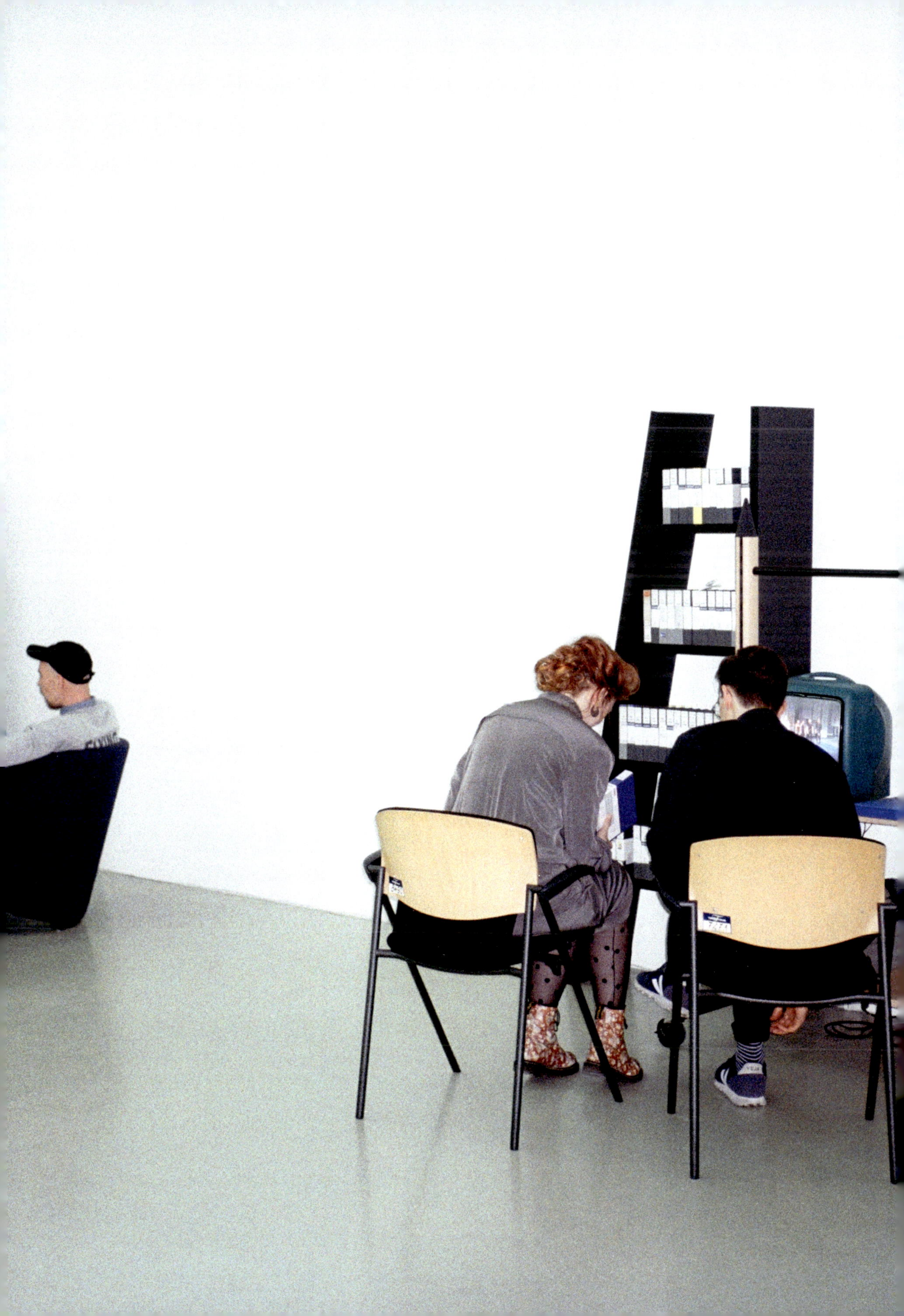

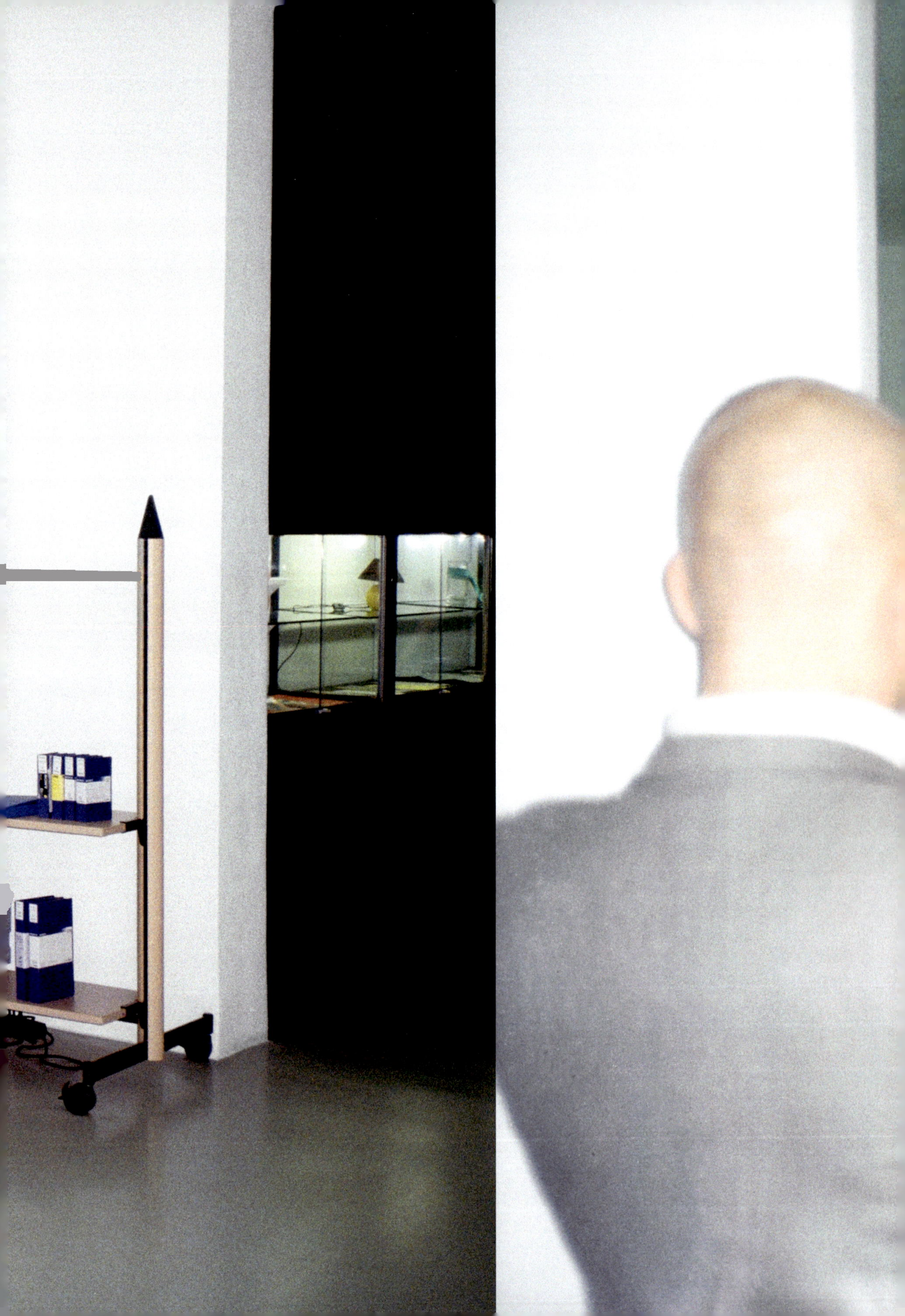

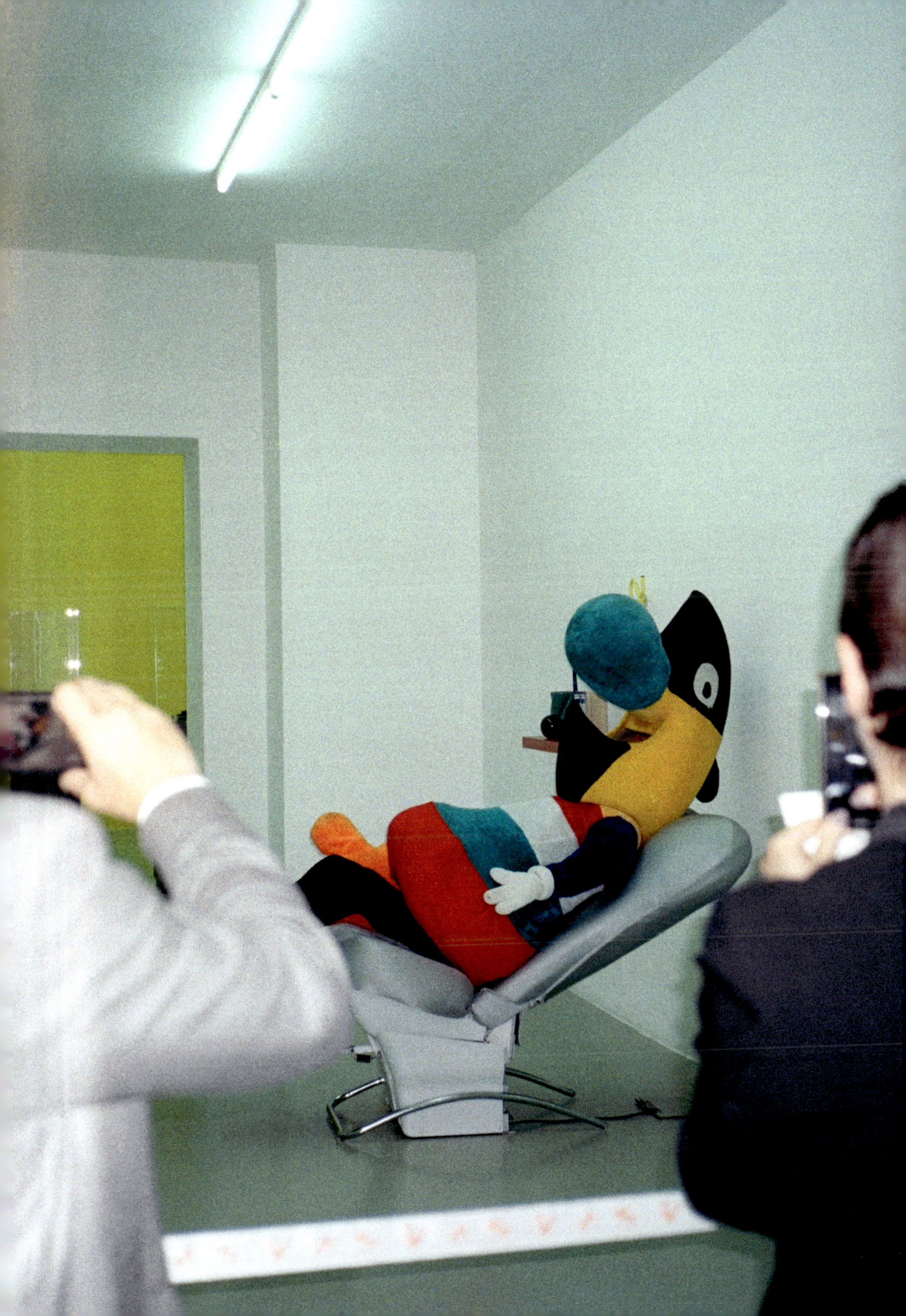

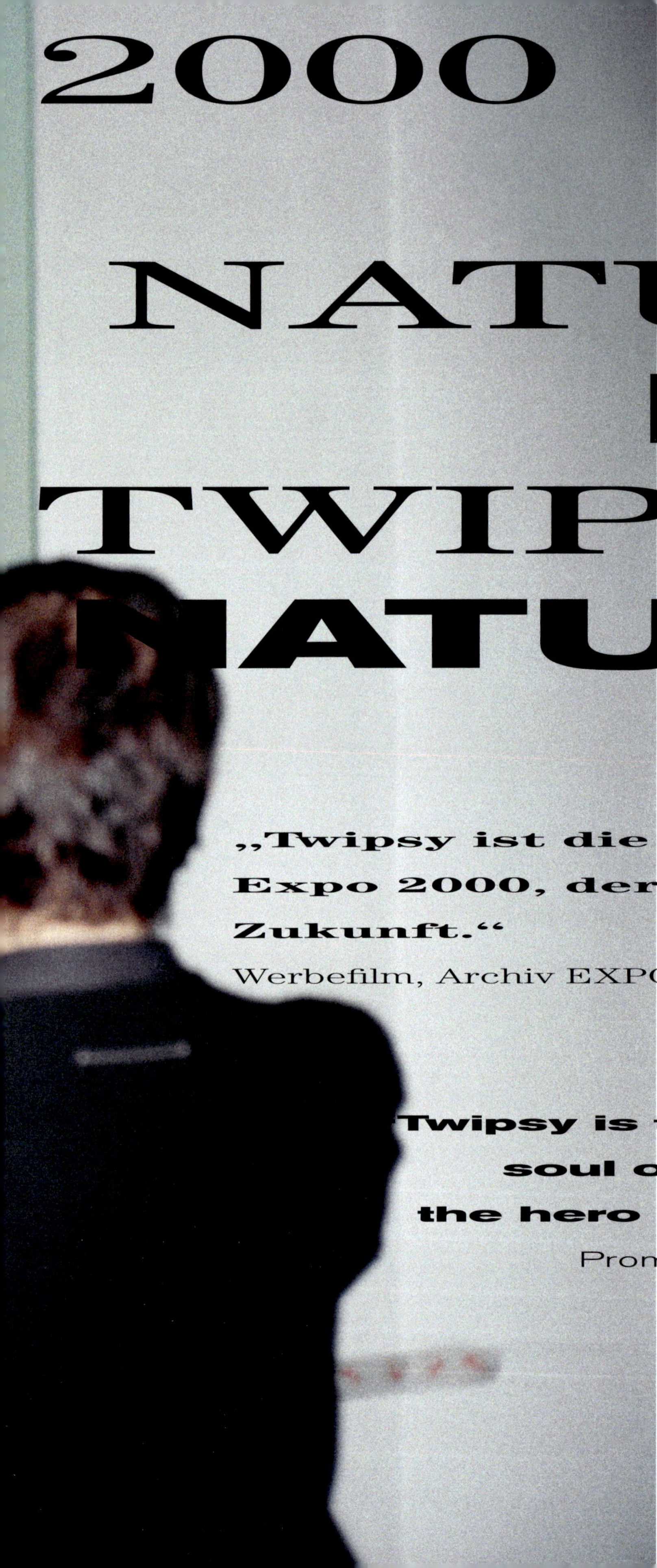

2000 — M

NATUR.

HU

TWIPSY.

NATURE.

„Twipsy ist die Seele der Expo 2000, der Held der Zukunft.“

Werbefilm, Archiv EXPOSEEUM

“Twipsy is the heart and soul of Expo 2000, the hero of the future.”

Promotional film, Archive EXPOSEEUM

ƎNSCH. 2000: ANKIND. TWIPSY.

Text: Kathleen Rahn, Clemens Villinger

Translation: Steven Lindberg

Gleich nach Betreten der Räume des Kunstvereins Hannover fanden sich die Besucher*innen in einem Museumsshop wieder, in dem diverse Objekte und Werbematerialien der Expo 2000 zusammen mit von Henrike Naumann ausgesuchtem Mobiliar und weiteren Gegenständen wie in einem Laden-Display aufgereiht waren. Die Künstlerin empfing die Besucher*innen als Auftakt ihrer Ausstellung in einem kommerziellen Shop-Ambiente und verwies damit zugleich auf ihre Formen der Erinnerungsarbeit: Wie sah das Design der Expo aus, welche Symbole wurden verwendet, welche Artikel geschaffen, um das Großereignis durch kleine Dinge wie Aufkleber, Kappen oder Pullover in den Haushalten und damit der Gesellschaft zu verbreiten? Kontrastiert wurde das Format des Expo-Museumsshops

Entering the spaces of the Kunstverein Hanover, visitors immediately found themselves in a museum shop, in which diverse objects and promotional materials from Expo 2000 were arranged as if in a store display, along with furniture and other objects selected by Henrike Naumann. The artist's reception of visitors in a commercial setting not only served as a prelude to the exhibition but also indicated the various forms her memory work takes. What did the design of the Expo look like, what symbols were used and what articles created to propagate the great event in households and, by extension, society with the help of minor items like stickers, caps, and pullovers? The format of the Expo museum shop was juxtaposed with a 1991 film by Susanne Klimmek, Marianne Behrends,

durch einen 1991 veröffentlichten Film von Susanne Klimmek, Marianne Behrends, Knud Irmer und Holger Roselieb, die sich kritisch mit der Expo-Selbstpräsentation Deutschlands als weltoffene, tolerante und investorenfreundliche Nation auseinandersetzen.

Wie in einem ethnologischen Museum erschienen die in der Ausstellung verteilten und aus ihrem ursprünglichen Kontext entfernten Objekte als mysteriöse Zeichen einer soeben erst vergangenen Epoche, aber dennoch weit entfernten Region. Das Modell einer halb untergegangenen Stadt (Expo-Gelände), die Plüschskulpturen eines seltsam anmutenden Wesens (Twipsy) und private Einrichtungsgegenstände nutzte Naumann in ihrer Ausstellung, um zu fragen, wie und mit welchen metaphorisch-rhetorischen Bildern sich Menschen, aber auch Nationen selbst inszenieren und gegenüber „anderen“ abgrenzen. Was ist das „Eigene“, was das „Fremde“? Dafür verwendete die Künstlerin nicht nur die Exponate des EXPOSEEUMs. Sie kombinierte diese mit in Westdeutschland produzierten Möbeln aus den 1990er Jahren, die zum Teil in der Region um Hannover über eBay-Kleinanzeigen für die Ausstellung erworben wurden.

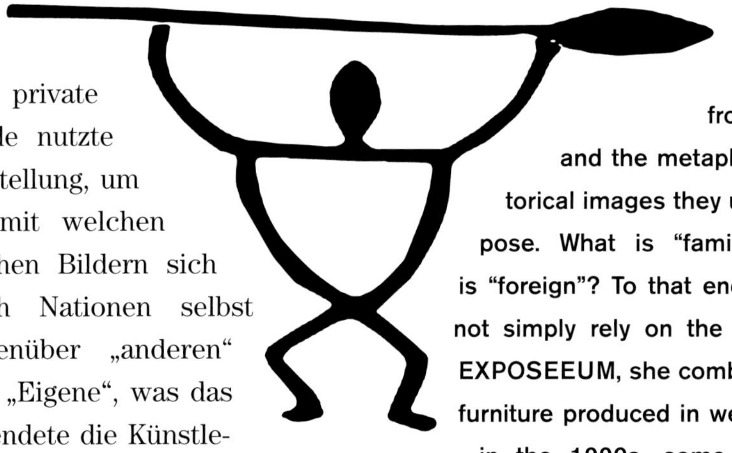

Dem vermeintlichen Museumsshop folgte im nächsten Raum das monumentale Originalmodell des Expo-Geländes. Darauf sind sämtliche Ausstellungspavillons der teilnehmenden Nationen, der Themenpark, die Grünanlagen und die Gondelbahn als Hauptattraktion detailliert dargestellt. Am Modell und den dazugehörigen Erläuterungen konnten die Besucher*innen nicht nur die räumliche Dimension der Weltausstellung und die Geschichte der einzelnen Pavillons, sondern auch die der Expo zugrundeliegende Weltanschauung nachvollziehen. Des Weiteren wurde hier die tatsächliche Nachnutzung visualisiert.

Knud Irmer, and Holger Roselieb that critiqued Expo’s self-presentation of Germany as a cosmopolitan, tolerant, and investor-friendly nation.

As if in an ethnological museum, the objects—removed from their original context and distributed through the exhibition—seem like mysterious symbols of a faraway region, of an era that has, nonetheless, only recently come to an end. The model of a half-vanished city (Expo grounds), the plush sculptures of a strange-looking being (Twipsy), and private furnishings were used by Naumann in her exhibition to examine how individuals and nations enact themselves and distinguish themselves from the “other” and the metaphorical and rhetorical images they use for this purpose. What is “familiar” and what is “foreign”? To that end, the artist did not simply rely on the exhibits of the EXPOSEEUM, she combined them with furniture produced in western Germany in the 1990s, some of which was acquired for the exhibition from sources in the Hanover region through eBay classified ads.

The fictive museum shop was followed in the next room by the monumental original model of the Expo grounds. All of the exhibition pavilions of the participating nations, the theme park, the green spaces, and the gondola are rendered in detail as the main attractions. The model and the associated explanations gave visitors a sense not only of the spatial dimensions of the world’s fair and the history of the individual pavilions but also of the world view on which the Expo was based. Here you could also see a visual portrayal of how it was subsequently used.

Expo 2000 in Hanover was the first world’s fair in Germany. One hundred and fifty-five nations and twenty-seven international organizations

Die Expo 2000 in Hannover war die erste Weltausstellung in Deutschland. 155 Nationen und 27 internationale Organisationen nahmen zwischen Juni und Oktober 2000 teil. Um ihre nationalen Kulturen zu präsentieren und Zukunftsvisionen darzustellen, entstanden zahlreiche Pavillons. Das Modell legte offen, wie das Format der Weltausstellung und spezifisch die Expo 2000 die Welt interpretierten: als eine Ansammlung national-kultureller Essenzialismen, die sich durch Rituale, Gewohnheiten oder Aussehen eindeutig voneinander abgrenzten. Mithilfe von Marketingtechniken des „Nation Branding“ schrieben die Pavillons Kulturen und Nationen eindeutig identifizierbare Merkmale zu, die wenig Raum für Hybridisierungen, Überschneidungen und Interaktionen ließen.

Zudem bestanden Pläne zur Nachnutzung der Pavillons, um eine Nachhaltigkeit der Expo zu gewährleisten, doch wie nach vielen Großveranstaltungen blieben zahlreiche Ruinen zurück. Angesichts der sich verschärfenden Klimakatastrophe wird deutlich, dass die Ruinen des Expo-Geländes als materieller Ausdruck für das Scheitern des Leitbildes der Expo 2000 begriffen werden können. Im Vorwort des Expo-Katalogs erklärte die Geschäftsführerin der Expo GmbH und ehemalige Leiterin der Treuhandanstalt Birgit Breuel das Motto der Weltausstellung „Mensch. Natur. Technik – Eine neue Welt entsteht“ als eine Zukunftsvision für einen verantwortungsvollen Umgang mit den Ressourcen der Erde. Das Ziel war somit, Besucher*innen aus aller Welt nach Hannover einzuladen, um Lösungsvorschläge für die anstehenden Probleme des 21. Jahrhunderts visuell, kreativ, sinnlich und anschaulich darzustellen.

Die Form des Teppichbodens der Installation *2000* zeichnete den Umriss Deutschlands, das durch Wände in Ost- und Westdeutschland, in die ehemalige DDR und die ehemalige BRD geteilt wurde. In einem kleinen Durchgang in der Mitte fungierten Erinnerungsstücke der Expo 2000 als Bindeglieder zwischen Ost und West. Die erste Fassung dieser

participated between June and October 2000. Numerous pavilions were created to present their national cultures and visions of the future. The model revealed the format of the world's fair—and specifically Expo 2000—and its interpretation of the world: as a collection of national-cultural essentialisms that are clearly distinguished from one another by rituals, habits, and appearances. With the aid of the marketing techniques of "nation branding," the pavilions ascribed clearly identifiable features to cultures and nations, leaving little room for hybridization, overlap, and interaction.

Moreover, plans were drawn up for the subsequent use of the pavilions, in order to make Expo sustainable, but, as so often happens with large events like this, numerous ruins were left behind. In view of today's deepening climate catastrophe, it is clear in hindsight that the ruins of the Expo grounds can be understood as a material expression of the failure of Expo 2000's guiding principle. Birgit Breuel, the commissioner general of Expo and former president of the Treuhandanstalt, explained in the preface to the catalogue how the theme of the exhibition—"Humankind—Nature—Technology: A New World Arising"—served as a vision for the future of a responsible approach to the earth's resources. The goal was thus to invite visitors from all over the world to Hanover in order to present proposed solutions to the problems facing the twenty-first century in a vivid visual style that would be both creative and sensory.

The carpet for the installation *2000* depicted the outline of Germany divided by walls into East and West, the former GDR and the former FRG. In a small walk-through area in the center, mementos from Expo 2000 functioned as connecting links between east and west. Naumann showed the first version of this installation at the Museum Abteiberg in Mönchengladbach in the spring of 2018. Given the connection to Hanover, it was already clear at the time that

Installation zeigte Naumann im Frühjahr 2018 im Museum Abteiberg in Mönchengladbach. Angesichts des Bezugs zu Hannover war damals bereits klar, dass diese Installation in eine erweiterte Ausstellung im dortigen Kunstverein überführt werden sollte. Im Mittelgang, zwischen den Ost und West trennenden Wänden, griff die Künstlerin die Expo 2000 in Form einer Videoinstallation inmitten der Ruinen einer Ladeneinrichtung, zwischen Twipsy und einem altertümlichen Portrait von Birgit Breuel auf. Es handelt sich um ein Gastgeschenk der Vereinigten Arabischen Emirate, das Breuel vor einer orientalisch anmutenden Kulisse darstellt.

Auf den durch zwei Wände getrennten Teilen Deutschlands positionierte Naumann auf der gemusterten Vorwerk-Auslegware „Max“ Wohnzimmereinrichtungen: Ledersofas, Kleiderschränke mit Frontspiegeln in Wellenform, monumentale Standuhren, Sitzmöbel in Gestalt offener Hände, Flokatiteppiche, trapezförmige Beistelltische, pyramidenförmige Schauvitrinen und weitere Einrichtungsgegenstände. Von italienischen Designern in den 1980er Jahren produzierte Luxusmöbel, die unter der Bezeichnung „Memphis“ zusammengefasst wurden, waren ursprünglich an eine wohlhabende Klientel gerichtet und überfluteten in den 1990er Jahren als Billigkopien die neu errichteten Einrichtungshäuser in Ostdeutschland und damit die Wohnzimmer.

Diese suggerierte Teilhabe am Reichtum (obwohl die meisten Ost- und Westdeutschen vermutlich noch nie von Memphis-Design gehört hatten) verweist auf das Versprechen und die Erwartung, durch Konsum gleichberechtigter Teil der BRD-Gesellschaft werden zu können. Den eigentlich notwendigen Umgang mit komplexen Vergangenheiten überkleisterten Tapetenbahnen aus dem Sortiment „Junges Wohnen“. Heute, nach dem Abblättern der Tapeten, kommen diese nicht verarbeiteten Erinnerungen und Erfahrungen ans Licht.

Nach ihrem Studium der Szenografie entdeckte Henrike Naumann, wie sie mithilfe der bildenden

this installation should be brought in expanded form to the city's Kunstverein. Expo 2000 was incorporated in the central aisle, between the walls dividing east and west, where the artist presented it as a video installation in the ruins of a store, between Twipsy and a quaint portrait of Birgit Breuel. The latter was a gift from the United Arab Emirates depicting Breuel in front of an Oriental-looking background.

On the parts of Germany divided by two walls, represented by the “Max” line of patterned carpeting made by Vorwerk, Naumann positioned living-room furniture: leather sofas, wardrobes with wavy front mirrors, monumental grandfather clocks, chairs in the form of open hands, flokati rugs, trapezoidal side tables, pyramidal display cases, and other interior items. Luxury furniture by Italian designers produced in the 1980s, grouped together under the Memphis label, were originally aimed at a wealthy clientele, and in the 1990s cheap copies of them flooded the newly established furniture stores and then the living rooms of eastern Germany.

This suggestion of participation in wealth (even though most East and West Germans had probably never heard of the Memphis Group) points to the promise and expectation that consumption would lead to the east becoming an equal part of the society of the Federal Republic of Germany. The approach to complex pasts that was actually necessary was papered over with wallpaper from the Junges Wohnen (Young Living) line. Today, these unprocessed memories and experiences come to light when the wallpaper peels off.

After studying scenography, Naumann discovered a way of using the visual arts to draw the public directly into her staging of space, enabling her to comment on particular themes without the viewers needing to have any knowledge of art history. The elements used address experiences, judgments, and prejudices. The artist lures us into

Kunst das Publikum unmittelbar in ihre Rauminszenierungen hineinziehen kann, um Themen zu erläutern, ohne dass die Betrachtenden kunsthistorische Kenntnisse benötigten. Die verwendeten Elemente adressieren Erfahrungen, Bewertungen und Vorurteile. Mit Bekanntem und Vertrautem lockt die Künstlerin in die Interieurs hinein. Die älteste der im Kunstverein präsentierten Filmarbeiten, *Triangular Stories*, zeigt, wie sich Jugendliche inmitten solch postmoderner Einrichtungsobjekte aus den 1990er Jahren radikalisierten. Den Hintergrund und Impuls für die Arbeit bildet die Selbstenttarnung der Terrorgruppe Nationalsozialistischer Untergrund (NSU), die zwischen 2000 und 2011 in Zwickau lebte und unbehelligt agierte. Zwischen lilafarbener Kuhfelldecke und Sperrholzmobiliar stellte Henrike Naumann auf Röhrenfernsehgeräten zwei Spielarten des Extremismus gegenüber: In einem Film erleben Jugendliche ausgelassen und exzessiv auf Ibiza ihre ersten Drogen- und Alkoholabenteuer, während sich die andere Clique im Plattenbau in Jena umgeben von nationalsozialistischen Symbolen an Gewaltfantasien berauscht.

Im Gegensatz dazu gingen die Besucher*innen wieder weiter in die Exporeminiszenzen. Die Erinnerungen an diese erste und einzige Weltausstellung in Deutschland sammelt, archiviert und präsentiert der ehrenamtlich geführte Verein EXPOSEEUM auf dem Expo-Gelände, dessen Inventar in Teilen in den langen Oberlichtsaal des Kunstvereins transferiert wurde. Alle in dem Raum gezeigten Vitrinen enthielten ausgesuchte Gastgeschenke der teilnehmenden Länder und allerlei Dokumente zu diesem Ereignis. Sowohl die Archivstücke – wie ein fiktiver Expo-Ausweis – als auch die Gastgeschenke griffen die bei der Präsentation des Modells aufgeworfenen Fragen auf: Was sind typische Objekte, die Nationen reprä-

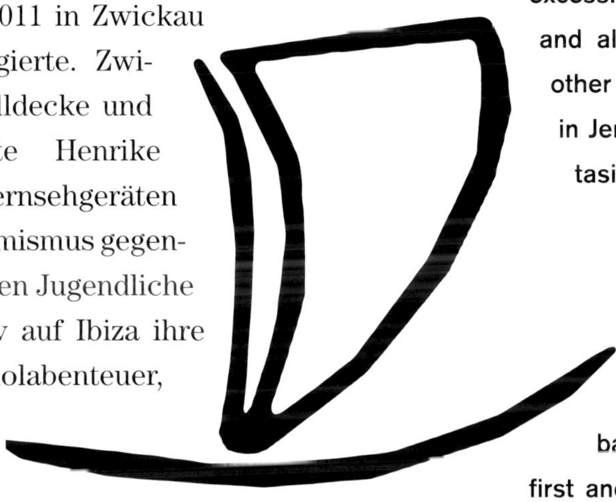

her interiors using known and familiar elements. *Triangular Stories*, the oldest of the film works presented at the Kunstverein, shows how young people were radicalized amid such postmodern furnishings from the 1990s. The background to her work and the impulse behind it was the self-unmasking of the National Socialist Underground terrorist group (NSU), which existed and operated unhindered in Zwickau from 2000 to 2011. Amid purple cowhide blankets and plywood furnishings, Naumann presented two versions of extremism on tube televisions: in one film, young people are living out their first exuberant and excessive adventures with drugs and alcohol on Ibiza, while the other clique in a prefab high rise in Jena gets intoxicated by fantasies of violence, surrounded by Nazi symbols.

This was contrasted with the material evoking memories of the Expo, which the visitor went back into. Reminders of this first and only world's fair in Germany are collected, archived, and presented by the nonprofit association EXPOSEEUM on the former Expo grounds; part of its inventory was transferred to the long Oberlichtsaal in the Kunstverein. All of the vitrines in the room displayed gifts from participating countries and all kinds of documents of this event. Both the archival objects—such as a fake Expo ID card—and the gifts addressed the questions raised by the presentation of the model: What are the typical objects that represent nations? What does it mean that the European Union donated a bottle design by Versace? The gifts gave material expression, in a sense, to an unshakable faith in the homogeneity of culture and nation.

Changing the context—from Expo to divided Germany—made it possible to reflect on

sentierten? Was bedeutet es, dass die Europäische Union der Expo eine von Versace designte Flasche schenkte? In den Gastgeschenken materialisierte sich auf gewisse Weise der unerschütterliche Glaube an die Homogenität von Kultur und Nation.

Der Wechsel des Kontextes – zwischen Expo und geteiltem Deutschland – ermöglichte ein Nachdenken über die Relevanz der damals verbreiteten nationalen und globalen Zukunftsvisionen der Expo 2000. Henrike Naumann inszenierte das EXPOSEEUM auf zurückhaltende Art und Weise als Rückblick darauf, wie Hannover die eingeladenen Länder mittels der Ästhetik der Expo präsentiert hatte.

Bei ihrer Analyse der deutschen Gegenwartsmentalität griff die Künstlerin auf die Stadt Hannover zurück, um das Thema und die Geschichte der Treuhandanstalt künstlerisch in einen westdeutschen Kontext einzubetten. 1990 übernahm die Treuhandanstalt mittels schneller Massenprivatisierungen der ostdeutschen Unternehmen die Einführung der Marktwirtschaft. Der Glaube der Zeitgenoss*innen an den kapitalistischen Markt als einen sich im Wettbewerb selbst regulierenden Mechanismus, der einen entsprechenden Wohlstandseffekt bringen würde, führte in eine ökonomische Krise und zu gesellschaftlichen Unruhen. Es folgten Massenentlassungen und Betriebsschließungen im Osten. Der auch von westdeutschen Politikern befeuerten Illusion eines schnellen Anschlusses an den Lebensstandard des Westens („blühende Landschaften") folgte eine unmittelbare Enttäuschung und Frustration. Im selben Jahr der Gründung der Treuhandanstalt erhielt Deutschland den Zuschlag für die Ausrichtung der Weltausstellung. Birgit Breuel war eine brisante und außergewöhnliche Figur, über die Henrike Naumann die Verbindung zwischen der Treuhandanstalt und der Expo 2000 herstellte. Die CDU-Politikerin und niedersächsische Finanzministerin übernahm 1991 nach der Ermordung von Detlev Rohwedder das Amt der Präsidentin der Treuhandanstalt, die über die

the relevance of the national and global visions of the future being disseminated at Expo 2000 at the time. Naumann staged the EXPOSEEUM in a restrained way as a retrospective look at how Hanover had presented the invited countries using the Expo aesthetic.

In her analysis of the contemporary German mentality, the artist drew on the city of Hanover as a means to artistically embed the Treuhandanstalt, both thematically and historically, in a western German context. In 1990, the Treuhandanstalt took over responsibility for introducing a market economy into eastern Germany by rapidly privatizing state companies en masse. The faith of contemporaries in the capitalist market as a self-regulating, competition-based mechanism that would have an appropriate effect on prosperity led to an economic crisis and to social unrest. It resulted in massive layoffs and factory closures in the east. The illusion, encouraged by German politicians from the west, that a rapid annexation would introduce the western standard of living (Helmut Kohl's "flourishing landscapes") led to immediate disappointment and frustration. The same year that the Treuhandanstalt was founded, Germany was chosen to host the world's fair. Birgit Breuel was a controversial and extraordinary figure, and Henrike Naumann used her to establish a connection between the Treuhandanstalt and Expo 2000. Breuel, a CDU politician and minister of finance for Lower Saxony, took over the office of president of the Treuhandanstalt in 1991 after Detlev Rohwedder was assassinated; it decided the future of more than 8,400 companies. Four years later, Breuel was appointed commissioner general of Expo 2000.

For Twipsy, the colorful mascot, the artist designed a separate room, directly connected to the staging of the EXPOSEEUM. But who or what was Twipsy? In addition to his function as a marketing product, whose outward appearance and inner ambivalence was supposed to speak to

Zukunft von über 8.400 Unternehmen entschied. Vier Jahre später wurde Breuel zur Generalkommissarin der Expo 2000 ernannt.

Für Twipsy, das bunte Maskottchen, gestaltete die Künstlerin ein eigenes Zimmer, das unmittelbar mit der Inszenierung des EXPOSEEUMs verknüpft war. Doch wer oder was ist Twipsy? Neben seiner Funktion als Marketingprodukt, das durch seine äußere Erscheinung und innere Ambivalenz potenziell jeden Menschen der Welt ansprechen sollte, diente Twipsy als Sinnbild einer digitalen Zukunft im Cyberspace. Um Twipsy eine Biografie zu verleihen, entwickelten seine Erschaffer*innen eine fiktionale Geschichte, die in ihrer Erzählung Grundzüge des europäischen Kolonialismus trägt: Auf einer digitalen Expedition im Cyberspace lernt ein Junge aus einer Stadt der „westlichen Welt" den als naiv beschriebenen Twipsy kennen, um ihn anschließend mit in die „reale Welt" zu nehmen (Broschüre *Twipsy sells*). Mit anderen Worten: Ein weißer Junge entdeckt im gefährlichen Dschungel des Internets den eingeborenen, leichtgläubigen Twipsy und zeigt ihm seine Welt. Zudem wurde Twipsy trotz der Abwesenheit von erkennbaren geschlechtlichen Merkmalen und seines androgynen Aussehens in den Marketingbroschüren der Expo eindeutig als männliches Wesen identifiziert. Durch sein niedliches Aussehen zwischen Mensch, .gif und „Datenüberträger" (*Twipsy sells*) fungiert Twipsy als Mittler zwischen Virtuellem und Realem, als das postnationale und globale Verbindungswesen zwischen den homogenisierten und voneinander abgegrenzten Nationen der Expo 2000. Seine übergroße Hand diente nicht nur dazu, den erwarteten Millionenscharen die Hände zu reichen, sondern auch zum Abschluss von Geschäften. Geschäftliche Interessen verfolgte auch Birgit Breuel. An dieser Stelle ergibt sich, wie Henrike Naumann herausstellte, eine unerwartete Verbindung zwischen Breuel und Twipsy: Während viele Ostdeutsche die Arbeit der Treuhandanstalt als eine Kolonisierung ihrer Lebenswelt empfanden, lebt Twipsy heute

people all over in the world, Twipsy served as a symbol of a digital future in cyberspace. To give Twipsy a biography, his creators developed a fictional story whose narrative has basic features taken from European colonialism: on a digital expedition in cyberspace, a young boy from a city in the "western world" meets Twipsy, who is described as naive, and then takes him to the "real world," to quote the *Twipsy Sells* catalogue. In other words, a young white boy discovers the credulous native Twipsy in the dangerous jungle of the Internet and shows him his world. Despite an absence of recognizable sexual characteristics and his androgynous look, in the marketing brochures for the Expo Twipsy is clearly identified as male. Thanks to his cute appearance, somewhere between human being, GIF, and "data transmitter," Twipsy mediates between the virtual and the real as a post-national and global connecting figure. His oversized hand enables him not only to shake the hands of the millions of expected visitors but also to close deals. Birgit Breuel also had business interests. As Naumann highlighted, there was an unexpected connection between Breuel and Twipsy: while many Germans in the east view the work of the Treuhandanstalt as a colonialization of their world, Twipsy, as the one colonized, now lives alone, homeless and forgotten, buried in the historical archives.

In addition to countless gifts, the EXPOSEEUM archives the reporting on Expo 2000 and around three thousand Betacam digital videocassettes; during the exhibition, they were made publicly accessible for the first time. Visitors could sit in specially installed booths and gain unique insight into the archive, immersing themselves with the aid of the visual material in their own memories of Expo 2000. At the same time, the recordings also made it possible to bolster the abstract model of the Expo grounds with visual impressions and to explore contemporary interpretations of Expo's significance and purpose.

als Kolonisierter einsam, heimatlos und vergessen in den Tiefen der historischen Archive.

Neben den unzähligen Gastgeschenken archiviert das EXPOSEEUM die Berichterstattung zur Expo 2000 auf etwa 3.000 Digital Betacam-Kassetten, die während der Ausstellungslaufzeit erstmalig für die Öffentlichkeit zugänglich waren. In installierten Sitznischen konnten Besucher*innen einen einmaligen Einblick in das Archiv bekommen und mithilfe des Filmmaterials in die eigenen Expo-2000-Erinnerungen eintauchen. Gleichzeitig ermöglichten die Aufnahmen aber auch, das abstrakte Modell des Expo-Geländes mit visuellen Eindrücken zu unterlegen und zeitgenössische Interpretationen über Sinn und Ziel der Expo nachzuverfolgen. So waren beispielsweise Sportveranstaltungen mit Interviews berühmter Rennfahrer, Aufnahmen der einzelnen Länderpavillons, Konzerte von Schlager bis hin zu afrikanischen Klängen, Proben für die Eröffnungsfeier und alles rund um das Maskottchen Twipsy einschließlich der ihm gewidmeten Fernsehserie zu entdecken.

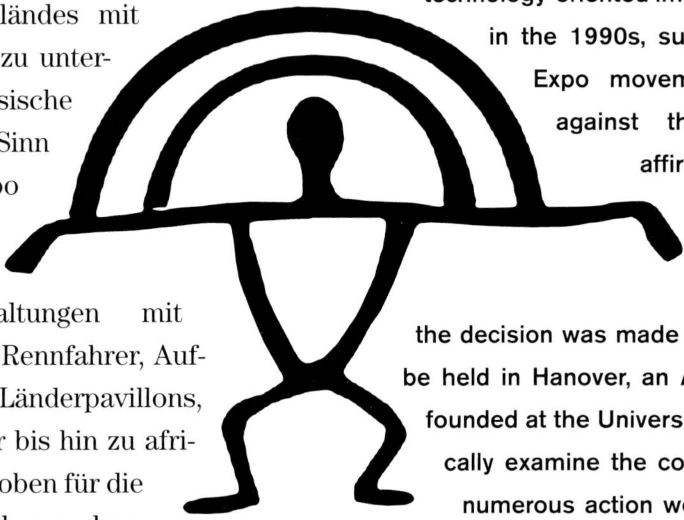

Zehn Jahre nach der Vereinigung wurde im Zuge der Weltausstellung in Hannover ein gewaltiger Aufwand betrieben, um der Weltgemeinschaft ein neues, modernes, weltoffenes, konsum- und technikorientiertes Bild von Deutschland zu präsentieren. Gegen dieses Selbstbild und die affirmative Darstellung der Bundesrepublik bezogen bereits in den 1990er Jahren die Anhänger*innen der Anti-Expo-Bewegungen Stellung. Beinahe zeitgleich mit der Entscheidung für die Austragung der Weltausstellung in Hannover wurde an der Universität Hannover die Anti-Expo-AG gegründet, die sich kritisch mit den Inhalten der Expo auseinandersetzte. Mit zahlreichen Aktionswochen und

For example, one could find sporting events with interviews of famous racing drivers, footage of the individual national pavilions, concerts with everything from schlager pop hits to African music, rehearsals of the opening ceremonies, and all you could wish to know about the mascot, Twipsy, including the television series dedicated to him.

Ten years after reunification, as part of the world's fair in Hanover, an enormous effort was made to present to the international community a new, modern, cosmopolitan, consumer- and technology-oriented image of Germany. Back in the 1990s, supporters of the anti-Expo movements took a stand against this self-image and affirmative account of the Federal Republic of Germany. At nearly the same time as the decision was made for the world's fair to be held in Hanover, an Anti-Expo Group was founded at the University of Hanover to critically examine the content of the Expo. In numerous action weeks and demonstrations during the opening, this movement pointed to the ongoing exploitation and destruction of nature and criticized support of nuclear energy, the privatization of public spaces, and the imperialist spirit of the presentations in the national pavilions. In 2001, the German minister of the economy stated in his final report on Expo 2000 that in an era of "xenophobic attacks" the world's fair had made an important contribution to encouraging "tolerance of foreigners." Even before the Expo ended, the NSU had committed its first murder in Nuremberg (Enver Şimşek, b. 1961, d. 2000).

Henrike Naumann's exhibition made clear that responses to the ecological, technological, and political questions raised at Expo 2000 are still overdue. Thanks to the interdisciplinary

Demonstrationen während der Eröffnung wies die Bewegung auf die anhaltende Ausbeutung und Zerstörung der Natur hin, kritisierte die Förderung von Atomkraft und die Privatisierung des öffentlichen Raumes sowie den imperialistischen Geist in den Darstellungen der jeweiligen Länderpavillons. Im Jahr 2001 konstatierte der Bundesminister für Wirtschaft in seinem Abschlussbericht zur Expo 2000, dass in einer Zeit „fremdenfeindlicher Übergriffe" die Weltausstellung einen wichtigen Beitrag zur Förderung der „Toleranz gegenüber Ausländern" geleistet habe. Noch vor dem Ende der Expo verübte der NSU in Nürnberg seinen ersten Mord (Enver Şimşek *1961, † 2000).

Henrike Naumann machte mit ihrer Ausstellung deutlich, dass die Antworten auf die bei der Expo 2000 aufgeworfenen ökologischen, technischen und politischen Fragen bis heute ausstehen. Durch die interdisziplinäre Kombination von künstlerischen Arbeiten mit historischen Dokumenten und Fragestellungen eröffnete sie neue Blickwinkel auf scheinbar unzusammenhängende Themen. Dabei lieferte Naumann keine Antworten, sondern öffnete Räume für Diskussionen. Sie lieferte einen assoziativen, abstrakten, gleichzeitig jedoch gegenständlichen und künstlerischen Zugriff auf Kontinuitäten, die sie kritisch als Relikte einer vermeintlich erledigten Zeit beleuchtet.

combination of artistic works with historical documents and questions related to them, she opened up a new perspective on seemingly unconnected topics. Naumann offered no answers, but she did create space for discussion. She provided an approach that was not only associative and abstract but also objective and artistic, shedding critical light on ongoing issues and revealing them as relics of a supposedly bygone era.

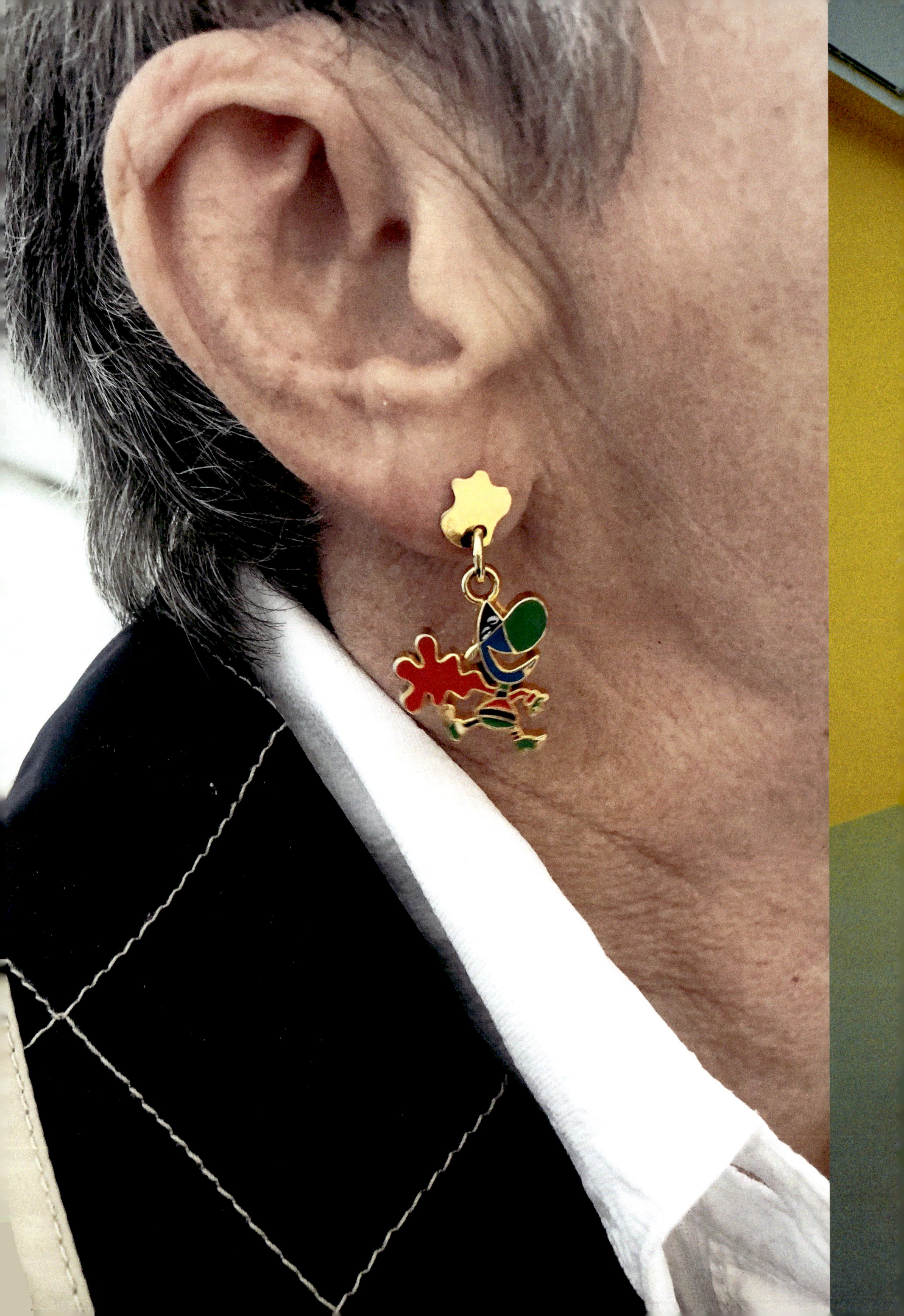

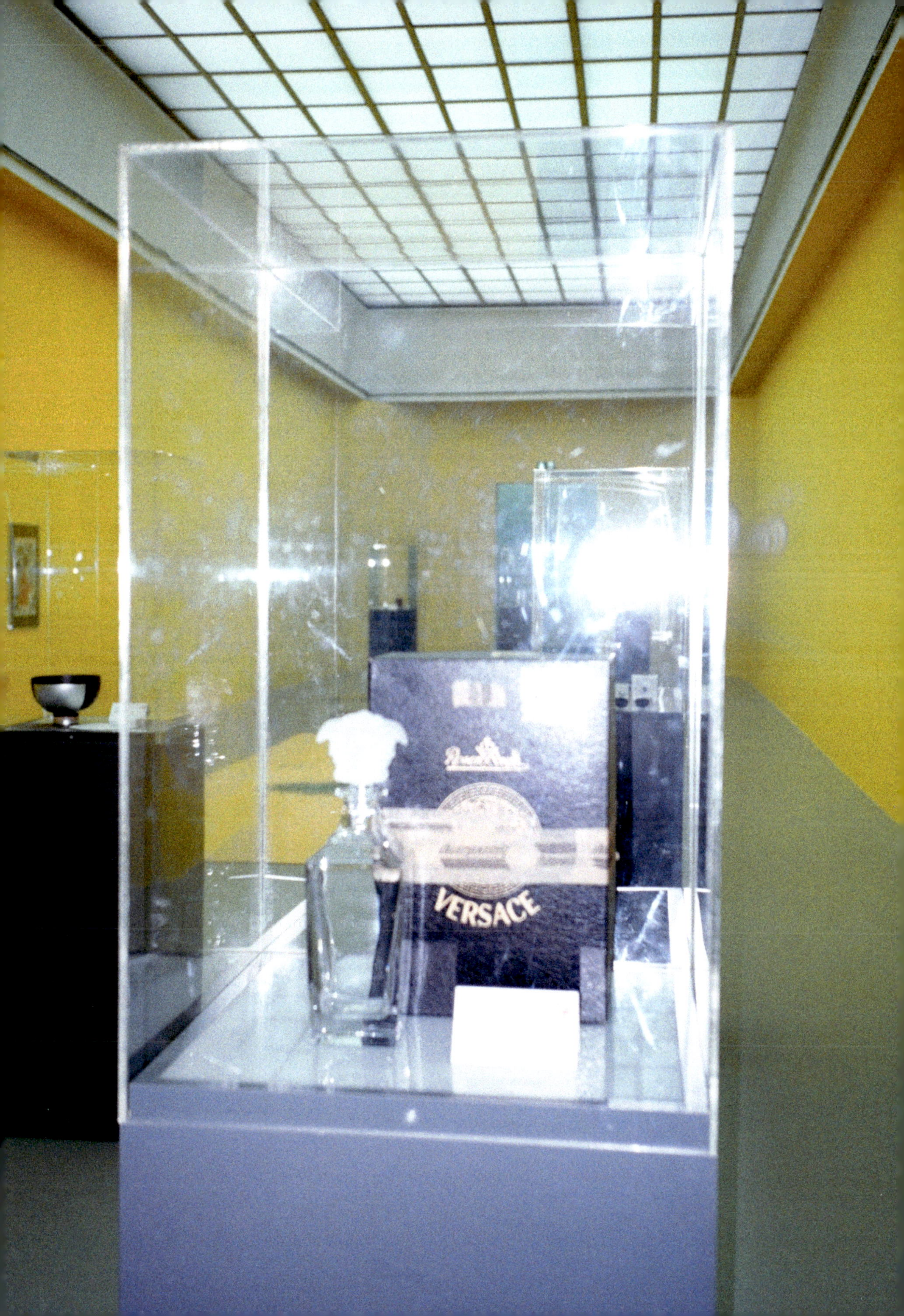
VERSACE

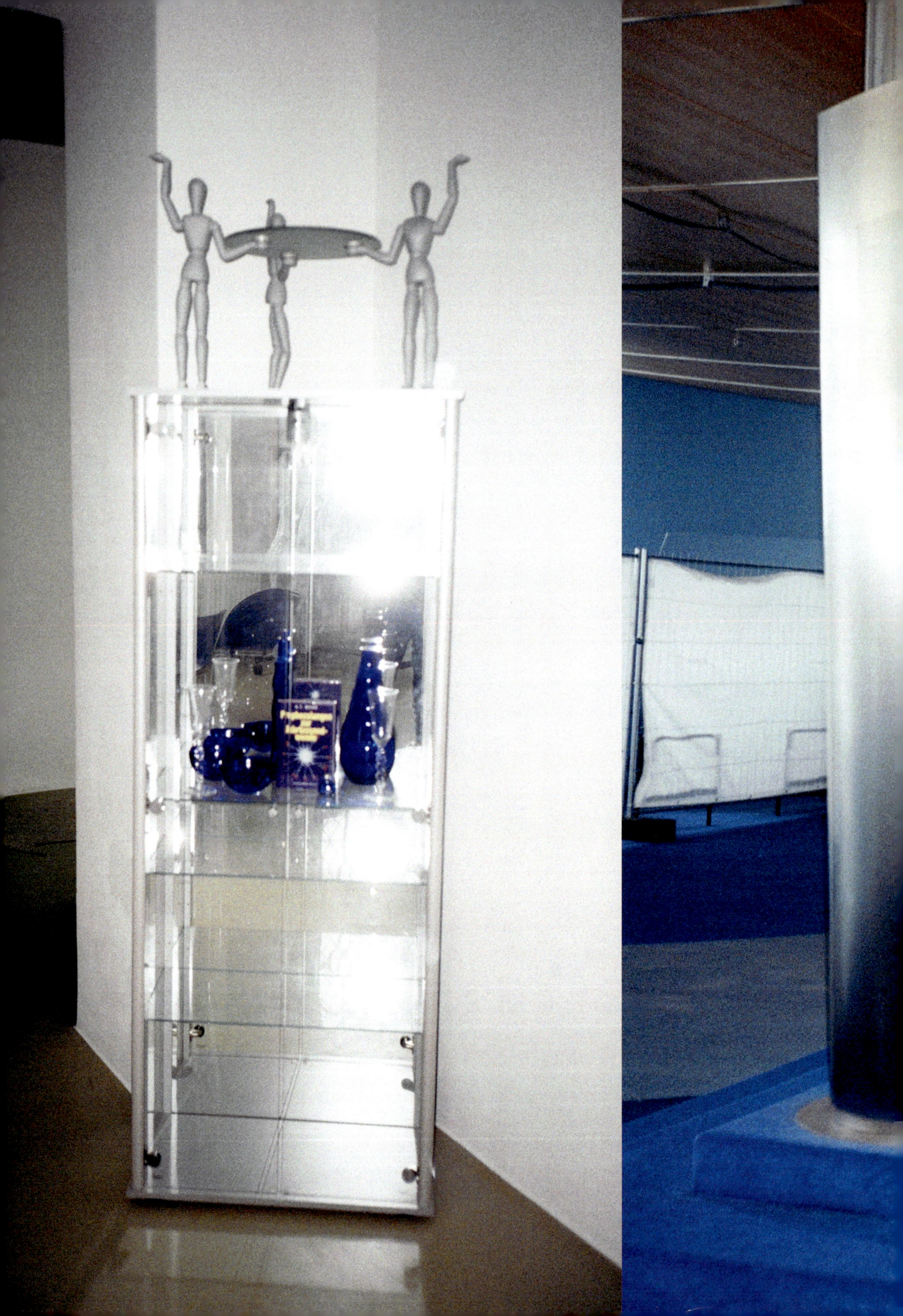

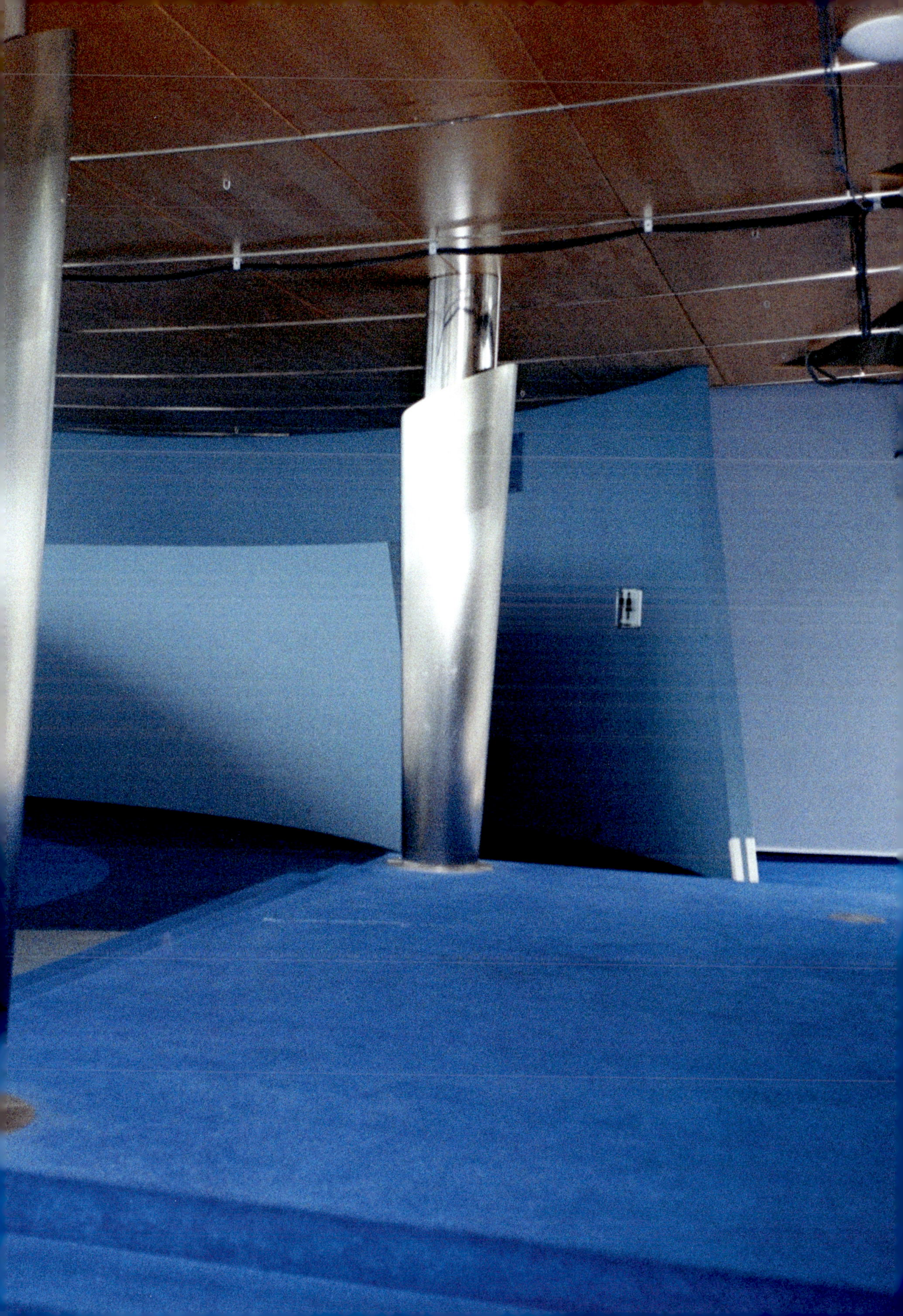

Impressum

Diese Publikation erscheint anlässlich der Ausstellung/**This catalog is published on the occasion of the exhibition**

Henrike Naumann-2000

LVZ-Kunstpreis 2019
13.12.2019–15.03.2020

Museum der bildenden Künste Leipzig
Katharinenstr. 10, 04109 Leipzig
www.mdbk.de

Leipziger Verlags- und Druckereigesellschaft mbH & Co. KG
Peterssteinweg 19, 04107 Leipzig
www.lvz-kunstpreis.de
www.lvz.de

Jury: Hilke Wagner, Via Lewandowsky, Bernd Radestock, Julia Schäfer, Alfred Weidinger

Projektleitung/Project Management
Katrin Klietsch (MdbK), Markéta Kourimská (LVZ)

Timeline: Installation 2000

Henrike Naumann 2000
Museum Abteiberg
11.03.2018–10.06.2018
Konferenz: 2000–Eine Konferenz im geteilten Deutschland. Treuhand, Expo und der ganze Rest, 19.04.2018
mit Uta Brandes, Dr. Motte, Andreas Grosz, Susanne Titz, Clemens Villinger

Busan Biennale 2018–Divided We Stand
Museum of Contemporary Art Busan & former Bank of Korea, Busan
08.09.2018–11.11.2018

KOW Gallery, Berlin
02.02.2019–28.04.2019
Konferenz: Eastern Girls and Western Boys, 30.03.2019
mit Ace of Diamonds, Marcus Böick, Anna Laschke, Henrike Voigtländer

2000 – Mensch. Natur. Twipsy.
Kunstverein Hannover
13.07.–25.08.2019
Konferenz: 2000 – Mensch. Natur. Twipsy., 17.08.2019
mit Jörg Bergstedt, Marcus Böick, Sabine Schormann, Clemens Villinger, Christian Vogel

Die Aufnahmen in diesem Katalog stammen von allen Ausstellungsorten. / **The photographs in this catalogue come from all the exhibition venues.**

Die Ausstellungen und die Publikation wurden gefördert von:
The exhibitions and the publication were supported by:

Niedersächsisches Ministerium für Wissenschaft und Kultur

HANS FRIES STIFTUNG

STIFTUNG KUNSTFONDS

KARIN UND UWE HOLLWEG STIFTUNG

Dank an die Aufbauhelfer*innen/Thanks to the installation assistants

Sihyung Ahn, Christine Adolphs, Sydney Atkinson, Antje Böttger, Lasse Brandt, Pack Je Bum, Ekaterina Burlyga, Alex Chalmers, Hendryk Clausen, Harry Doerck, Joshua Ford, Thomas Ganzenmüller, Gisèle Gonon, Achim Hirdes, Kim Jung Hyun, Nele Jakob, Susanne Jez, Sven Kanclerski, Jörn Kruse, Hoyoung Lee, NaJeong Lee, Cédric Mantel, Nik Mantilla, Pedro Reis de Mendonca, Eva-Maria Müller, Sung Mun, Joseph Naumann, Thomas Neveling, Peter Odinzow, Sung Moon Park, Vilnis Putrāms, Etienne Rey, Susanne Rische, Andreas Schüssler, Michael Shenbrot, Florian Schmidt, Simo Stojakovic, Mario Suardiaz, Bernd Trasberger, Ingrid Wähler, Lara Wehrs, Lars Wolter, Kim De Won

und die Textautor*innen und Fotograf*innen/**and the authors and photographers.**

Leihgeber/Lenders
Exposeeum e.V. Hannover
Uwe Hillekamp
Angela Lautenbach
Christian Krausch
Jochem Reichenberg

Ich bedanke mich bei allen, die schon immer an mich und meine Arbeit geglaubt haben.
Ein besonderer Dank gilt meinem Partner.
I would like to thank everyone who believed all along in my work–especially my partner.

Henrike Naumann

Henrike Naumann – 2000

Autoren / Authors: Henrike Naumann, Markues, Johannes Büttner
Herausgeber / Editors: Leipziger Volkszeitung, Museum Abteiberg Mönchengladbach, Kunstverein Hannover
Gestaltung / Graphic design: Johannes Büttner, Jessica Mester
Bildbearbeitung / Lithography: Carsten Humme
Übersetzung / Translation: alle Texte von Steven Lindberg, außer ‚Embroiled to the Max' übersetzt von Thomas Love
Lektorat / Copyediting: Jan-Frederik Bandel (dt.), Simon Cowper (eng.)
Korrektur / Proofreading: Anne König, Jan Wenzel (dt.), Simon Cowper (eng.)
Druck und Bindung / Printing and binding:
DZA Druckerei zu Altenburg GmbH

Erschienen bei / Published by

Spector Books
Harkortstraße 10
04107 Leipzig
www.spectorbooks.com

Distribution

Germany, Austria: **GVA, Gemeinsame Verlagsauslieferung Göttingen GmbH&Co. KG, www.gva-verlage.de**
Switzerland: **AVA Verlagsauslieferung AG, www.ava.ch**
France, Belgium: **Interart Paris, www.interart.fr**
UK: **Central Books Ltd, www.centralbooks.com**
USA, Canada, Central and South America, Africa, Asia: **ARTBOOK | D.A.P. www.artbook.com**
South Korea: **The Book Society, www.thebooksociety.org**
Australia, New Zealand: **Perimeter Distribution, www.perimeterdistribution.com**

ISBN 978-3-95905-357-0

1. Auflage / First edition

Printed in the EU

Wiederveröffentlichungen

Die Texte dieser Publikation sind im Kontext von Henrike Naumanns Ausstellungen 2018 bis 2019 entstanden.

‚Im toten Winkel der Geschichte' von Kito Nedo erschien in *art – das Kunstmagazin*, Ausgabe 4/2018
‚Ausschusskriterien' von Kerstin Stakemeier erschien in *Texte zur Kunst*, Heft #111 Amerika, 9/2018
‚Präsidentin, Managerin, Sekretärin – Geschlechterbeziehungen und -bilder bei der Treuhandanstalt' von Marcus Böick erschien in *Aus einem Land vor unserer Zeit*, Metropol Verlag, ISBN 978-3-86331-074-5
Der Text „Volle Kraft Verwicklung" von Markues ist für den Katalog des Karl Schmidt-Rottluff Stipendiums und die damit verbundene Ausstellung in der Düsseldorfer Kunsthalle im Jahr 2019 entstanden und liegt hier in einer überarbeiteten Version vor.

Alle Texte mit freundicher Genehmigung der Verlage / Reprinted with permission of the publishers.

Bildrechte
Alle Abbildungen stammen aus den genannten Ausstellungen und vom Deutschen Pavillon auf dem Expogelände Hannover im Jahr 2019. Sie wurden von der Künstlerin aufgenommen oder sind von Besucher*innen auf Instragram zur Verfügung gestellt worden.
Alle Aufnahmen, soweit nicht angegeben von Henrike Naumann, Inga Selck und Lara Wehrs.
All the images come from the exhibitions mentioned above and from the Expo site in Hanover in 2019. The pictures were taken by the artist or made available on Instagram by visitors to the exhibitions.
Any unattributed images were taken by Henrike Naumann, Inga Selck, or Lara Wehrs.
S. 7: Julian Röder, S. 21: @seoruumi, S. 23: Thomas Love vor ‚Desolation' von Alexander Koch, S. 34: @welovewarm, S. 46: Jihyeon Park, S. 50: @color_ga, S. 63: Dain Kang, @dainaturally, S. 64: Seon Min Jeong, S. 70: Jeehui Park, S. 73–77: Daniel Carsenty, S. 78: Kyoung Jin Roo, S. 92 Lesung mit Lukas Beeler von Leandra Busch

LEIPZIGER VOLKSZEITUNG

Museum Abteiberg

kunst verein hannover

MdbK Museum der bildenden Künste Leipzig

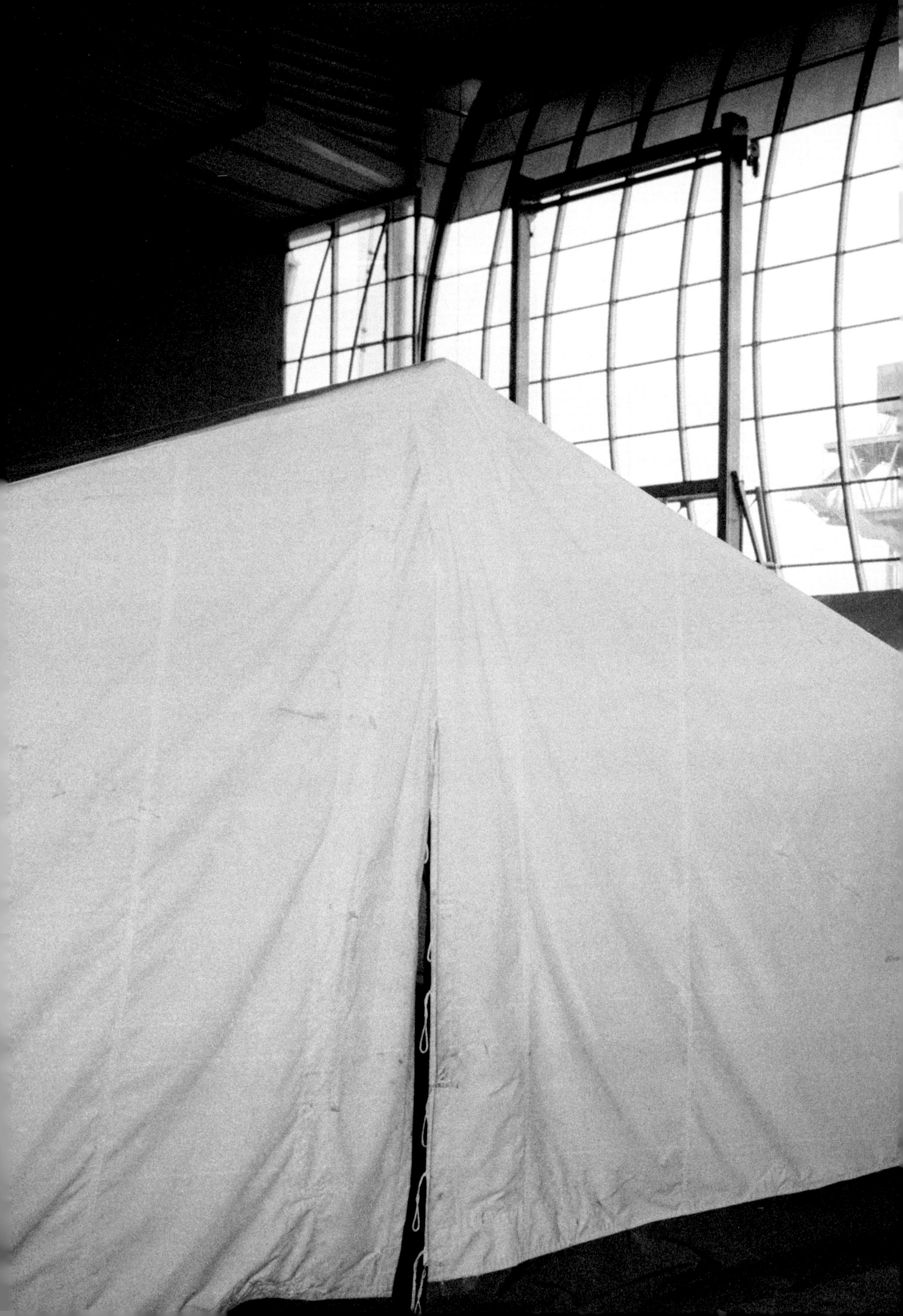